高等职业教育高速铁路客运乘务专业系列教材

高速铁路
动车乘务实务
（第2版）

主　编／王　慧　马海漫
副主编／李晓芳　张　杰

GAOSU TIELU
DONGCHE CHENGWU SHIWU

西南交通大学出版社
·成都·

图书在版编目（CIP）数据

高速铁路动车乘务实务／王慧，马海漫主编. — 2 版. -- 成都：西南交通大学出版社，2019.6（2024.6 重印）
高等职业教育高速铁路客运乘务专业系列教材　高等职业教育"十三五"规划教材. 轨道交通类
ISBN 978-7-5643-6890-6

Ⅰ. ①高… Ⅱ. ①王… ②马… Ⅲ. ①高速动车 – 旅客运输 – 客运服务 – 高等职业教育 – 教材 Ⅳ. ①U293.3

中国版本图书馆 CIP 数据核字（2019）第 101860 号

高等职业教育高速铁路客运乘务专业系列教材

高速铁路动车乘务实务

（第 2 版）

主编　王　慧　马海漫

责 任 编 辑	周　杨
封 面 设 计	墨创文化
出 版 发 行	西南交通大学出版社 （四川省成都市金牛区二环路北一段 111 号 西南交通大学创新大厦 21 楼）
营销部电话	028-87600564　028-87600533
邮 政 编 码	610031
网　　　　址	http://www.xnjdcbs.com
印　　　　刷	四川森林印务有限责任公司
成 品 尺 寸	185 mm×260 mm
印　　　　张	17
字　　　　数	425 千
版　　　　次	2019 年 6 月第 2 版
印　　　　次	2024 年 6 月第 15 次
书　　　　号	ISBN 978-7-5643-6890-6
定　　　　价	54.00 元

课件咨询电话：028-81435775
图书如有印装质量问题　本社负责退换
版权所有　盗版必究　举报电话：028-87600562

前　言

高速铁路客运乘务工作实质上就是反映在旅客运输过程中，旅客旅行心理需求与动车组客运乘务人员服务心理之间相适应的关系。旅客的需求就是客运服务工作的指向，高速铁路客运乘务人员的素质和业务技能是做好客运服务工作的基础。高速铁路客运乘务工作有相当严格的要求，要最大程度地满足广大旅客在旅行上的需要，在旅行途中为旅客创造舒适愉快的乘车环境和提供优质的服务。为此，根据高速铁路客运乘务专业人才培养目标并结合教学改革的要求，采用"项目导向、任务驱动"的职业教育理念，编写《高速铁路动车乘务实务》一书。

本书是在第1版的基础上经过修订而成，全书仍然保持了原有的体例，但是内容做了较大的改变，补充了动车组型号及车组编号、"复兴号"动车组车内设备设施、新型卧车动车组车内设备设施、新版客运站车无线交互系统、列车"挂失补"最新处理规定、列车移动支付相关内容、动车组列车运用计划、高速铁路快件运输、高速铁路客运乘务服务礼仪、高速铁路动车组列车重点旅客服务、广深港高速铁路跨境旅客运输，以及最新动车组列车服务质量规范。书中还以二维码方式嵌入了三个知识点，分别为：CRH1型动车组的组成与结构、CR400AF应急设备介绍以及旅客携带品的规定。

本书全面介绍了高速铁路动车组列车的车内设备设施、动车组列车客运业务知识、高速铁路动车组列车乘务工作组织、高速铁路动车组客运服务等内容的基本概念和基础理论。全书共分为5个项目，主要内容包括：高速铁路动车组列车、高速铁路动车组列车车内设备设施、高速铁路动车组列车客运业务、高速铁路客运乘务工作、高速铁路动车组列车客运服务。

本书既可作为高等职业院校高速铁路客运乘务、铁道交通运营管理等相关专业的教材，亦可作为铁路相关专业职工的培训教材以及相关专业人员工作的参考资料。

本书由天津铁道职业技术学院王慧任第一主编，济南市技师学院马海漫任第二主编，天津铁道职业技术学院李晓芳、北京铁路局天津客运段张杰任副主编。具体分工如下：张杰编写项目一任务2，王慧编写项目一任务1、项目二、项目三任务2、项目四和项目五任务3，李晓芳编写项目三任务1和任务3，马海漫编写项目五任务1和任务2。

由于编者水平有限，书中难免存在不妥之处，敬请读者批评指正。

编　者
2019年2月

目 录

项目一　高速铁路动车组列车 1
 任务1　动车组车型简介 1
 任务2　动车组型号及车组编号 18
 复习思考题 29

项目二　高速铁路动车组列车车内设备设施 30
 任务1　CRH380A型动车组车内设备设施 30
 任务2　CRH380B型动车组车内主要设备设施 46
 任务3　CRH5型动车组车内设备设施 64
 任务4　"复兴号"动车组车内设备设施 79
 任务5　新型卧车动车组车内设备设施 94
 复习思考题 110

项目三　高速铁路动车组列车客运业务 111
 任务1　高速铁路旅客运输条件 111
 任务2　客运站车无线交互系统和列车补票 126
 任务3　编制客运记录和拍发电报 148
 复习思考题 158

项目四　高速铁路客运乘务工作 160
 任务1　动车组列车运用计划 160
 任务2　动车组列车始发客运作业 168
 任务3　动车组列车途中客运作业 190
 任务4　动车组列车终到客运作业 201
 任务5　高速铁路快件运输 213
 复习思考题 221

项目五　高速铁路动车组列车客运服务 ·· 222
　　任务 1　高速铁路客运乘务服务礼仪 ·· 222
　　任务 2　高速铁路动车组列车重点旅客服务 ···································· 237
　　任务 3　广深港高速铁路跨境旅客运输组织 ···································· 256
　　复习思考题 ·· 266

项目一　高速铁路动车组列车

项目描述

本项目描述了我国 CRH1 型动车组、CRH2 型动车组、CRH3 型动车组、CRH380 型、CRH5 型、CRH6 型和"复兴号"动车组的组成与结构,以及动车组型号和列车编号的构成。

任务 1　动车组车型简介

能力目标

1. 掌握我国动车组车型组成。
2. 掌握我国 CRH1 型动车组、CRH2 型动车组、CRH3 型动车组、CRH380 型、CRH5 型、CRH6 型和"复兴号"动车组的组成与结构。

知识目标

1. 了解我国动车组车型的发展。
2. 掌握 CRH2 型动车组的组成与结构。
3. 掌握 CRH3 型动车组的组成与结构。
4. 掌握 CRH380 型动车组的组成与结构。
5. 掌握 CRH5 型动车组的组成与结构。
6. 掌握"复兴号"动车组的组成与结构。
7. 通过二维码学习掌握 CRH1 型动车组的组成与结构。

CRH1 型动车组

相关知识

一、CRH2 型动车组

CRH2 型动车组是日本川崎重工及中国中车四方机车车辆股份有限公司生产的 CRH 系列高速动车组车款之一。国产化之后,CRH2 系列衍生了多组系列车型,如长大编组型、高速型及卧铺型等系列。

1. CRH2A 型动车组

目前，CRH2A 型动车组生产了 194 列（包含 1 列综合检测车，以及 70 列统型列车），首 3 列由日本原装进口，均为 8 辆编组的列车。CRH2A 型动车组的编组方式是 4 节动车配 4 节拖车（4M4T），每 4 节为一个单元，牵引功率为 4800 kW，最高营运速度为 250 km/h，标称时速 200 km，列车装有两副受电弓。列车设有一等座车、二等座车和二等座车/餐车，其中一等座及二等座座椅均可旋转。CRH2A 型动车组可两组重联运行。

CRH2A 型动车组一般在第 5 车厢设置二等座车/餐车，在第 7 车厢设置一等座车。后来为改善乘车环境及加强服务，部分初期制造的 CRH2A 型动车组增加了一等座车的数量，后期制造的 CRH2A 型动车组亦在第 3 车厢将原有的二等座车改为一等/二等座车，现在的统型 CRH2A 型动车组亦将一等座车直接设于第 1 车厢。

后期制造的统型 CRH2A 型车是根据中国铁路总公司的要求采用统一的动车组设计规范生产的，除了将一等座车直接设于第 1 车厢之外，每节车厢均设厕所，部分车厢设无障碍座位。

2. CRH2B 型动车组

CRH2B 在 CRH2A 的基础上扩编至 16 节，目前生产数量有 20 列。列车最大的亮点在于头车车身两侧加装了类似丹凤眼的车灯。CRH2B 型列车设有 3 节一等座车、12 节二等座车和 1 节餐车，其中一等座及二等座座椅均可旋转，全列车定员增加至 1230 人，并在一等座车车厢内加装了电视屏幕影视系统。CRH2B 型动车组的编组方式是 8 节动车配 8 节拖车（8M8T），每 4 节为一个单元，牵引功率为 9600 kW，最高营运速度为 250 km/h，标称时速 200 km。列车装有 4 副 DSA250 型受电弓。CRH2B 型长大编组动车组取消了重联控制系统，无法两车重联运行。

3. CRH2C 型动车组

CRH2C 第一阶段共生产了 30 列，在 CRH2A 的 200 km/h 平台基础上进行改进，并把动车数量增至 6 节（6M2T），牵引功率达到 7200 kW，采用大型中空薄壁铝合金焊接结构，使用 DSA350 型高速受电弓，以及在受电弓两旁加装挡板等。CRH2C 可两组重联运行。

CRH2C 第二阶段共生产 30 列，均为 8 节编组。第二阶段在第一阶段的基础上进行了重新研制，与第一阶段的动车组相比，CRH2C 第二阶段改用了大功率的 YQ-365 型交流牵引电动机（365 kW），8 节短编组列车总功率提升至 8760 kW，传动比也做出相应修改，列车持续运营速度提高至 350 km/h，最高运营速度为 380 km/h。改善了车体在高速运行时的共振和气动变形问题，并且对转向架二系悬挂进行了改进，另外列车也加强了减少阻力的设计，以及减少了头车车顶的信号天线等。

4. CRH2E 型动车组

铁路相关企业在 CRH2B 大编组座车的基础上实行自主创新，设计了 16 节长大编组的 CRH2E 型卧铺电力动车组，标称速度 200 km/h，最高营运速度为 250 km/h。列车设有 13 节软卧车、2 节二等座车和 1 节餐车。每辆软卧车有 10 个包厢，共 40 个铺位，每个铺位均装有附耳机的液晶电视，并增加了即时联系乘务员的旅客呼唤系统。餐车内设有休闲酒吧和三台液晶电视机。另外，为方便旅客使用随身电子产品，每个车厢均安装了 AC220 V 家用电源插座，其中二等座车每隔三排座椅下设 1 个插座；软卧车每个包间设 1 个插座，走廊设 2 个插座；餐车酒吧区设 2 个插座。全列车装有四副受电弓。

5. CRH2G 型高寒动车组

CRH2G 是中车青岛四方机车车辆股份有限公司在 CRH2 系列基础上自主研制的高寒动车组，攻克了耐高寒、抗风沙、耐高温、适应高海拔、防紫外线老化五大技术难题。最大辨识特征是长鼻子上的大眼睛（大灯）。

CRH2G 型高寒动车组速度为 250 km/h，采用 8 辆编组。车头的设计灵感取自"骏马"，造型刚柔并济，极具力量感与速度感，高速运行时犹如奔驰的骏马。

CRH2G 能在零下 40 ℃ 到零上 40 ℃ 极端气候条件下正常运营。车外的温度正负 40 ℃ 变化时，车内温度能恒定保持在 20 ℃ 左右。采用"喷涂防冻"和"高压吹风除雪"等技术，有效缓解了高寒冰雪天气转向架积雪结冰的问题，确保动车组安全可靠。高寒环境下车体冷凝水易回流，CRH2G 采用密封设计和导流设计，避免了冷凝水引发的故障。另外，空调系统也进行了高寒高温优化设计。

针对大风环境，CRH2G 加装了抗侧滚扭杆等装置。跟普通的动车组相比，它在大风下运行的平稳性提升了 1 倍。CRH2G 能满足在 11 级大风下安全运行。

动车组开行在风沙地区，沙尘容易涌进车内，CRH2G 专门设置了 3 道"保护罩"：一是将车下设备舱设计为密封结构，防止进沙；二是创新通风防沙理念，设备舱采用集中与分散相结合的供风方式，并创新使用"微正压"技术，防沙尘进入；三是空调机组采用顶置式设计，从车下移到了车顶，进行防风沙和空气过滤设计。在沙尘环境下，CRH2G 不仅能保持车内的空气质量，还延长了检修维护周期。CRH2G 的车体和车窗均进行了高强度防护设计，耐沙石击打。

CRH2G 解决了高海拔适应性和防紫外线老化的技术难题，能在高达 3600 m 的高海拔地区安全运营。高海拔地区雷电频发，影响动车组行车安全，CRH2G 全面升级了电气系统，加装了新型防雷装置，动车组的绝缘和防雷击保护能力大大增强。

针对高原地区紫外线辐射强的问题，CRH2G 外露的非金属件都通过了抗紫外线老化试验。车窗则做了辐射防护，紫外线通过率小于 1%，和在平原地区运行时相当。

CRH2 型动车组列车设备设施如图 1-1-1 所示。

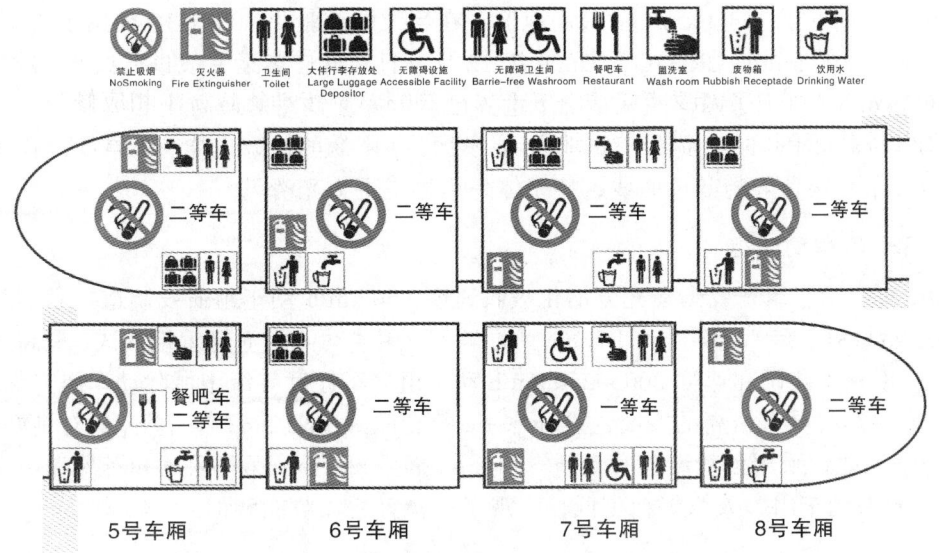

图 1-1-1 和谐号 CRH2 型动车组列车设备设施示意图

二、CRH3 型电力动车组

(一) CRH3 型动车组概述

CRH3 型动车组以西门子 ICE3 为基础,由中车唐山轨道客车有限责任公司负责国内生产。CRH3 型动车组主要有 CRH3A 型(200~250 km/h)动车组列车、CRH3C 型(300~350 km/h)和 CRH3G 型(200~250 km/h)动车组列车。

1. CRH3A 型动车组

CRH3A 型动车组由中车主导,长客和唐车公司联合设计生产,并于 2013 年 6 月 8 日在长客亮相。可根据不同运营线路的需求,分别以 160 km/h、200 km/h、250 km/h 三个速度等级运行,是目前国内唯一既适合速度为 200~250 km/h 的客运专线、又适合时速 160~250 km/h 的城际铁路运行的动车组。CRH3A 型动车组充分考虑了中国复杂的地理气候条件和运营环境,是根据各地的区域特点量身打造的。相对于此前国内运行的这一速度等级的动车组,该型动车组还有较强的成本优势和售后维护优势。

CRH3A 型动车组采用 4 动 4 拖 8 辆编组,牵引总功率 5120 kW,车门车窗均采用拓宽设计,能满足旅客快速上下车的要求,密闭的车厢结构将行车噪声降至最低。

2. CRH3C 型动车组

CRH3C 的原型为德国西门子公司的 ICE-3 列车,该原型车是中国引进的车型中技术最先进、速度最快、初始综合性能最好的车型。CRH3C 型动车组每列 8 节编组,共 4 节动车和 4 节拖车(4M4T),最高运营速度达 350 km/h。CRH3C 型动车组采用动力分散式设计,列车设有一等座车(ZY)1 辆、二等座车(ZE)6 辆和带酒吧的二等座车(ZEC)1 辆。其中,一等座采用 2+2 方式布置,二等座为 2+3 布置。除了带酒吧的二等座车外,其他车厢所有座位均能旋转。

由唐客股份制造的第一列国产化 CRH3C 于 2008 年 6 月 24 日上午 9 时 13 分在京津城际铁路的试验中创下了 394.3 km/h 的最高速度。在当天的试验中,CRH3C 仅用了 5 min 左右,速度就提升至 300 km/h。CRH3C 于 2009 年 12 月 9 日在武广客运专线进行试验,最高速度达到了 394.2 km/h,创下了两车重联情况下世界已运营高速铁路的最高速度纪录。

CRH3C 拥有圆润的海豚形车头,外形流畅优美,圆润的设计也能有效减少高速运动时的空气阻力,车身梭鱼般的蓝色曲线,使车体外形显得更为光滑。

3. CRH3G 型动车组

CRH3G 型动车组是我国在充分消化吸收速度 350 km/h 动车组研发制造技术的基础上,自主集成及创新的新产品项目。CRH3G 型动车组采用 4 动 4 拖 8 辆编组形式,最高运营速度 250 km/h,填补了我国在速度 200~250 km/h 动车组列车速度等级中城际动车组产品的空白。CRH3G 型动车组具有极高的安全性设计水平,符合欧洲 EN12663 等标准,具有良好的耐撞、防火、制动性能,采用创新设计的新型气动外部造型,降低了运行阻力和车外噪声,相对于速度 350 km/h 动车组,人均能耗更低,实现了平稳舒适、节能环保。

（二）CRH3C 型动车组布局及设备

1. 车门

CRH3C 型动车组车门共 22 扇，其中，端车和一等车两侧各配置 1 扇门，餐车没有门，其余车厢为方便乘客上下车在两侧各设置 2 扇门。所有门控器从列车控制单元接收信号和指令，主门控器将有关的所有车门的各种状态和诊断信号的信息传送给列车控制单元。

2. 座席

全列编组 8 辆，包括 1 辆一等车和 7 辆二等车（含 1 节酒吧车），全列车定员 557 人。5 号车是一等车，座席按 2+2 形式设置；1 号、2 号、3 号、6 号、7 号、8 号车是二等车，座席按 2+3 形式设置；4 号车是二等座车与餐车的合造车。客室设有旋转可调靠背座椅，车厢两侧各设有 2 个侧门，全车侧门由司机集中控制。车窗均采用光学折射原理的减速玻璃，减小因动车组列车高速运行产生的视觉冲击给旅客带来的身体不适感，车窗内部设有半透明内嵌下拉式窗帘。

乘务室数量为 1 个，位于 4 号车二位端。室内设有列车广播通信设备 2 台、紧急制动阀 1 个、列车乘务控制系统 1 台。CRH3C 型动车组二等车车内座席设置形式如图 1-1-2 所示。

图 1-1-2　CRH3C 型动车组二等车车厢内部

3. 服务设备

卫生间数量为 10 个，2 号、3 号、5 号、6 号、7 号车每车设置坐式卫生间（其中 5 号车设 1 个残疾人卫生间），卫生间内配有触摸式冲水阀、洗手盆、烟火报警装置等。

墙板距地板 600 mm 高度上设有 SOS 呼叫按钮，当乘客发生意外时可以发出求救信号便于及时救护。残疾人卫生间内部空间较大，采用自动门，便于残疾人出入。卫生间内的细节设置体现了人性化服务的原则。

4. 消防安全设备

1 号、8 号车厢配备有 2 台灭火器，此外，在司机室左手边配备了 1 个灭火器。在 2 号、7 号车厢的车厢末端 2 位的右侧配备有 2 台灭火器，在 3 号、6 号车厢的车厢末端 1 位的左侧配备有 2 台灭火器，在 4 号车厢的车厢末端 2 位的右侧和厨房中各配备有 1 台灭火器。

车厢之间的通过门设计为防火门，每个门都构成一个挡火墙。这样，关上两扇门就能实现更高的安全性。万一发生火灾，在受影响车厢被清空后，手动开启的车门能被铁路工作人员关闭。

所有紧急出口窗都在里面和外面进行了明确标识。如果遇到紧急情况，可以用悬挂在列车内的安全锤（每节车内配备 6 个）敲碎安全出口窗，然后将车内作为一条逃生路线。司机室的活动侧窗也必须配合救生梯作为安全出口窗。在司机室，司机座椅下面的箱子中放有卷式救生梯，它可以挂在司机室的左侧或右侧窗户的框架上。救生梯可以使司机在外门被阻塞的情况下进行逃生。

所有外车门都被设计为紧急出口门，万一门机驱动发生故障，在列车静止时可将外门解锁并打开。

CRH3 型动车组列车设备设施如图 1-1-3 所示。

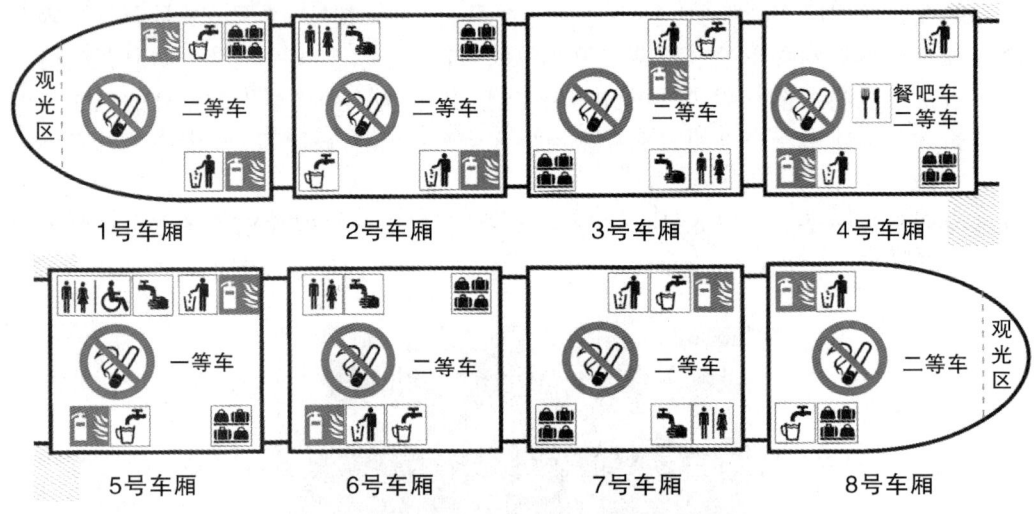

图 1-1-3　CRH3 型动车组列车设备设施示意图

三、CRH5 型动车组

CRH5 系列动车组主要由中国和法国阿尔斯通公司合作，主力车型包括 CRH5A、CRH5E 和 CRH5G。CRH5G 是专门为兰新高铁开发的抗风沙的高寒型动车组。CRH5 型电力动车组以法国阿尔斯通的 Pendolino 宽体摆式列车为基础，但取消了装设摆式功能，而车体则以芬兰铁路的 SM3 动车组为原型，由中车长春轨道客车股份有限公司负责国内生产。

1. CRH5A 型动车组

CRH5A 为 8 辆车厢编组座车动车组。最高营运速度 250 km/h，具备 300 km/h 的提速能力。CRH5A 型动车组采用动力分散式设计，共 5 节动车 3 节拖车（5M3T）。列车可通过两组联挂方式增至 16 车。列车设有一等座车（ZY）、二等座车（ZE）、一等包座/二等座车（ZYE）和带酒吧的二等座车/餐车（ZEC）。其中，一等座采用 2+2 方式布置，二等座为 2+3 布置。该车耐寒性能优于其他三个系列的初始型号，因此大多数被安排于中国东北地区使用。

2. CRH5G 型动车组

CRH5G 型动车组以 CRH5A 型动车组为基础，在抗高寒方面有了多方面的优化和适应性设计。列车采用 8 辆编组，5 动 3 拖，为降低阻力，车头采用仿生学的流线型设计。CRH5G

型动车组特别针对材料的低温适应性、防雪密封技术、保温防冻技术等方面进行研究，通过使用耐严寒的材料，优化转向架、给水卫生系统、空调系统、电气结构等多种措施，解决积雪和结冰等情况对车辆的不利影响。在雨雪天气时，轨道与车轮之间的摩擦系数减小，车轮可能出现空转和滑行现象。CRH5G 型动车组设有撒砂装置，通过激活撒砂装置，向轨道上喷洒砂粒以增加轨道与车轮间的摩擦系数，提高轮轨黏着，保证雪天车轮不打滑，有利于行车安全。

CRH5G 型动车组在人性化设施方面进行了优化布置和设计，整列车的座椅都可 180°旋转，还可以调整倾斜度，乘客只需用脚轻踩座椅下的脚踏板，就可以将座椅 180°调整，这样可以和对面乘客打牌休闲。每排座椅设有安全插座，可以随时为电子设备充电。窗户下面设有小窗台，便于旅客放置水杯、手机等小件物品。

由于运行沿线温度较低，CRH5G 型车采用车顶单元式空调，遵循国际先进标准，不管是严寒还是酷暑，车内始终保持 20～24 ℃黄金舒适乘坐温度，确保乘客有良好的乘坐体验。

CRH5G 型动车组采用了先进的航空隔音材料和结构，有效控制了车外辐射噪声和司机室、客室内噪声，以 250 km/h 的速度运行时，客室内噪声指标可低至 61dB，远低于飞机和小汽车的内部噪声。

在安全性方面，CRH5G 型动车组列车控制与监控系统标准高，全车设有 2000 多个传感器，对 32 个设备进行监控，监控点达 1000 多个。该套系统对动车组的主要系统或零部件的工作状态进行实时监控，如电机、齿轮箱、走行部轴承温度等。另外，动车组还设有远程专家故障诊断系统，保证行车安全。

CRH5G 型车检修周期长，是动车组里的"经济适用型车"，运行达 120 万千米后进行三级修，240 万千米进行四级修，480 万千米进行五级修，极大地降低了后期维修成本。

3. CRH5E 型动车组

CRH5E 由北车长春轨道客车股份有限公司生产，为 16 车厢编组卧铺动车组、设计速度为 250 km/h。

CRH5 型（重联）动车组列车设备设施如图 1-1-4 所示。

图 1-1-4　CRH5 型（重联）动车组列车设备设施示意图

四、CRH6 型动车组

CRH6 型城际动车组是为满足中国区域经济快速发展和城市群崛起对城际轨道交通的需求而研制的一种新型运输工具，适用于城市间以及市区和郊区间的短途通勤客运，作为高速铁路和城市轨道交通的纽带，具有运能大、起停速度快、乘降方便快速、疏通迅捷有效、乘坐舒适、安全可靠、节能环保的特点。

CRH6 型电力动车组是由中车青岛四方机车车辆股份有限公司和南车南京浦镇车辆有限公司共同研制开发的 CRH 系列电力动车组。列车由四方任技术总负责，浦镇四方联合设计，并分别在两公司及广东（新会）基地生产。CRH6 型动车组适用于城市间及市区和郊区间的短途通勤客运，满足载客量大、快速乘降、快启快停的运营要求。

CRH6 型动车组采用 8 辆标准编组，编组长度 201.4 m。根据运输距离、站点和乘客群的不同，CRH6 型动车组分为两大类型，运营速度分别为 200 km/h 和 160 km/h 两个等级。速度 200 km/h 的 CRH6 型动车组最高运营速度为 200 km/h，试验速度为 220 km/h，以"大站停"的模式运营；而速度 160 km/h 的 CRH6 型动车组最高运营速度为 160 km/h，试验速度为 180 km/h，以"站站停"的模式运营。

CRH6 型动车组装备了轻量化大功率牵引设备，采用交流传动技术。由于通勤铁路站间距较小、客流量较大，因此 CRH6 型动车组具有快速停车启动、大载客容量的特点。速度 200 km/h 的车型由静止加速到 200 km/h 需时 183 s，加速距离 6697 m；速度 160 km/h 的车型由静止加速到 160 km/h 需时 102 s，加速距离 2843 m。列车采用计算机控制的电空复合制动、高热容量的盘式制动装置，并按高减速度设计，确保动车组在最短的时间和最小的距离内实现快速停车；同时设有再生制动，最大常用制动时产生的可再生电能可以 100% 回馈接触网。CRH6 型动车组采用轻量化设计，降低运行能耗，轻量化转向架重量比同类车型轻 25%，牵引设备重量平均比同类车型轻 43%。CRH6 型动车组均根据站台屏蔽门设置需要，采用等距侧门设计。

1. CRH6A 型动车组（200 km/h）

CRH6A 型动车组定员载客量 557 人（座席），超员载客量 1488 人（按每平方米站立 4 人计算）。座位采用 2+2 布置，座椅可调节，局部设茶桌，端部设可翻转座椅，非端部的车厢座椅编排与欧洲铁路车辆及大部分国铁车厢的软座相类似，全部座椅面向车厢中心编排。另外，1、3、5、7 号车厢设置卫生间，列车采用真空集便器。CRH6A-4002 和 CRH6A-4502 中间车厢为 3 门车厢，而其他的 CRH6A 车型均为 2 门车厢。

2. CRH6F 型动车组（160 km/h）

CRH6F 型动车组定员载客量达 1502 人（包括座席及站席，按每平方米站立 4 人计算），超员载客量达 1998 人（包括座席及站席，按每平方米站立 6 人计算）。列车座位同样采用 2+2 布置，但座椅不可调节或翻转。列车在 3、6 号车设卫生间。与 CRH6A 不同，车门采用宽阔的对开塞拉门，每节车两侧设有 3 个塞拉门（头尾车辆有 2 个，其中 1 个为驾驶室门）。该车牵引制动性能比 CRH6A 更优，载客量更大，更适合较短站间距的城际线路和站站停模式使用。

3. CRH6S 型动车组（140 km/h）

CRH6S 车型定员载客量达 765 人（包括座席及站席，按每平方米站立 4 人计算），超员载客量达 1322 人，为地铁式座椅。列车在 5 号车厢设残疾人乘坐空间，列车不设洗手间。

五、CRH380 型动车组

CRH380 系列动车组是原中车南车和原中车北车公司在 CRH1 至 CRH5 系列型电力动车组基础上自主研发的 CRH 系列高速动车组，也是"中国高速列车自主创新联合行动计划"的重点项目，最高营运速度 380 km/h。

（一）CRH380A 系列动车组

CRH380A 系列主要由原中车南车四方股份研发生产，其中 8 辆编组的动车组被命名为 CRH380A，而 16 辆编组的动车组被命名为 CRH380AL。

1. CRH380A 型动车组

CRH380A 列车总数为 40 列，采用 6 动 2 拖的编组方式，牵引功率为 9600 kW，使用 DSA350 型高速受电弓，在受电弓的两侧设有挡板。列车设有带一等包厢座位的一等座车（ZY）2 辆、二等座车（ZE）3 辆、带观光座的二等座车（ZEG）2 辆和带酒吧的二等座车（ZEC）1 辆。其中，一等座采用 2+2 方式布置，二等座为 2+3 布置。除了带酒吧的二等座车、一等包厢座位外，其他车厢所有座位均能旋转。列车设有观光座定员 12 人，一等包座定员 6 人，一等座定员 89 人，二等座定员 373 人，全列定员 480 人。

CRH380A 型动车组列车设备设施如图 1-1-5 所示。

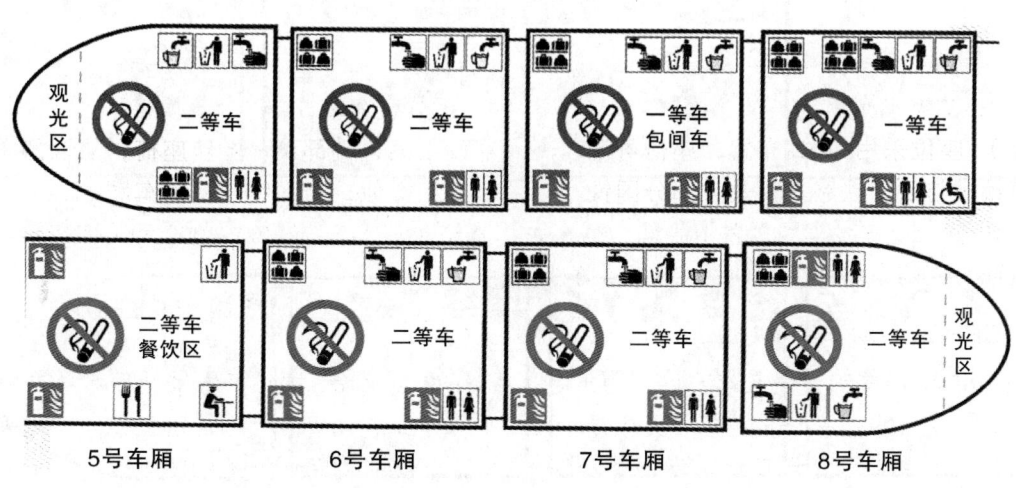

图 1-1-5 CRH380A 型动车组列车设备设施示意图

2. CRH380AL 型动车组

在 CRH380A 型列车的基础上，原中车南车四方股份又开发了 CRH380AL 型动车组列车。

CRH380AL 列车总数为 100 列，采用了 14 动 2 拖的编组方式，牵引功率为 20 440 kW，共 7 个动力单元，56 台牵引电动机，使用 DSA350 型高速受电弓，在受电弓的两侧设有挡板。列车设有带 VIP 座席的商务车（SW）1 辆、一等座车（ZY）2 辆、二等座车（ZE）10 辆、带观光座的一等座车（ZYG）2 辆和餐车（CA）1 辆。其中，一等座采用 2+2 方式布置，二等座为 2+3 布置，商务车和观光座为 1+2 布置。除了带酒吧的二等座车外，其他车厢所有座位均能旋转。

列车商务座定员 26 人，一等座定员 112 人，二等座定员 923 人，全列定员 1061 人。
CRH380AL 型动车组列车设备设施如图 1-1-6 所示。

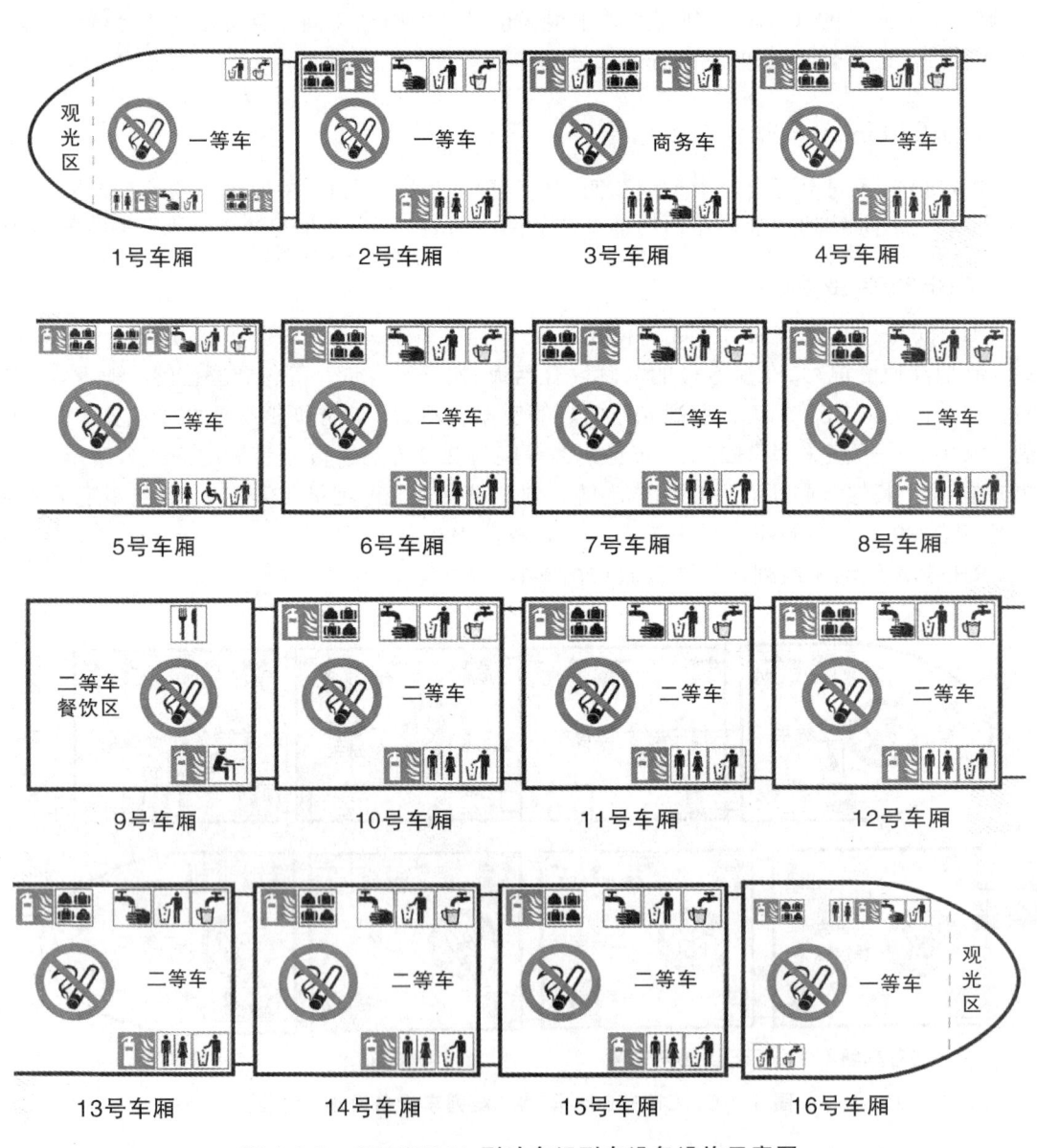

图 1-1-6　CRH380AL 型动车组列车设备设施示意图

（二）CRH380B 系列动车组

CRH380B 型动车组是在 CRH3C 的基础上研发的新一代高速动车组，与 CRH3C 相比，CRH380B 型动车组持续运营速度由 300 km/h 提高至 350 km/h，最高运营速度由 350 km/h 提高到 380 km/h，最高试验速度为 400 km/h 以上。性能优化以提高牵引功率、降低传动比及动车组气动外形减阻为主；而列车舒适度优化方面主要采取提高列车减震性能、车厢降噪、加强车内气压控制等方式。

CRH380B 系列动车组列车由唐客股份和长客股份生产，采用 4 动 4 拖的编组方式。该型号为的非高寒型动车组，主要为京沪高铁、京广高铁等大部分除东北以外的地方使用。

1. CRH380B 型动车组

CRH380B 型动车组设有一等座、二等座、观光座、VIP 座等座席等级。二等座车座席采用 2+3 方式布置；一等座车座席采用 2+2 方式布置，每组列车中一辆一等座车设有一个 4 人包间及两个 6 人包间；VIP 座位于商务车车厢（又称 VIP 车），采用 1+2 方式布置，设置类似民航客机头等舱的高级可躺座椅。与 CRH3 型动车组一样，CRH380B 型动车组两端头车后方也设有包间，称为观光区，但旅客不通过透明的玻璃幕墙看到驾驶室的操作。

CRH380B 统型动车组列车设备设施示意如图 1-1-7 所示。

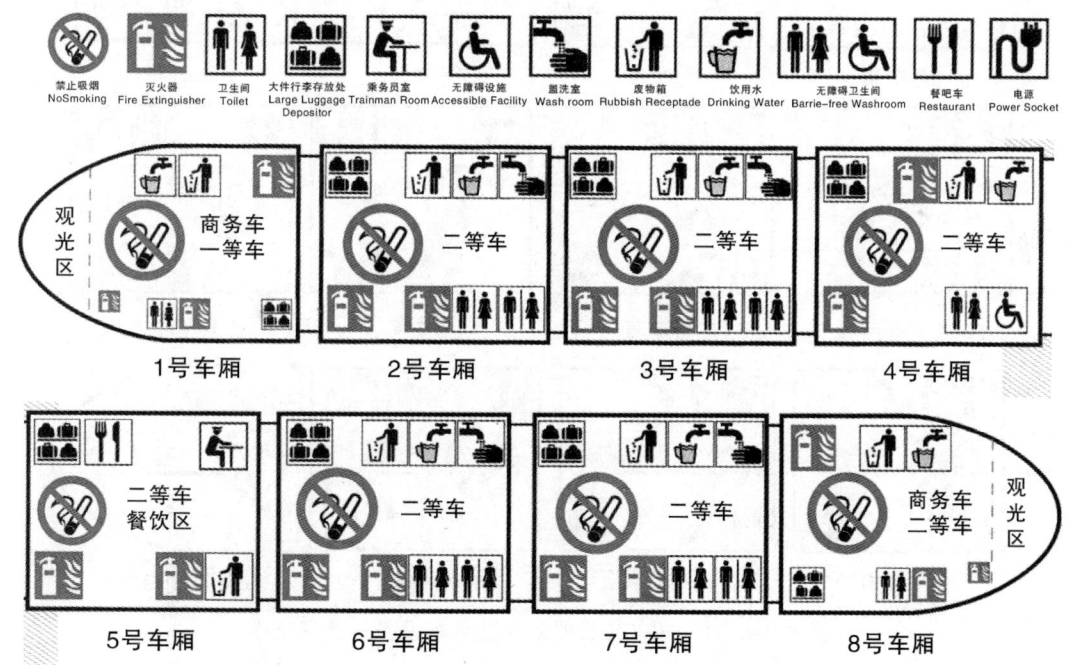

图 1-1-7　CRH380B 统型动车组列车设备设施示意图

2. CRH380BL 型动车组

CRH380BL 型动车组列车总数为 115 列，其中 45 列由长客股份生产，另外 70 列由唐客股份生产。采用了 8 动 8 拖的编组方式，牵引功率为 18 400 kW，列车由 1 辆商务车（又称 VIP 座车）、4 辆一等座车、10 辆二等座车和 1 辆餐车组成，其中商务车定员 28 人，一等座车定员 186 人，二等座车定员 791 人，总定员 1005 人。

CRH380BL 型动车组列车设备设施如图 1-1-8 所示。

CRH380BG 动车组列车总数为 26 列全部由长客股份生产，是根据中国铁路总公司的要求采用根据目前运营经验和乘客乘坐需求，在各型动车组技术平台上，对列车的车型、定员、旅客服务设施、司机操作设施、列车的主要性能进行统一而设计出来的动车组车型。该型车同样为高寒型，主要为津秦客运专线提供。

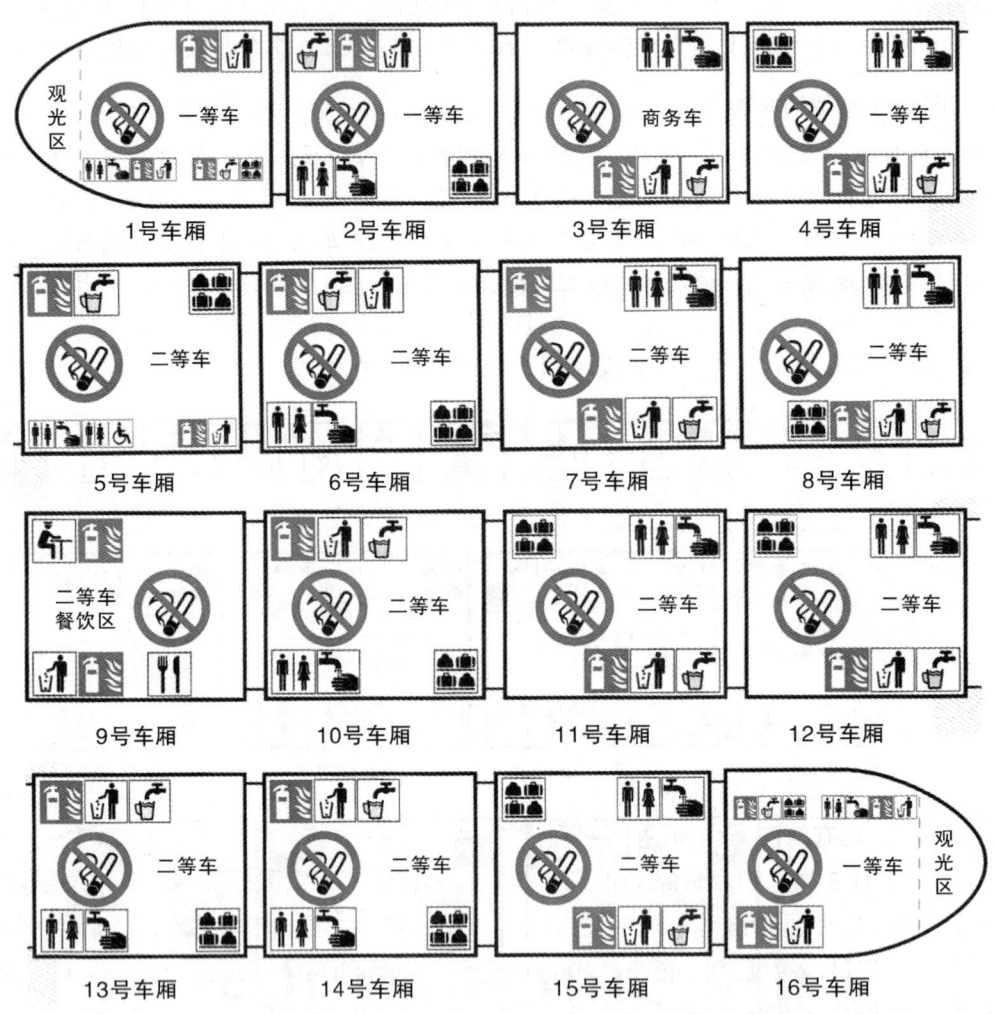

图 1-1-8　CRH380BL 型动车组列车设备设施示意图

（三）CRH380C 系列动车组

CRH380C 型动车组是中国铁路总公司为营运新建的高速城际铁路及客运专线，由原中国北车长客股份在 CRH3C、CRH380BL 型电力动车组的基础上自主研发的 CRH 系列高速电力动车组，持续运营速度由 300 km/h 提高至 350 km/h，最高运营速度由 350 km/h 提高到 380 km/h，最高试验速度为 400 km/h 以上。性能优化以提高牵引功率，降低传动比及动车组气动外形减阻为主；而列车舒适度优化方面主要采取提高列车减震性能、车厢降噪、加强车内气压控制等方式。

CRH380CL 型动车组列车总数为 25 列，全部由长客股份生产，采用了 8 动 8 拖的编组方式，牵引功率为 19 200 kW，采用了新头型及基于日立技术的永济牵引系统。列车由 2 辆商务车（又称 VIP 座车）、2 辆一等座车、11 辆二等座车和 1 辆餐车组成，定员 1015 人。

CRH380CL 动车组与 CRH380BL 型动车组相比，车头部分有较大的创新改变，采用了更为细长的流线型铝合金车头。

（四）CRH380D 动车组

CRH380D 电力动车组是由青岛四方庞巴迪铁路运输设备有限公司基于庞巴迪 ZEFIRO 平台研发的 CRH 系列高速动车组，设计标称运行速度为 380 km/h。2013 年 4 月，在宁杭甬高铁的试验中，跑出了最高速度 420 km/h。

六、"复兴号"CR 系列动车组

（一）CR 系列动车组的研制背景

为了能够适应中国的高速铁路运营环境和条件，满足复杂多样、长距离、长时间、连续高速运行等需求，打造适合中国国情、路情的高速动车组的设计、制造平台，实现高速动车组技术全面的自主化，在中国铁路总公司的召集下，国内有关企业、高校、科研单位等优势力量开展了中国标准动车组的研制工作。研制 CR 系列动车组是统一标准、降低成本的需要，针对不同型号的动车组，应建立统一的技术标准体系，实现动车组在服务功能、运用维护上的统一，以提高效率，降低成本。

（二）CR 系列动车组的特点

中国标准动车组指中国标准体系占主导地位的动车组（在 254 项重要标准中，各种中国标准占 84%），具有鲜明而全面的中国特征。

2017 年 1 月 3 日，国家铁路局正式向四方和长客颁发了中国标准动车组"型号合格证"和"制造许可证"。中国标准动车组也正式获得型号命名。中国标准动车组采用 CR400/300/200 命名，分别对应最高速度 400 km/h、300 km/h 和 200 km/h，数字代表最高速度，例如，400 代表最高速度可达 400 km/h 及以上，持续运行速度为 350 km/h。

CR 是 China Railway 的缩写，即中国铁路；"A"和"B"为企业标识代码，代表生产厂家；F 为技术类型代码，表示动力分散式动车组，区别于"J"所代表的动力集中式电力动车组和"N"所代表的动力集中式内燃动车组。四方生产的"蓝海豚"被命名为 CR400AF，头部玻璃平，侧面有一条凸尖线，最前部尖出。长客生产的"金凤凰"被命名为 CR400BF 头部玻璃凸，侧面比较平缓。

中国标准动车组的名号为复兴号动车组，如图 1-1-9 所示。

图 1-1-9 复兴号动车组

（三）长编组"复兴号"动车组

1. 16 辆编组"复兴号"动车组

CR400BF-A、CR400AF-A 型长编组"复兴号"动车组采用 8 动 8 拖配置，总长度超过 415 m，总定员 1193 人，可满足速度 350 km/h 运营要求。16 辆编组"复兴号"在 1 号车设有单独的"商务座车"车厢，全部为商务座布局，可为商务座旅客提供更舒适的乘车体验，如图 1-1-10 所示。

图 1-1-10 16 辆编组"复兴号"动车组商务座车

长编组"复兴号"照明系统可对车厢内的色温进行变换，灯光可在"冷光"与"暖光"之间平滑调节，为旅客打造更加舒适的车厢氛围。一等座的充电口位于扶手的前方，二等座的充电口位于坐垫下方。充电口不仅有两孔和三孔插座，还增加了 USB 接口。

2. 17 辆编组"复兴号"动车组

17 辆编组"复兴号"动车组长 439.8 m，在原有 16 辆长编组"复兴号"的基础上再增加一节车厢，使全列扩编至 17 辆编组，型号定为 CR400AF-B。CR400AF-B 增加了一节拖车，位于原长编组 15 车和 00 车（头车）之间，编为 16 车，动力配置变为 8 动 9 拖（8M9T）。由于增加一节，列车长度比原长编组 CR400AF-A 增加 25.65 m，总长达到了 439.8 m。

座位布局方面，原 15 车的一等座席改成二等座席，新增加的 16 车设置为一等座席，全车增加了一节二等座车，定员比原长编组 CR400AF-A 增加了 90 人。CR400AF-B 动车组的载客量为 1283 人，如图 1-1-11 所示。

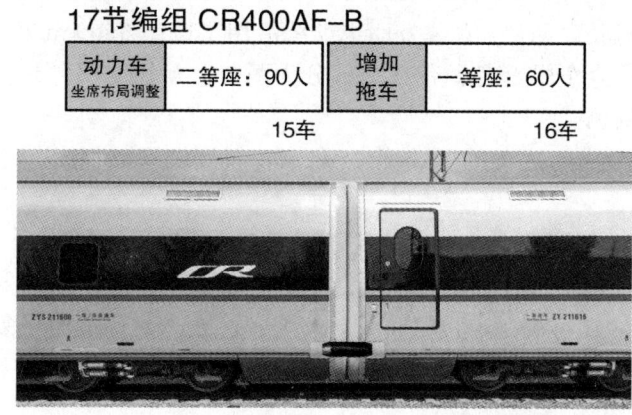

图 1-1-11　17 辆编组"复兴号"动车组

（四）速度 250 km/h "复兴号"动车组

1. CR300AF "复兴号"动车组

CR300AF 由中国中车旗下四方股份研制，列车为 8 辆编组，长约 209 m，标定速度 250 km/h，CR300AF 的动力配置为 4M4T（四动四拖），02/04/05/07 车为带牵引电机的动车，01/03/06/00 车为不带动力的拖车（头车控制车无动力），动力单元呈中心对称。

车头造型延续了 CR400AF 和 CRH2G 的部分设计思路，气动鸭翼的轮廓；涂装方面沿用了速度 350 km/h 级别动车的银色底色+红色飘带的配色，贯穿全车的红色飘带上扬，另一条飘带则贴合气动外形的轮廓而设。

CR300AF 的座位分布与"速度 250 km/h 级别统型"相同，总定员为 613 人，定员配置见表 1-1-1。

表 1-1-1　CR300AF 型动车组定员配置

车辆号	01	02	03	04	05	06	07	00
动力配置	Tc	M	Tp	M	M	Tp	M	Tc
车型	一等座车	二等座车	二等座车	二等座车	二等座车/餐车	二等座车	二等座车	二等座车
	ZY	ZE	ZE	ZE	ZEC	ZE	ZE	ZE
定员	48	90	90	77	63	90	90	65

根据现行动车组型号规则，CR300AF 代表速度 200～300 km/h 动力分散型电力动车组，A 代表四方股份研制，无其他后缀代表为该型号的基本型。

2. CR300BF"复兴号"动车组

CR300BF 由中国中车旗下长客股份研制,列车为 8 辆编组,长 208.95 m,标定速度 250 km/h。CR300BF 的动力配置为 4M4T(四动四拖),02/04/05/07 车为带牵引电机的动车,01/03/06/00 车为不带动力的拖车(头车控制车无动力),动力单元呈中心对称,该配置与 CR300AF 相同。

从风格上看,车头造型延续了 CR400BF 和 CRH3A、CRH5G 技术提升型的部分设计思路,气动导流槽的位置在驾驶窗两侧;涂装方面也继续沿用了速度 350 km/h 级别车的白色底色加金色飘带的配色,贯穿全车的金色飘带在头部分为两条,互相交织并延伸到车头。CR300BF 的车下设备裙板改为灰色。

CR300BF 的座位分布与之前的"速度 250 km/h 级别统型"相同,总定员为 613 人,定员配置同表 1-1-3。

根据现行动车组型号规则,CR300BF 代表速度 200~300 km/h 动力分散型电力动车组,B 代表长客股份研制,无其他后缀代表为该型号的基本型。

七、广深港高铁"动感号"动车组

广深港高铁是中国高速铁路网的重要组成部分,全长 141 km,其中内地段 115 km,香港段 26 km。广深港高铁香港段的动车组名号为"动感号"(VIBRANT EXPRESS),寓意香港是动感之都,香港的人和社会经济都充满活力。"动感号"车身以银色为底色,白色及红色波浪纹为装饰,列车头尾两侧的橙色弧形花纹十分醒目。

"动感号"列车共有 8 节车厢,可提供 579 个座位,其中第 1 节和第 8 节车厢为一等座车厢,共有 68 个座位,第 2 节至第 7 节为二等座车厢,7 号车厢设有 2 个轮椅座位,所有车厢实现 Wi-Fi 全覆盖。

一等座车厢地板印有玫瑰花纹,色调配置浪漫温馨,每个座位都配有脚踏板、独立阅读灯、耳机接口等,座椅可 180°旋转,如图 1-1-12 所示。

图 1-1-12 "动感号"一等座车厢

"动感号"MTR380A 动车组是在 CRH380A 的基础上进行设计的。

1. 涂装

涂装进行了部分改动,车体没有使用 CRH 系列清一色的白底蓝条:凤尾灯处加饰红色/

白色条纹，凤尾灯下方没有"和谐号"字样，也没有"动感号"字样，车底编号仍为CRH380A-××××。铝合金车体与玻璃钢车头罩的接口基于原版设计额外加装1个几毫米宽的垫圈，再分别涂漆上色，解决了热胀冷缩导致两边涂料易剥落的问题。

2. 车　钩

车钩采用夏芬伯格10型车钩，备有防爬设计，包括防止上冲与能量吸收装置。

3. 电子水牌

中国内地使用简体中文，香港使用繁体中文，电子水牌也沿用了这一习惯，但样式一致，均为绿色不滚动车次号外加黄色滚动运行区间中英文+列车等级中英文字幕。

4. 车内设备设施

（1）座位席别。

车内不设置商务座、特等座车，只设一等座、二等座车，座椅、部分墙壁颜色也不同于CRH380A。二等座车厢每排设有5个座位，座椅设计时尚、色彩明快，地板有波浪纹设计，如图1-1-13所示。

图1-1-13　"动感号"二等座车厢

（2）配套设备设施。

开水机等设备的提示同时写有简体中文和繁体中文，如图1-1-14所示。车内设有无障碍洗手间、自动饮水机、母婴护理台等设施，如图1-1-15所示。考虑到内地和香港旅客使用的电器插头不一致，每个座位都配两种型号的插座，每节车厢均设有大型行李摆放架。

图1-1-14　开水机设备的简体中文、繁体中文提示

图 1-1-15　无障碍洗手间

5. 运行时速

MTR380A 在香港境内运行速度为 200 km/h。

分小组讨论各系列动车组的组成与结构，各小组派代表进行总结汇报，小组互评，教师点评。提高学生运用理论知识解决实际问题的能力。

任务 2　动车组型号及车组编号

能力目标

1. 识别动车组型号及车组号。
2. 识别动车组中车辆的车种及车辆号。
3. 识别动车组座席号。

知识目标

1. 掌握动车组的基本概念。
2. 掌握动车组的组成。
3. 掌握动车组型号及车组号编号规则。
4. 掌握动车组中车辆的车种及车辆号编号规则。
5. 掌握动车组座席号编号规则。

相关知识

一、动车组列车构成

所谓动车组，就是由若干动力车和拖车或全部由动力车长期固定连挂在一起组成的车组。

动车组编组中的车辆全部或大部分为动力车,即牵引动力分散配置。高速动车组牵引动力的配置基本上有两种形式,即集中配置型和分散配置型。

动力分散方式动车组的动力配置也有两种模式,一种是完全分散模式,即动车组中的车辆全部为动力车;另一种是相对分散模式,即高速列车编组中部分是动力车,部分为无动力的拖车。

（一）动车组的构成

1. 车 体

动车组车体分为带司机室车体和不带司机室车体两种。它是容纳乘客和司机驾驶的地方,同时又是安装与连接其他设备和部件的基础。为使车体轻量化,高速动车组车体通常采用铝合金和不锈钢材料制造。

2. 转向架

转向架是保证列车运行品质和安全的关键部件。动车组转向架分动力转向架和非动力转向架。

动力转向架的车轴可以是全动轴,也可以是部分动轴。转向架置于车体和轨道之间,用来牵引和引导车辆沿轨道行驶与承受和传递来自车体及线路的各种载荷,并缓和其动作用力。转向架一般由轮对轴箱装置、构架、弹簧悬挂装置、车体支承装置和制动装置组成。对于动力转向架,还包括牵引电动机及传动装置。

3. 车辆连接装置

车辆编组成列车运行必须借助于连接装置,其中,机械连接包括车钩缓冲装置和风挡等；同时还有车辆之间的电气和空气管路的连接、高压电器连接、辅助系统和列车供电连接以及控制系统连接等。

4. 制动装置

制动装置是保证列车安全运行所必需的装置。动车组常采用动力制动与摩擦制动的复合制动模式,制动控制系统包括动力制动控制系统（再生制动）和空气制动控制系统。此外,还有电子防滑器及基础制动装置等。

5. 车辆内部设备

车辆内部设备是指服务于乘客的车内固定附属装置,如车内电气、供水、通风、取暖、空调、座椅、车窗、车门、行李架、旅客信息服务系统等。

6. 牵引传动系统

牵引传动系统包括主电路、高压设备、受电弓、主断路器、其他高压设备、主变压器、牵引变流器、牵引电机及电传动系统的保护等。

7. 辅助供电系统

辅助供电系统供电的设备包括空气压缩机、冷却通风机、油泵/水泵电机、空气调节系统、采暖设备、照明设备、旅客服务设备、应急通风装置及维修用电等。另外,辅助供电系统还具备应急供电功能包括客室应急通风、应急照明、应急显示、维修用电、通信及其控制等。

（二）动车组的主要技术特点

高速动车组集成了一系列当代高新技术：交流传动技术；复合制动技术；高速转向架技术；高强轻型材料与结构；减阻降噪技术；密封技术；高速受电弓技术；现代控制与诊断技术。

动车组的特点主要包括：固定编组；动力集中或动力分散；密接车钩；整体运用；整体保养检修；大修前不解体；采用网络控制；交流传动/液力传动；制动系统完整设计。

高速动车组的特点主要包括：头部流线型；车体轻量化技术；高速转向架；高速受流技术；车厢密闭、空调换气；高功率重量比；低噪声、低轮轨力；配备现代化动车段、综合维修基地。

1. 优良的空气动力学外形

随着列车运行速度的提高，一方面空气的动力作用对列车和列车运行性能产生影响；另一方面列车高速运行引起的气动现象对周围环境也产生影响。对于高速动车组来说，列车头型设计非常重要，好的头型设计可以有效地减少列车表面压力、列车空气阻力、会车压力波、隧道内列车表面压力和列车风等问题。

2. 车体结构轻量化

为了节省牵引功率，降低高速所引起的动力作用对线路结构、机车车辆结构产生的损伤，以及提高旅客乘坐舒适度，需要最大限度地降低高速动车组的轴重。因此，各国高速动车车体的主要材料都是铝合金和不锈钢，从发展趋势看，铝合金将成为动车组车体的主导材料。

3. 高性能转向架技术

提高列车运行速度首先遇到的问题是转向架运行的稳定性和安全性，所以，提高列车运行速度应具有高性能的转向架。对于高速转向架，要求具有高速运行的稳定性和安全性，良好的曲线通过性能以及旅客乘坐的舒适性。

4. 复合制动技术

高速列车对制动技术提出了严峻的挑战，因为列车的动能与速度的平方成正比，而在一定的制动距离条件下，列车的制动功率是速度的三次函数。因此，传统的空气制动能力远远不能满足需要。

动车组制动系统应具备的条件是：① 尽可能缩短制动距离以保障列车安全；② 保证高速制动时车轮不滑行；③ 司机操纵制动系统灵活可靠，能适应列车自动控制的要求。因此，需要采用大功率盘形制动机和复合制动方式，即空气盘形制动+电气动力制动（再生制动）+非黏着制动（涡流制动和磁轨制动）；按速度控制制动力的大小以充分利用黏着；采用高性能的防滑装置以及采用微机控制等。

5. 密接式车钩缓冲装置

车辆间的牵引缓冲装置是关系到缓和列车冲击、提高旅客舒适性和列车安全的重要部件，高速列车对牵引缓冲装置提出了更高的要求。

6. 交流传动技术

在交流传动系统中，交流牵引电动机具有额定输出功率大；结构简单、体积小、重量轻、易维修；速度控制方便；效率高等一系列优点。

7. 列车自动控制及故障诊断技术

列车自动控制系统对保证高速列车安全运行具有十分重要的作用，如列车超速防护系统、卫星定位系统、车载智能控制系统、车载微机自动监测和诊断系统等。

8. 高速受流技术

接触网—受电弓受流系统的受流过程是受电弓在接触网下以列车速度运动中完成的，这是一个动态过程，这一过程包括了多种机械运动形式和电气状态变化。因此，高速铁路中接触网受电弓受流具有新的特点，受流系统的电流容量、适用速度、安全性能有了相当大的提高，高速铁路的受流系统必须符合以下基本条件：一是要保证功率传输的可靠性，必须保证动车组所需要的最低电压，保证动车组的可靠运行，高速列车的电流负荷特性较普速列车有较大的区别，其特征是脉冲负荷占的比例大，整个牵引供电系统要适应高速列车对电压水平和电流负荷的要求；二是受流系统的运行安全性；三是良好的受流质量；四是保证受流系统的使用寿命。

9. 倾摆式车体技术

为了提高列车通过曲线的速度，即通过各种措施，使列车车体在通过曲线时可以向曲线内侧倾摆，使车体相对轨道平面转动一个角度，车体转动角和轨道超高角的转动方向一致。在车内的旅客感受到的超高角是线路实设超高和车体倾角之和，旅客感受到的重力加速度的横向分量显著增加，可以大幅度抵消列车的离心加速度，使旅客感受到的未被平衡的离心加速度保持在容许范围之内。因此，采用摆式列车可提高曲线限速 30%~40%，提高旅行速度 15%~20%。

10. 动车组车内环境及卫生排污技术

高速动车组车内环境参数包括空气压力、温度、湿度、空气流速、噪声和空气清洁度等。高速列车的卫生排污系统与普通列车有着非常大的区别，也是全新的技术。如车内温度，我国制定的"高速试验列车供水、采暖、卫生、密封等技术条件"中规定，客车内、外设计计算参数为，当冬季车外空气温度最低为 -14 ℃ 时，客车室内平均气温不得低于+18 ℃。卫生与排污系统的集便装置采用密闭式厕所装置，实行污物集中处理。随着旅客列车速度的提高，客车气压密封性问题非常突出，也要求采用密闭式厕所，所以高速列车必须具备密封性能良好的给排水系统、密封的便池冲洗、污物汇集及排放设备。

（三）高速动车组的分类

（1）按动车组动力轮对的分布和驱动设备的设置，分为动力分散型和动力集中型。

（2）按动车组车辆转向架布置和车辆之间的连接方式，分为独立（转向架）式和铰接（转向架）式。

二、动车组型号命名

动车组型号的命名方式分技术序列代码命名方式和速度目标值命名方式两种。

（一）技术序列代码命名方式

1. 技术序列代码

以阿拉伯数字表示，由1开始顺序排列。
1——BST研制生产的动车组；
2——四方研制生产的动车组；
3——唐客研制生产的动车组；
5——长客研制生产的动车组；
6——四方/浦镇研制生产的城际动车组；
7及后续数字——预留的动车组技术序列代码。

2. 子型号

以一位大写英文字母表示，由A开始顺序排列。
A——时速200~250 km，8辆编组，座车动车组；
B——时速200~250 km，16辆编组，座车动车组；
C——时速300~350 km，8辆编组，座车动车组；
D——时速300~350 km，16辆编组，座车动车组；
E——时速200~250 km，16辆编组，卧车动车组；
F——时速160 km，8辆编组，城际座车动车组；
G——时速200~250 km，8辆编组，耐高寒座车动车组；
H——时速200~250 km，8辆编组，耐风沙及高寒座车动车组；
I——预留；
J——综合检测动车组；
K及后续字母——预留。

动车组型号技术序列代码命名方式如图1-2-1所示。

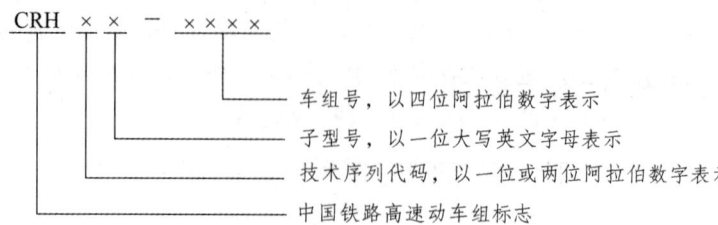

图1-2-1 技术序列代码命名方式

（二）速度目标值命名方式

1. 速度目标值

速度目标值以动车组设计的最高运行速度目标值的三位阿拉伯数字表示，例如：380——设计最高运行速度目标值为 380 km/h。

2. 技术平台代码

以一位大写英文字母表示，由 A 开始顺序排列。

A——四方研制生产，8 辆编组，座车动车组；

B——长客/唐客研制生产，8 辆编组，座车动车组；

C——长客研制生产（与 B 采用不同的牵引及控制系统），8 辆编组，座车动车组；

D——BST 研制生产，8 辆编组，座车动车组；

E——预留；

F——预留。

3. 子型号

以一位大写英文字母表示，由 G 开始顺序排列，缺省时为基本型。

G——耐高寒动车组；

H——耐风沙及高寒动车组；

I——预留；

J——综合检测动车组；

K——预留；

L——基本型的 16 辆编组动车组；

M——更高速度等级试验列车改为综合检测动车组；

N 及后续字母——预留。

动车组型号速度目标值命名方式如图 1-2-2 所示。

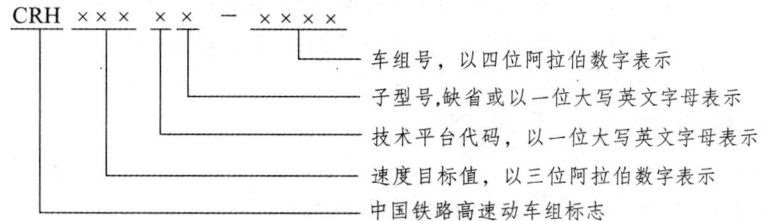

图 1-2-2　速度目标值命名方式

三、动车组车组号编号规则

动车组车组号编号规则以四位阿拉伯数字表示，按照动车组的制造工厂不同，具体号段分配如下。

1. BST

时速 250 km 及以下动车组按 1001~1499 顺序排列。

时速 350 km 及以上动车组按 1501~1999 顺序排列。

检测、试验等特殊用途动车组及非中国铁路总公司控股企业采购的动车组按 0101~0199 顺序排列。

2. 四 方

时速 250 km 及以下动车组（CRH2C 包含在其中）按 2001~2499 顺序排列。

时速 350 km 及以上动车组按 2501~2999 顺序排列。

检测、试验等特殊用途动车组及非中国铁路总公司控股企业采购的动车组按 0201~0299 顺序排列。

3. 唐 客

时速 250 km 及以下动车组（CRH3C 包含在其中）按 3001~3499 顺序排列。

时速 350 km 及以上动车组按 3501~3999 顺序排列。

检测、试验等特殊用途动车组及非中国铁路总公司控股企业采购的动车组按 0301~0399 顺序排列。

4. 四方/浦镇

四方城际动车组按 4001~4499 顺序排列。

浦镇城际动车组按 4501~4999 顺序排列。

四方检测、试验等特殊用途城际动车组按 0401~0449 顺序排列。

浦镇检测、试验等特殊用途城际动车组按 0451~0499 顺序排列。

5. 长 客

时速 250 km 及以下动车组按 5001~5499 顺序排列。

时速 350 km 及以上动车组按 5501~5999 顺序排列。

检测、试验等特殊用途动车组及非中国铁路总公司控股企业采购的动车组按 0501~0599 顺序排列。

四、动车组车辆号编号规则

动车组中车辆的车种及车辆号示意如图 1-2-3 所示。

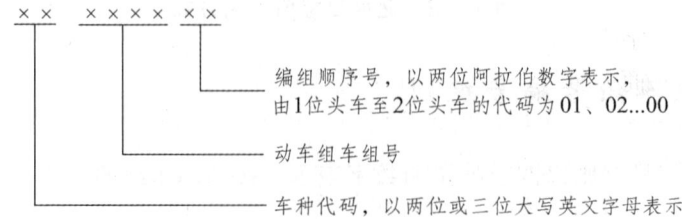

图 1-2-3　动车组中车辆的车种及车辆号

动车组中车辆的车种代码是车种名称的汉语拼音缩写。动车组中车辆的车种代号、车种名称见表 1-2-1。

表 1-2-1 动车组中车辆的车种代码、车种名称

序号	车种代码	车种名称
1	ZY	一等座车
2	ZE	二等座车
3	WR	软卧车
4	WY	硬卧车
5	CA	餐车
6	SW	商务车
7	ZEC	二等座车/餐车
8	ZYS	一等/商务座车
9	ZES	二等/商务座车
10	ZYT	一等/特等座车
11	ZET	二等/特等座车
12	JC	检测车

示例如下：

ZYS 264201

ZYS——车种代码，一等/商务座车；

2642——动车组车组号；

01——编组顺序号。

五、动车组座席号编制规则

动车组采用数字和字母组合的方式表示座席号，数字表示排号，字母表示位置。

（一）座席排号规则

（1）以阿拉伯数字表示。
（2）商务座车从商务座端开始由 1 顺序编排。
（3）设无障碍设施的车辆从远离无障碍卫生间的车端开始由 1 顺序编排。
（4）餐座合造车从非厨房端开始由 1 顺序编排。
（5）其他座车从 1 位端开始由 1 顺序编排。

动车组定位示意如图 1-2-4 所示。

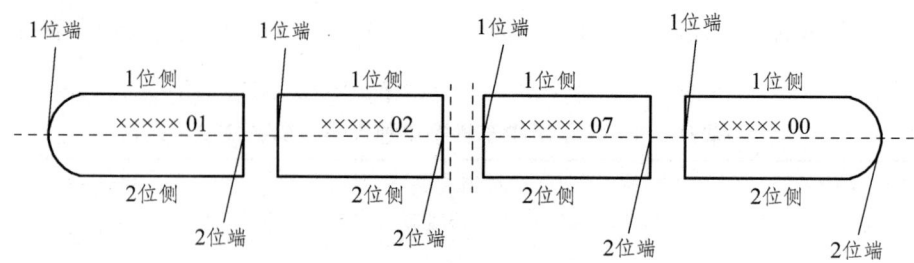

图 1-2-4 动车组定位示意图

（二）座席位置

座席位置采用 A、B、C、D、F 5 个字母表示。

（1）"3+2"座椅排列中，3 人座椅用 A、B、C 表示，分别代表靠窗、中间和靠走廊位置，2 人座椅用 D、F 表示，分别代表靠走廊、靠窗位置。

（2）"2+2"座椅排列（包括二等座车/餐车的餐座）分别用 A、C 和 D、F 表示；"2+1"座椅排列分别用 A、C 和 F 表示。

（3）"1+1"座椅排列（包括二等座车/餐车的餐座）分别用 A 和 F 表示。无论是何种座席排列，A 和 F 均代表靠窗座席，C 和 D 均代表靠走廊座席。

座席编号构成示例如下：

16 A

16——排数代码，表示第 16 排；

A——位置代码，表示靠窗座椅。

六、动车组型号、车组号、车辆车种、车辆号标志

动车组型号和车种包括列车标记和车厢标记。列车标记一般在列车头部两侧喷涂。车厢标记一般在车厢两端车门外两侧喷涂。动车组应有识别的标记包括：路徽、配属局段简称、车型、车号、定员、自重、载重、全长、最高运行速度、制造厂名及日期、定期修理的日期及处所，应有"高压危险禁止攀登"的标识。

（一）型号及车组号标志

1. 标志位置

动车组型号及车组号标志标在头车靠近司机室的 1 位侧和 2 位侧侧墙上，标志底部距轨面 1350 mm，标志中心距靠近司机室的转向架中心线 3000 mm 范围内，每列设 4 处。

2. 标志尺寸和字体

字高 130 mm，英文、数字字体为 "helvetica condensed" 并加粗。

动车组型号及车组号标志如图 1-2-5 所示，动车组型号及车组号标志在动车组上的位置的示意如图 1-2-6 所示。

CRH380AL－2548

图 1-2-5 动车组型号及车组号标志

图 1-2-6　动车组型号及车组号标志在动车组上的位置示意图

（二）车辆车种及车辆号标志

1. 标志位置

（1）头车。

车辆车种及车辆号标志标注在头车远离司机室端的侧墙上，每车 2 处，对于此端有旅客登车门的，标注在旅客登车门的附近侧墙上（车体中心侧）。

（2）中间车。

车辆车种及车辆号标志标注在中间车上，分以下几种情况：对于有 4 个旅客登车门的车，标注在两端旅客登车门附近的侧墙上（车体中心侧），每车 4 处；对于有 2 个旅客登车门的车（登车门靠近车端），其中 2 处标注在旅客登车门附近的侧墙上（车体中心侧），另 2 处标注在远离旅客登车门的端部侧墙上（标志中心距端部 5000 mm 范围内），每车 4 处；对于有 2 个旅客登车门的车（登车门靠近车体中心），标注在旅客登车门附近的侧墙上（车体中心侧），每车 2 处；对于有餐车上货门的车，上货门旁不设车种标志；对于无旅客登车门的车，标注在靠近端部的侧墙上（标志中心距端部 5000 mm 范围内），每车 4 处。

（3）车辆车种标注中，汉字和英文标志排列在靠近车辆端部或登车门处。

（4）标志底部距轨面 1350 mm。

（5）车门开启时门板不应遮挡标志。

2. 标志尺寸和字体

中文字体为黑体，英文、数字字体为"Helvetica condensed"并加粗。

七、动车组车辆方位规则

1. CRH1 型动车组车辆方位

CRH1A、CRH1B 型动车组各车辆以靠近客室侧门端为 1 位端（主机厂及外方称 A 端，下同），另一端为 2 位端（B 端）。

CRH1E 型动车组分为两个 8 编组的动力单元，每个单元中各车辆以靠近车头端为 1 位端（A 端），另一端为 2 位端（B 端）。

2. CRH2 型动车组车辆方位

CRH2 型动车组各车辆以靠近 1 号车车头方向为 1 位端，相反方向为 2 位端。

3. CRH3 型动车组车辆方位

CRH3 型动车组 EC（01、00）车以有司机室端为 1 位端，TC（02、07）、IC（03、06）、FC（05）车以有卫生间端为 1 位端，BC（04）车以有乘务室端为 1 位端，另一端为 2 位端。

4. CRH5 型动车组车辆方位

CRH5 型动车组 Mc2（01）、M2s（02）、Tp（03）、T2（05）车以靠近 01 车车头方向为 1 位端，相反方向为 2 位端；M2（04）、Tpb（06）、Mh（07）、Mc1（00）车以靠近 00 车车头方向为 1 位端，相反方向为 2 位端。

5. CRH380A（L）型动车组车辆方位

CRH380A（L）型动车组各车辆以靠近 1 号车车头方向为 1 位端，相反方向为 2 位端。

6. CRH380B（L）/CL 型动车组车辆方位

CRH380B 型动车组：EC（01、00）车以有司机室端为 1 位端，TC（02、07）、IC（06）、FC（03、04）车以有卫生间端为 1 位端，BC（05）车以有乘务室端为 1 位端，另一端为 2 位端。

CRH380BL、CRH380CL 型动车组：EC（01、00）车以有司机室端为 1 位端，TC（02、07、10、15）、VC（03）、IC（06、08、11、14）、FC（04、05）、SC（12、13）车以有卫生间端为 1 位端，BC（09）车以有乘务室端为 1 位端，另一端为 2 位端。

八、动车组同名零部件位置编号规则

CRH 型动车组车辆同名零部件位置编号规则如下：以观察者在 1 位端面向车辆为基准，左手方向为 1 位侧，右手方向为 2 位侧。对于排列在纵向对称轴上的零部件，由 1 位端顺序向 2 位端编号，如转向架、车轴、内端门等均可按此编号；对于分布在纵向对称轴左右的零部件，按先从 1 位侧向 2 位侧、再从 1 位端向 2 位端的顺序进行编号，如车轮、轴箱、制动盘等均可按此编号；对于上下排列的零部件，按从上至下的顺序并结合左右、前后位置进行编号，如 CRH3 型动车组抗蛇行减振器等。

九、"复兴号"中国标准动车组编制规则

"复兴号"中国标准动车组有"CR400AF"和"CR400BF"两种型号。其中，中车四方生产的动车组命名为 CR400AF，中车长客生产的动车组被命名为 CR400BF。

按照中国铁路总公司新的动车组编制规则，新型自主化动车组均采用"CR"开头的型号，"CR"是中国铁路总公司英文缩写，也是指覆盖不同速度等级的中国标准动车组系列化产品

平台。型号中的"400"为速度等级代码,代表该型动车组试验速度可达时速 400 km 及以上,持续运行时速为 350 km;"A"和"B"为企业标识代码,代表生产厂家;"F"为技术类型代码,代表动力分散电动车组,其他还有"J"代表动力集中电力动车组,"N"代表动力集中内燃动车组。

任务实施

分小组讨论动车组型号及车组号编号规则,各小组派代表进行总结汇报,小组互评,教师点评。提高学生运用理论知识解决实际问题的能力。

复习思考题

1. CRH1 型系列动车组有什么特点?
2. CRH2 型系列动车组有什么特点?
3. CRH3 型系列动车组有什么特点?
4. CRH5 型系列动车组有什么特点?
5. CRH6 型系列动车组有什么特点?
6. CRH380 型系列动车组有什么特点?
7. 中国标准动车组有什么特点?
8. 动车组型号及车组号如何编号?
9. 动车组中车辆的车种及车辆号如何编号?
10. 动车组座席号如何编号?

项目二 高速铁路动车组列车车内设备设施

项目描述

本项目描述了 CRH380 型动车组、CRH5 型动车组、"复兴号"动车组、卧车动车组的车内设备设施。

任务 1 CRH380A 型动车组车内设备设施

能力目标

1. 熟练使用 CRH380A 型动车组车内基础设备。
2. 熟练使用 CRH380A 型动车组车内服务设备。

知识目标

1. 认知 CRH380A 型动车组观光区和 VIP 包间布置。
2. 认知 CRH380A 型动车组客室座椅和 VIP 座椅。
3. 认知 CRH380A 型动车组旅客行李存放处。
4. 认知 CRH380A 型动车组服务室设备。
5. 认知 CRH380A 型动车组旅客信息系统。
6. 认知 CRH380A 型动车组影视系统。
7. 认知 CRH380A 型动车组给水卫生系统。

相关知识

CRH380A 型动车组（8 辆编组）为动力分散交流传动动车组，最高运行速度 350 km/h，可在新建 300 km/h 速度级客运专线上运营，也可在新建 200 km/h 速度级客运专线上以 200 km/h 速度运行。

一、基础设备

CRH380A 型动车组以 CRH2C 型时速 300 km 动车组为基础，通过速度提升和优化设计完成自主研制。CRH380A 型动车组由 6 辆动车、2 辆拖车共 8 辆车构成编组，编组配置如图 2-1-1 所示。两列动车组可联挂运行。各车辆主要设备配置见表 2-1-1。

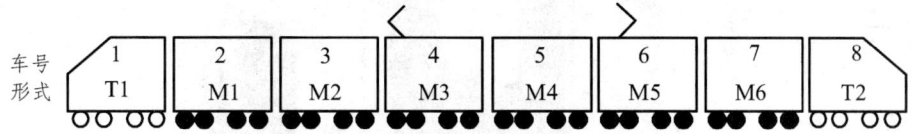

图 2-1-1　CRH380A 型动车组动力配置

T—拖车；M—动车

表 2-1-1　各车辆的主要设备配置

车号	形式	定员	主要设备	其他
1	T1	45	二等车、驾驶室、卫生间、盥洗室、观光区、电开水炉、电器柜、备品柜、行李室	
2	M1	85	二等车、卫生间、盥洗室、电开水炉、电器柜、行李室、车上水箱	
3	M2	42	一等车、VIP 半包间、卫生间、盥洗室、电开水炉、电器柜、备品柜、行李室	
4	M3	51	一等车、卫生间、盥洗室、电开水炉、电器柜、行李室、车上水箱	带受电弓
5	M4	52	二等车、餐饮区、厨房、卫生间、盥洗室、乘务员室、机械师室、电开水炉	
6	M5	85	二等车、卫生间、盥洗室、电开水炉、电器柜、行李室、车上水箱	带受电弓
7	M6	85	二等车、卫生间、盥洗室、电开水炉、电器柜、行李室、备品柜	可乘坐轮椅
8	T2	45	二等车、驾驶室、卫生间、盥洗室、观光区、电开水炉、电器柜、备品柜、行李室	
合计		490		

（一）外部车门

1. 侧拉门

侧拉门装置通过操作在司机室以及乘务员室内设置的开关集中控制。关闭侧拉门之后各个车厢侧面外部的显示灯会熄灭，司机台的关门显示灯会亮起。司机在确认了显示灯状态之后发车。头车靠司机室的侧拉门和餐车的侧拉门为可单控侧拉门，可根据需要选择车门是单控还是集控。

侧拉门采用旋转杆气压式的内藏侧拉门，侧拉门机构由上部驱动装置、电磁阀组件、旋转杆式压紧装置、下导轨以及供气管路等组成，如图 2-1-2 所示。门板采用隔音复合结构，设有夹层中空玻璃。

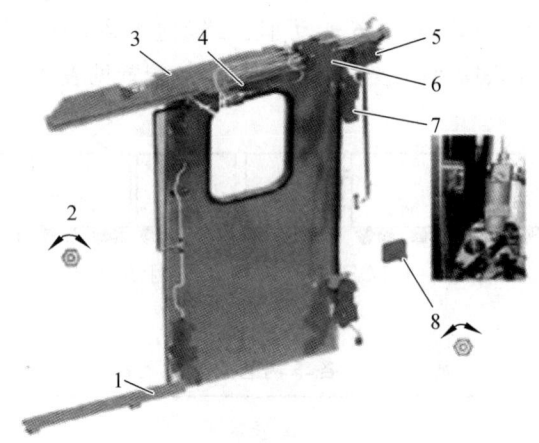

图 2-1-2 侧拉门结构图

1—下导轨；2—车内单控开关；3—上部驱动装置；4—供气管路；5—关门到位开关；
6—电磁阀组件；7—压紧装置；8—车外单控开关

2. 外端拉门

外端拉门是装在两辆车之间的贯通口上为防火用而设置的不锈钢制的手动拉门，在 2~8 号车的 1 位端各有一个，在 4 号车的 1、2 位端均设有外端门，并且，为了在全开、全关时能够依然保持其状态而设置了压紧装置。

在正常运用中，该门藏于外端墙的内部，是不使用的，通过弹性定位装置保持固定状态。需要使用时，先把手动拉手从门板内取出，然后用力拉动拉手，便可以把门拉出，使门板上的扣手露出，然后必须把拉手缩回到门板内部，才能继续关门。关门到位后，弹性定位装置把门板顶紧在外端墙上，起到隔断两辆车的功能。

（二）内部门和锁

内部门由内端门和小间门组成。

内端门采用电控电动式移门。门板主结构为玻璃，三面铝型材包边，门上部分的夹玻璃型材同时起到携门装置的功能。这种门扇结构简洁、大方。门系统的承载驱动机构具有结构简单、运动阻力小、安装方便、可靠性高及自动开关等优点。

（三）车外标记

车体外部设置有动车组车型车号、"和谐号""狮子头"、列车长度、顶车、检修、自重载重定员、制造厂铭牌等标记。制造厂铭牌为铸铝结构，采用螺钉安装在车体端部；其余标记采用薄膜粘贴。

（四）车厢设备

1. 客室内设备

客室内设有座椅、行李架等设施。

2. 侧墙设备

侧墙设有衣帽钩、广播系统用扬声器等设施。

3. 端部设备

在内端墙上，设有车内信息显示器、车号显示器、禁烟标记、洗手间使用显示灯、紧急报警按钮、脚踏、桌板等设施。

4. 顶部设备

车顶设 LED 照明顶灯带等设施。

5. 通过台及走廊

在通过台及走廊处设有开水炉、卫生间、盥洗室、备餐区、配电盘、垃圾箱、灭火器、端部小间、行李放置处等。

6. 辅助设备

车厢每一个座椅底部都设一个插座（220 V），方便旅客乘车时使用。盥洗室内设置电动剃须刀用插座。乘务员室内设置业务用插座，5 号车（M4 车）1 位端的餐饮区设置 4 个餐饮设备用插座。

通过台及走廊车顶设 LED 筒灯（应急灯在 2、4 位侧）及扬声器。洗手间使用 3W 的 LED 筒灯和 4W 的 LED 筒灯（残疾人用）。侧出入口部为行动不便者使用无障碍设备，设置开关门预告声音装置。

（五）配电盘设备布置

配电盘设在通过台，如图 2-1-3 所示，T1，M4 和 M6 设在 2 位端，M1，M2，M3 和 M5 设在 1、2 位端，T2 设在 1 位端，并且配电盘门为暗锁结构。

1. 运转配电盘

运转配电盘中布置了相关牵引变流器、电动送风机、辅助电源装置、空气压缩机、制动装置、监视器装置、广播设备、保温等的脱扣开关（NFB），关门联动和蜂鸣器的复位开关等。

1 号车（T1）2 位客室侧及 8 号车（T2）1 位车端侧安装运转配电盘，上部安装输出功放、主故障显示灯，下部安装继电器盘、电磁接触器、辅助制动模式发生器；2、6 号车（M1、M5）及 4 号车（M3）1 位车厢侧安装运转配电盘，上部安装输出功放、主故障显示灯，下部安装继电器盘；3 号车（M2）、7 号车（M6）后位车厢侧安装运转配电盘，上部安装主故障显示灯，下部安装继电器盘；5 号车（M4）后位车厢侧安装运转配电盘，上部安装主故障显示灯、配电盘，横侧安装车端断开装置，下部安装继电器盘。

2. 服务用配电盘

服务用配电盘中布置了相关空气调节装置、送排气装置、照明、自动门和各显示器的脱扣开关（NFB）、空调显示设定器、外部电源用连接器等。

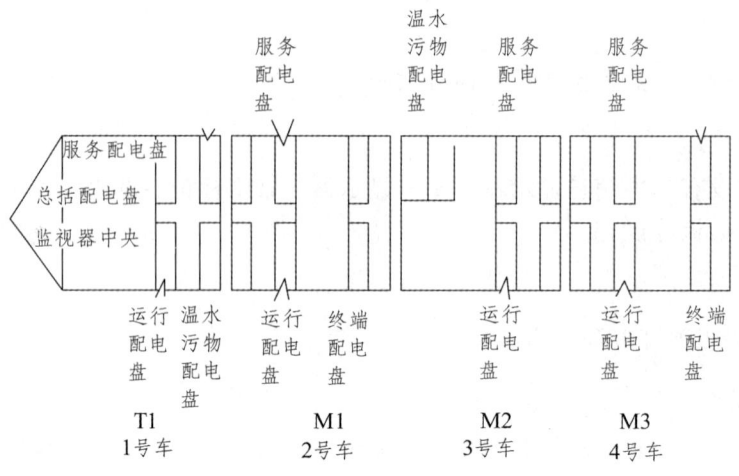

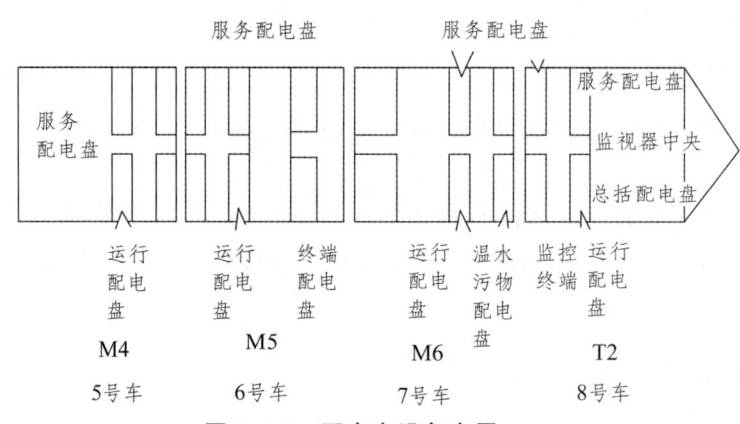

图 2-1-3　配电盘设备布置

1 号车（T1）2 位端通过台客室侧及 8 号车（T2）1 位端通过台车端侧安装服务配电盘，上部安装空调故障显示灯，下部安装接地开关盘；2、6 号（M1、M5）车及 4 号车（M3）1 位端通过台客室侧安装服务配电盘，配电盘横侧安装车端断开装置，下部安装非常启动开关盘及接地开关盘；3 号车（M2）、7 号车（M6）2 位端通过台客室侧安装服务配电盘，上部安装空调故障显示灯，下部安装接地开关盘及压缩机控制用电磁接触器；5 号车（M4）2 位端通过台客室侧安装服务配电盘，上部安装空调故障显示灯，下部安装接地开关盘及电磁接触器。1 号车（T1）、5 号车（M4）2 位端通过台车端侧安装监视器终端装置，下部安装温水污物配电盘；3 号车（M2）1 位端通过台车端侧安装监视器终端装置，下部安装温水污物配电盘；2、6 号车（M1、M5）及 4 号车（M3）前位客室侧安装监视器终端装置，下部安装饮水机供水配电盘、控制功放和接触器盘；7 号车（M6）后位安装布置了温水器、污物处理装置、水泵（抽水）装置、坐便器、盥洗室等的 NFB 和水量计等温水污物配电盘。

服务配电盘为双开门式，对于操作频度高的空调显示设定器，以操作方便为目的来考虑安装位置。各种配电盘门均采用闭锁方式。

二、服务设备

为保证车辆轻量化，车内结构采用轻量化、模块化设计；为提高乘坐舒适性，车体结构采取隔热、隔音降噪措施。

动车组设 VIP 观光区、一等座车及二等座车，以满足运送中短途旅客的需要，其中 1 号车（T1）和 8 号车（T8）为带观光区的二等座车，3 号车为带 VIP 包间的一等座车，4 号车为带残疾人使用设施的一等座车，其余为二等座车。

车内设施及配置主要包括车内设备件、车内供水供热及配电盘设备，设备件主要包括客室座椅、行李架、内部门等设施；车内供水供热主要包括了开水炉、车内卫生间、盥洗室和小卖部等设施；配电盘设备布置车辆控制用的开关、继电器、接触器等电气元件及控制装置。

（一）观光区布置

1 号车及 8 号车端部靠近司机室部位各设置一个观光区。观光区主要设置了观光区边柜、VIP 座椅、观光区沙发，观光区布置如图 2-1-4 所示。

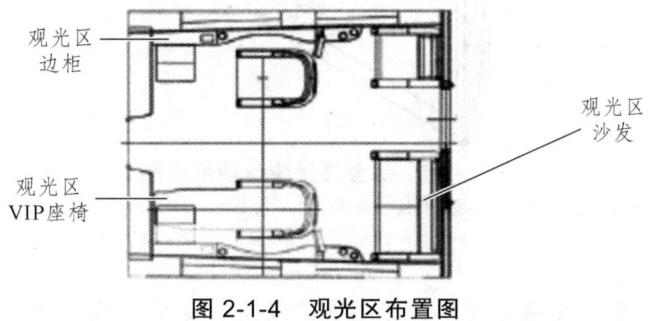

图 2-1-4 观光区布置图

1. 观光区边柜

CRH380A 型动车包含两节端车（T1/T2），每节端车包含两组观光区功能柜，且互为对称，如图 2-1-5 所示。

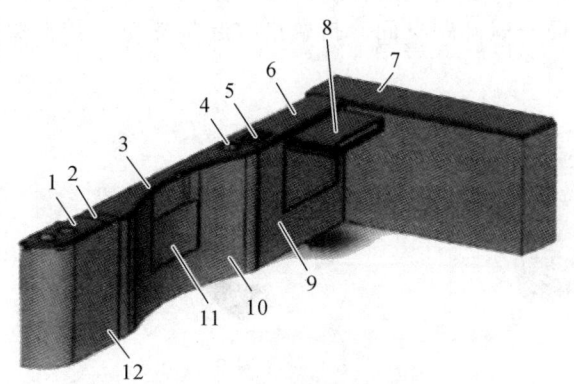

图 2-1-5 观光区功能柜

1—电视翻盖（大）；2—电视翻盖（小）；3—圆弧台面；4—杯托；5—控制面板；
6—台面；7—电器柜上台面；8—折叠桌；9—前部墙裙；10—圆弧墙裙；
11—书报栏；12—后部墙裙（内含折叠电视）

功能柜由翻板桌、电视转臂、功能柜立面及桌板组成,可将桌板打开或折叠,桌面必须平稳缓和地打开或折叠,供餐饮或娱乐使用;电视机柜可通过手动操作进行折叠、旋转实现电视的取出和收回。

(1)折叠桌的使用。

① 折叠桌收起。

手动向上抬起 A 端(见图 2-1-6 所示位置),桌面安装架/活动部分绕可动转轴向上旋转,B 端沿固定导轨向下移动,同时可动转轴在桌面安装架的活动导轨内向下向内翻转,最终桌面安装架正面向内贴合于固定座内且与固定座立面平行并自锁。

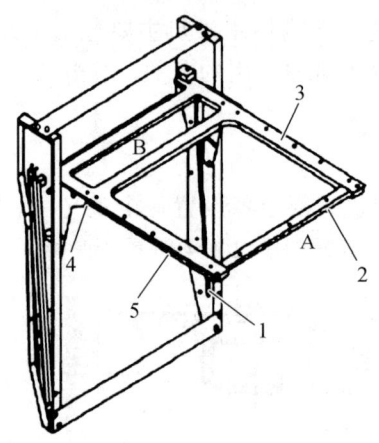

图 2-1-6 折叠桌骨架运动示意图

1—固定导轨;2—桌面安装架/活动部分;3—正面;4—可动转轴;5—活动导轨

② 折叠桌展开。

手动向外拉活动部分 A 端,在弹簧作用下,桌面安装架 B 端自动沿固定导轨向上移动,同时桌面安装架绕可动转轴向外向上旋转,桌面安装架逐渐外伸,最终展平并自锁。

(2)折叠座的使用。

桌面通过螺钉安装到桌面安装架正面,反面安装装饰板,展开时桌面在上装饰板在下,收起时桌面在内装饰板在外,起到实用美观效果,如图 2-1-7 所示。折叠桌展开步骤:拉开装饰板→拉出放平主桌面→展开副桌面。折叠桌收起步骤与展开步骤相反。

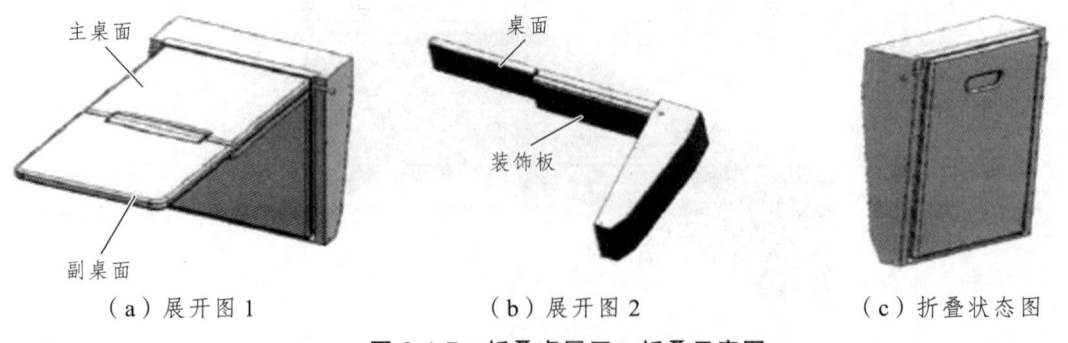

图 2-1-7 折叠桌展开、折叠示意图

(3)电视机构的使用。

通过绕 x、y、z 轴的旋转实现电视屏幕的展开与收起,电视收起时,隐藏在台面以下,电视机构盖板装有合页可以打开关闭,如图 2-1-8 所示。

展开过程:逆着坐标轴方向看,收起时状态→绕 z 轴逆时针旋转 90°→绕 y 轴顺时针旋转 90°→绕 x 轴逆时针旋转 90°→展开时状态。

收起过程与展开过程相反。

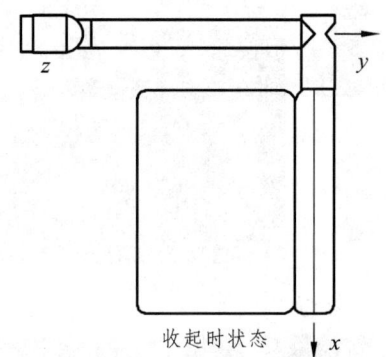

图 2-1-8　电视转臂示意图

2. 观光区隔断

观光区隔断用于头车司机室与观光区之间,既能起到划分区域的作用,又能为乘坐在观光区区域内的旅客提供不同的服务;旅客可通过调节玻璃透光度达到观光或隐私的目的。

(二)VIP 包间布置

为了满足旅客需求,在 3 号车 2 位客室端部设置了 VIP 包间,包间内设置 4 个 VIP 座椅及 2 个茶桌,布置如图 2-1-9 所示。

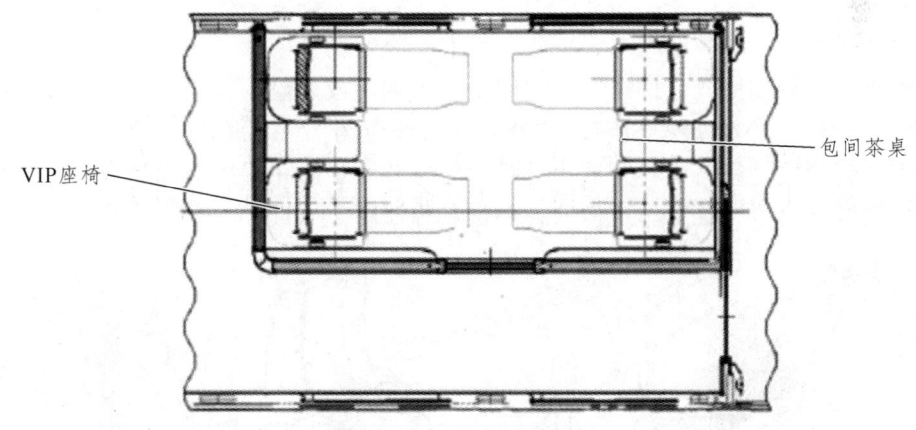

图 2-1-9　VIP 包间布置

(三)客室座椅

一等车客室设"2+2"宽幅软座座椅;二等车客室设"2+3"软座座椅;观光区及 VIP 半包包间设置 VIP 座椅。一、二等车座椅均采用可旋转 180°的结构,使乘客总是可以面对行车方向乘坐。座椅的可旋转结构充分体现了人性化设计,提高了乘坐舒适度。座椅靠背可由个人手动控制从 8°～30°（二等车座椅从 0°～24.5°）任意角度轻松调节和锁定，而且保证靠背的倾斜不会干扰后面乘客的活动空间。各座椅都设有供乘客使用的小桌，且侧窗窗台设有放置饮料瓶的台面。一、二等车的座椅外形如图 2-1-10 所示。

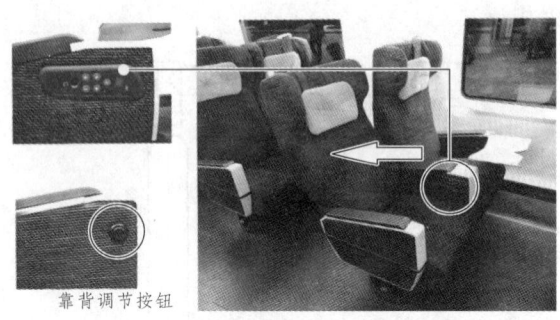

一等车座椅

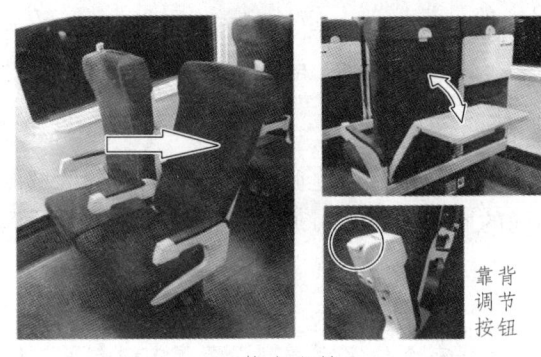

二等车座椅

图 2-1-10　一、二等车座椅外形图

1. 二等车座椅

二等座座椅设有座椅调节按钮，可利用座椅内侧（或外侧、扶手上）的调节按钮（或手柄）调整靠背角度。二等车座椅间距设为 1000 mm，设置为"2+3"的结构，通道宽度为 600 mm。座椅靠背带倾斜装置，座椅面料为绒头毛线。另外，为了防止从坐垫和靠背的间隙往底座内插入垃圾还设有座椅罩。二等车座椅的各部位名称如图 2-1-11 所示。

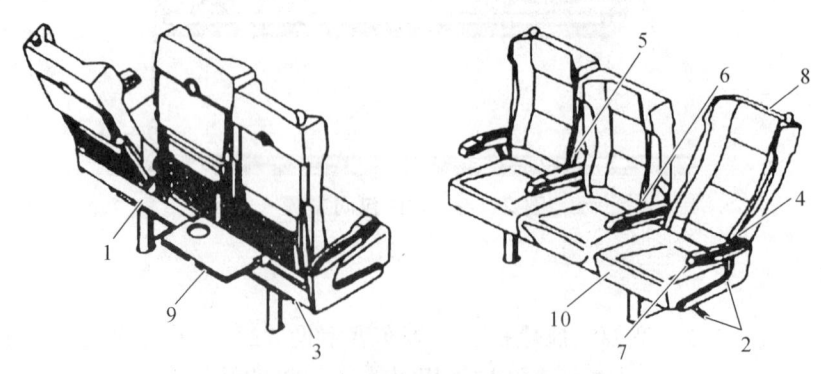

图 2-1-11　二等车座椅的各部位名称

1—后部罩壳；2—底架；3—台框；4—侧扶手；5—中扶手（带按钮）；6—中扶手（无按钮）；
7—倾卸装置；8—靠背；9—靠背小桌板；10—坐垫

2. 一等车厢座椅

一等座椅设有座椅调节按钮，可利用座椅内侧（或外侧、扶手上）的调节按钮（或手柄）调整靠背角度。前排座椅后方设有脚踏板，脚踏板可以旋转。一等车座椅布置间距为 1200 mm，采用"2+2"座椅布置形式，过道宽度为 600 mm。座椅的设计充分考虑了轻量化。脚踏为背面弹动、双停止位置、转动翻出方式，可适合不同乘客使用。端部座椅的脚踏和杂物兜安装在客室端部墙壁上。座椅侧扶手设有内置式的可折叠小桌，中间扶手设置了耳机插孔。一等车座椅的各部位名称如图 2-1-12 所示。

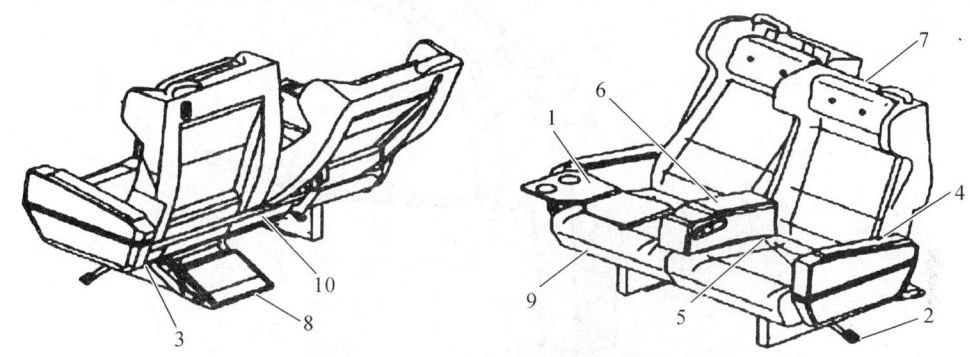

图 2-1-12　一等车座椅的各部位名称

1—小桌板；2—底架；3—台架；4—侧扶手；5—倾斜装置；6—中扶手；
7—靠背；8—脚踏；9—坐垫；10—后部罩壳

3. VIP 座椅

VIP 座椅可进行 90°～180°调整和 360°旋转，可利用座椅内侧的调节按钮自行调整，座椅扶手后方设有阅读灯，座椅扶手下分别设有小桌板和列车电视。VIP 系列座椅根据人类环境改造学理论进行设计，使乘客能获得舒适的乘坐体验，座椅温馨的颜色设计和高档的座椅皮套，为乘客空间创造了舒适的行车氛围。VIP 座椅的各部位名称如图 2-1-13 所示。

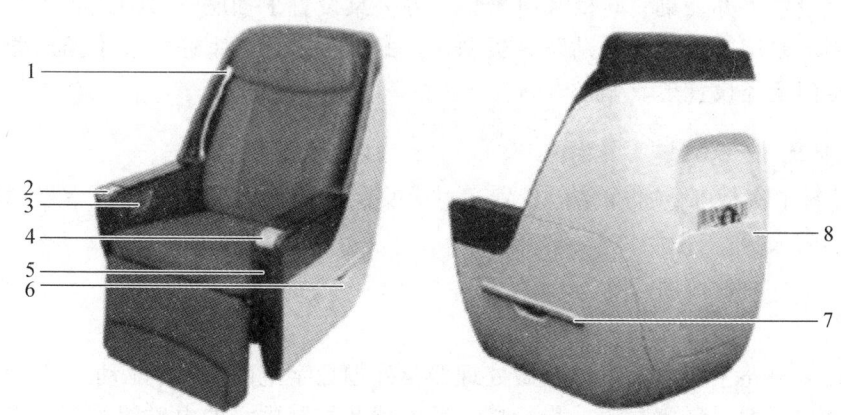

图 2-1-13　VIP 座椅的各部位名称

1—阅读灯；2—餐桌板；3—控制面板；4—视频系统；5—电源；
6—旋转拉索；7—防擦条；8—杂志袋

（四）旅客行李存放处

1. 行李架

行李架采用铸铝托架、前后型材、夹层圆弧钢化玻璃、双拉杆结构，如图 2-1-14 所示。更换玻璃时需拆卸行李架后型材压条。

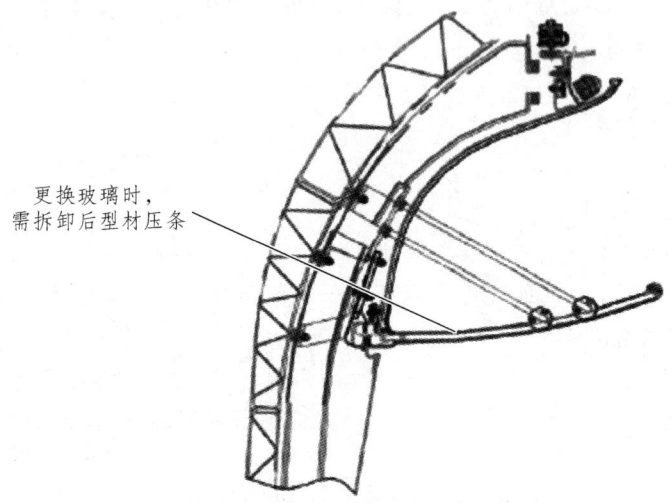

图 2-1-14　行李架结构图

2. 车上物品存放处

在通过台处设置放置行李的空间（1 号车二位端、2、3、6、7 号车的一位端，4 号车一、二位端，8 号车的一位端），中间设置隔板。另外，在地板上设置了门槛和大件行李存放区。

（五）服务室设备

1. 乘务员室

乘务员室设置了办公桌、转椅和电器柜。办公桌设置了抽屉，方便放置文件等物品，办公桌和电器柜均采用康贝特板外贴防火板制作。此外，乘务员室还安装了扬声器架和备用灯架，在配电柜门上还设置了衣帽钩。

2. 机械师室

5 号车设置了机械师室，在室内设置了办公桌、转椅和电器柜，办公桌设抽屉，材质为康贝特板外贴防火板。

（六）供水、供热水区

开水炉控制电路主要由 8 位单片微处理器及外围数字电路、脉冲驱动电路、水位传感器、逆变器、温度传感器、稳压电源、指示灯、继电器及控制进水的电磁阀等部分组成。在微处理器的程序作用下，能根据水箱水位的变化控制电磁阀的开/关和逆变器的启/停，实现断水保护、缺水自动进水、水位显示等功能，并且当逆变器发生过流、过热等异常情况时自动保护停机，等恢复正常且延时一段时间后再启动逆变器。另外，微处理器能根据逆变器输出的电流、电压相位信号调整工作频率，使逆变器工作在最佳谐振状态。电开水炉具有自动保温、水位控制、二次保护（防干烧）、放开水控制、漏电保护等控制功能。

到了寒冷季节，在列车长期停放或停运期间，须对电开水炉内存水排空，操作方法如下：打开电开水炉室检查门，打开电开水炉中部检查门，打开3个排水阀进行排水，水排尽以后阀门恢复关闭状态。

（七）旅客信息系统

1. 旅客信息系统功能

CRH380A统型动车组旅客信息系统包括以下主要功能。

（1）运行信息显示。

运行信息显示分为车内信息显示和车外信息显示，车内信息显示主要显示车次号、车厢号、车外温度、当前速度、当前时间等信息；车外信息显示主要显示车次号、车厢号、时间、起点站和终点站。

（2）广播通告。

广播通告分为自动触发预录的广播、手动触发预录的广播和全列人工广播。

（3）内部通信。

内部通信实现司机和司机、司机和列车长、列车长和乘务员、乘务员和乘务员之间的通信。

（4）娱乐服务。

娱乐服务分为一等座车和二等座车音视频娱乐、VIP乘客音视频娱乐和服务呼叫。

（5）受电弓监控。

旅客信息系统能对受电弓进行实时视频监控。

2. 旅客信息系统的组成

（1）广播系统。

① 广播系统概述。

CRH380A型动车组广播系统参照EMU300广播联络装置设计，以LON网络作为依托平台，实现了以下主要功能：司机与司机之间的专线联络通话；司机与乘务员之间的联络通话；乘务员之间的联络通话；通过广播系统主机对广告文字、紧急通知文字的显示内容进行设定；通过广播系统主机控制乘客信息显示器的显示内容；通过乘客信息显示器显示停靠站信息、速度信息、外温信息、广告信息及紧急通知信息；司乘人员对全列车进行广播；收音机广播控制；广播功能可以通过软件进行设定；能与车载信息装置进行通信；能进行自动报站和手动报站；对系统内的设备状态进行监视，故障自动报警；系统采用模块化设计，各功能相同的装置之间可以完全互换，功能的不同由软件设定。

② 广播系统的组成。

广播系统包括司机室控制放大器、乘务员室、监控室控制放大器、吧台控制放大器、输出放大器、车门音响控制器、自动广播装置、收音机装置、天线存放盒、信息显示控制器、司机联络终端、网络路由器和乘客信息显示器等。

a. 控制放大器（CAMP）。全车共设有9台控制放大器，除5号车设有两台外，其余的每车厢1台。各个控制放大器的外形尺寸、安装尺寸以及所用的接插件完全相同。控制放大器实现的功能是：网络通信功能、全体通话功能、通话的强插及监听功能、广播功能、定点广播功能、音量调节功能、权限设定功能、地址设定功能、状态显示功能和MON接口。

b. 输出放大器（PAMP）。全车共设有8台PAMP，每个车厢一台。所有输出放大器的外形尺寸、安装尺寸以及所用接插件均完全相同，其主要功能是输出驱动、MON控制功能、输出区域控制。

c. 车门音声控制器（DSC）。全车在每个车厢里各设有一个车门音声控制器，当接收到来自左右门开闭继电器的信号时，将控制并输出开关门的提示声音，声音模式采用与EMU200相同的模式。

d. 自动广播装置（AAD）。

在7号车内设有1台自动广播装置。自动广播装置要完成的功能是：网络通信功能、触摸屏、自动报站功能、手动报站功能、收音机广播功能、备用输入广播功能、音量调节功能、手动设定功能、广播优先级、广播控制功能、MON接口、网络监视和诊断功能。

（2）侧面目的地显示器。

车辆电源闭合后，在车辆信息控制装置中设定列车类别、始发站名、目的地名。车辆信息控制装置把车号、列车类别、目的地名、始发站名以数据的形式传送给侧面目的地显示器。

行驶中的显示控制：行驶中（当车辆信息控制装置检测到列车以30 km/h以上的速度运行时），侧面目的地显示器为无显示状态。停车中或停车前（当车辆信息控制装置检测到列车以30 km/h以下的速度运行时），侧面目的地显示器显示从车辆信息控制装置发出的车号、列车类别、目的地名、始发站名等数据。

（3）车号显示器。

车号显示器的显示颜色为琥珀色。电源闭合时，车号显示器根据内置的控制电路板的拨码开关及车辆信息控制装置发出的加挂（车辆）指令来显示车号。拨码开关的设定：拨码开关左为"+"，右为"-"，每拨动一次，车号相应加减1。

（4）乘客信息显示器。

乘客信息显示器将目的地、中途的停车站等信息进行滚动或固定显示。

为减少通信链路中的数据传输量，乘客信息显示器中设置了存储空间，用于存储字库及固定信息（如欢迎词、广告文字、紧急文字、车内设备指南、禁烟信息等）。广播系统主机仅需从MON获得车次、速度、站点等信息（视为信息的可变数据项）并生成显示控制指令传送到乘客信息显示器，乘客信息显示器将收到的可变数据项与预存的显示条目组合成完整的信息进行显示。

乘客信息显示器由文字显示部分（含存储空间）、控制部分和电源部分构成。

（八）影视系统

影视系统采用集中播放和控制的形式，车厢内各液晶屏独立播放影视内容。

1. 系统组成

全列共8节车，其中3号、4号车厢为一等车，1号、8号车厢为带观光区的二等车，5

号车厢为餐车，2号、6号、7号车厢为二等车。

影视系统在每节车厢均有影视系统箱，其中，餐车配有1台影视系统主机箱，二等车每车厢各配有1台影视系统设备箱，一等车每车厢各配有1台影视系统设备箱。影视系统监视屏是系统的管理中心及数据存放中心，通过列车干线以太网络（干线以太网络带宽100 M）将流媒体音视频信号非实时地发送到各车，由干线网络交换机车内网络（网络带宽100 M）传送到各液晶屏的播放板加以存储，液晶屏播放板具有能够存放至少两套节目的缓存，播放节目由缓存中读取，同时，非实时地从列车干线以太网络接收将要播放的下一套节目。

2．系统功能

系统功能根据座席级别的差异而不同。

（1）VIP座席。

VIP座席能通过VIP座椅扶手上的娱乐单元自主选择欣赏本机存储的音视频节目，并能够通过该娱乐单元访问列车网络系统，进行信息查询、网页浏览。

（2）一等座席。

一等座席能通过座椅音频娱乐单元选择收听孔MP3、视频伴音或收音机音频；通过车厢配置的电视收看视频节目，并能够通过自备笔记本电脑访问列车网络系统，进行信息查询、网页浏览。

（3）二等座席。

二等座席能通过车厢配置的电视收看视频节目，通过乘客区扬声器收听视频伴音、背景音乐或收音机音频。

（4）机械师室。

5号机械师室设影视系统监视屏，对全车的影视系统进行统一管理，同时影视系统监视屏通过RS485总线与广播系统通信，进行收音机系统位置与频点的设定、背景音乐的播放控制，对播出的公共音视频节目进行预览、监视、监听等。同时，影视系统监视屏设USB口，通过该通信口可实现影视主机内节目及播表的更新。影视系统监视屏设置管理界面，乘务员或维护人员通过该界面对全列影视终端进行集中管理。

全列车连接成一个以太网络，作为影音节目和管理的传输平台。当广播系统进行全列车背景音乐广播时，该指令由5号车厢机械师室内的影视系统监视屏通过RS485总线通知广播系统播放背景音乐，播放的音源为MP3或FM节目，同时通过列车干线以太网络总线控制1~8号车影视系统将全车扬声器转为广播状态，但是1号和8号车观光区内VIP座椅耳机不进行广播切换，一等车座椅耳机不进行广播切换。

系统在实现乘客影视娱乐的基本功能外，兼顾实现与列车广播系统的切换对接。当进行人工或自动广播播放时，音频切换为广播内容，视频继续播放，扬声器和耳机系统播出广播内容。广播结束后，音频自动切换为原来的状态。

（九）给水卫生系统

CRH380A型动车组每车均设置给水系统，分为车上水箱供水系统及车下水箱供水系统两种方式，其中，2号、4号、6号车配置400 L车上水箱，5号餐车配置700 L车下水箱，其他车配置 400 L 车下水箱，均采用电动水泵供水为卫生间便器与水阀、盥洗室水阀、电开水炉供水。

动车组在 1 号、8 号车均设有一个坐式卫生间，2 号、3 号、4 号、6 号、7 号车均设有 1 个坐式卫生间和 1 个蹲式卫生间，除 5 号车外每车均设有 1 个盥洗室，供乘客盥洗、卫生使用。卫生系统采用 monogram 真空集便系统收集来自便器的污物，盥洗等废水通过水封排至车外。

1. 坐式卫生间

二位侧坐式卫生间门为拉门，门是从内侧能够锁上的结构（外侧为暗锁，能从外面打开实施救援）。坐式卫生间为男女共用，采用真空保持式便器。

坐式卫生间采用整体 FRP 形式，安装了色理石台面、按压延时洗手装置、便器冲洗按钮、紧急呼叫按钮、坐垫盒、扶手、镜子、便纸支架等。作为消臭对策，便器为真空保持式。当按压便器冲洗按钮时，便器排污管内抽真空，将污物吸入车下中转箱内并且在便器部分设置了瓣阀防止污物箱内的臭气回流。在卫生间顶部增加了开孔，为卫生间提供新风；卫生间内通过排气格栅持续排气时，卫生间内的气压与风道内的气压相比为负压。

残疾人卫生间的拉门设置了按钮式的自动门，卫生间内安装了坐便器、婴儿尿布床、可折叠扶手等。

坐式便器使用清水高压冲洗，分为两次冲洗，首次冲洗耗水不超过 0.4 L/次，二次冲洗耗水不超过 0.2 L/次。在便器的排污口设置有密封用蝶阀，通常为"关闭"状态。为减少污物的附着，便器内表面采用特殊聚四氟乙烯涂层。

2. 蹲式卫生间

蹲式卫生间门为内侧能够锁上的结构（外侧为暗锁，能从外面打开实施救援）。蹲式卫生间内安装了真空保持式蹲便器，便盆为不锈钢制品，外表面抛光处理。

作为除臭对策，便器为真空保持式，设置了瓣阀防止污物箱内的臭气回流，卫生间内设置了废排隔栅。蹲式便器便斗采用不锈钢材质，冲洗为使用清水高压冲洗，分为两次冲洗，首次冲洗耗水不超过 0.4 L/次，二次冲洗耗水不超过 0.2 L/次。在便器排污口设置有密封用蝶阀，通常为"关闭"状态。为减少污物的附着，便器内表面采用特殊聚四氟乙烯涂层。

3. 排污系统

卫生系统采用 Monogram 独立控制式真空集便系统收集来自便器的污物，车上盥洗废水通过排水管路经车底水封装置排至车外。

真空集便系统主要由污物箱（含中转箱及真空发生器）、便器、水增压器、气功控制单元、电气控制单元、管路等组成。各便器独立工作，便器与中转箱之间一一对应，用风控制各自独立。

按动便器冲洗按钮，真空发生装置开始工作，中转箱内真空度达到设定值后，水增压单元提供压力水冲洗便器，便器蝶阀打开，污物在负压作用下进入中转箱，蝶阀关闭，水增压单元提供压力水对便器进行二次冲洗，水增压单元补水，1 次冲洗循环结束。当便器连续使用设定次数（6 次）或中转箱内污物达到设定液位时（约 7 L），系统会向中转箱注入正压空气，污物在正压的作用下进入污物箱。

（十）烟火报警系统

1. 烟火探测系统

动车组烟火探测系统是可寻址烟火探测系统，在人体工程学和人机界面上做了特别的优化设计。在每节车的配电盘内、厕所内、客室内均设置了感烟探测器。

2. 控制盘

控制盘的操作键和指示灯如图 2-1-15 所示。

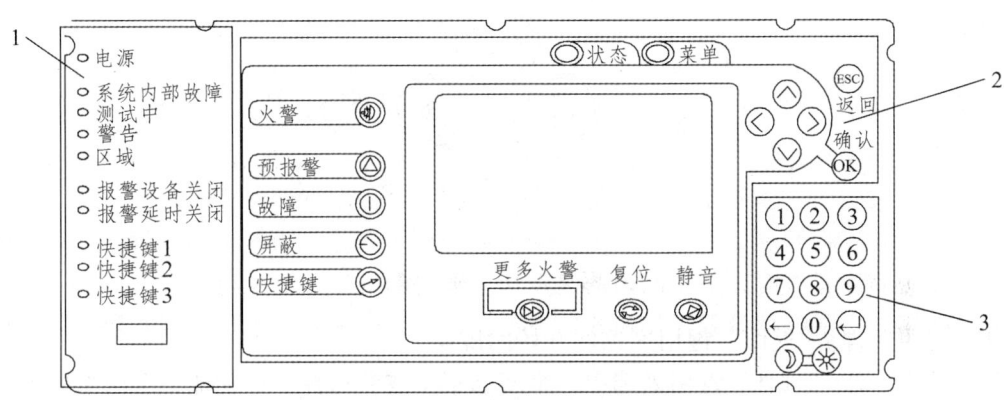

图 2-1-15　控制盘的操作键和指示灯

1—系统指示灯；2—操作控制键；3—数字键

（1）系统指示灯。

系统指示灯部分包括下列指示灯。

① "电源"指示灯。"电源"指示灯为绿色，常亮表示控制面板电源正常。

② "系统内部故障"指示灯。"系统内部故障"指示灯为黄色，闪烁表示系统至少存在一个严重的硬件故障。

③ "测试中"指示灯。"测试中"指示灯为黄色，常亮表示至少有一个区域被设置在测试模式。

④ "警告"指示灯。"警告"指示灯为黄色，常亮表示系统至少存在一个警告事项。

⑤ "区域"指示灯。"区域"指示灯为黄色，常亮表示系统至少有一个探测器或区域被屏蔽了；闪烁表示系统至少有一个探测器或区域处于故障状态。

⑥ "报警设备关闭"指示灯。"报警设备关闭"指示灯为黄色，常亮表示至少一种报警输出（例如警铃的输出）被关闭了；闪烁表示至少一种报警输出有故障。

⑦ "报警延时关闭"指示灯。"报警延时关闭"指示灯为黄色，常亮表示报警延时功能关闭。

⑧ "快捷键"指示灯。"快捷键 1"指示灯、"快捷键 2"指示灯、"快捷键 3"指示灯的显示功能与颜色可通过系统进行设置。

（2）操作控制键。

① "火警"键。按"火警"键直接进入火警清单。

② "预报警"键。按"预报警"键直接进入预报警清单。

③ "故障"键。按"故障"键直接进入故障清单。
④ "屏蔽"键。按"屏蔽"键直接进入屏蔽清单。
⑤ "快捷键"键。按"快捷键"键直接进入用户设定的清单。
⑥ "状态"键。按"状态"键直接进入系统状态清单。
⑦ "菜单"键。按"菜单"键直接进入主菜单和系统功能入口。
⑧ 箭头键。箭头键用于菜单的操纵和多选菜单的选择,如图 2-1-16 所示。

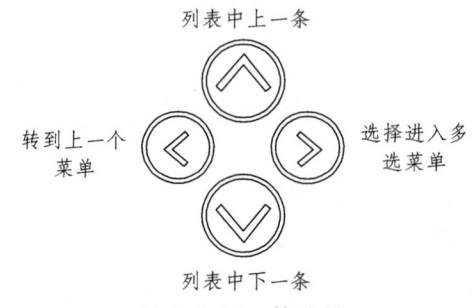

图 2-1-16　箭头键

⑨ "返回"键。"返回"键用来返回开始的屏幕。
⑩ "确认"键。"确认"键用来选中一个多选菜单或者选择一个功能,也用来显示一个选中项目的详细情况。
⑪ "更多火警"键。按"更多火警"键在不同的报警信息之间选择。
⑫ "复位"键。"复位"键用来复位一个选定的报警或者复位一个屏蔽项。
⑬ "静音"键。"静音"键用来确认一个报警。

(3) 数字键。
① 0~9 的数字键用来向系统输入信息。
② 删除键。这个键用来删除文字显示中的字符。
③ 回车键。这个键用来确认一个功能项。
④ 白昼模式键。设置控制盘指示灯的亮度/对比度到白昼模式。
⑤ 夜间模式键。设置控制盘指示灯的亮度/对比度到夜间模式。

任务拓展

分小组讨论 CRH380A 型动车组车内的设备设施布局及使用要求,各小组派代表进行总结汇报,小组互评,教师点评。提高学生运用理论知识解决实际问题的能力。

任务 2　CRH380B 型动车组车内主要设备设施

能力目标

1. 熟练使用 CRH380B 型动车组车内基础设备。

2. 熟练使用 CRH380B 型动车组车内服务设备。

 知识目标

1. 认知 CRH380B 型动车组观光区、包间布置和半包间方案。
2. 认知 CRH380B 型动车组客室布置。
3. 认知 CRH380B 型动车组座椅。
4. 认知 CRH380B 型动车组饮水装置。
5. 认知 CRH380B 型动车组给水卫生装置。
6. 认知 CRH380B 型动车组旅客信息系统。

 相关知识

CRH380B 型动车组是通过技术引进、消化、吸收再创新完成的自主创新产品,该动车组以 CRH3 型动车组技术为基础,以京津、武广试验及运用实践积累经验为依托,以"高速列车国家科技支撑计划"实施为支撑,在持续高速运行安全可靠性的前提下,满足长编组、大运量需求。

一、基础设备

(一) 定员配置

全列车定员共 1004 人,编组方案见表 2-2-1。

表 2-2-1 CRH380B 型动车组车厢定员配置表

车号	1	2	3	4	5	6	7	8	9	10	11	12	13	14	15	16
编组方案	一等	一等	VIP	一等	二等	二等	二等	二等	餐车	二等	二等	二等	二等	二等	二等	一等
定员/人	22+9	29+4	24	56	71	80	80	80	38	80	80	80	80	80	80	22+9

(二) 各车型布置

1. 一等头车

(1) 头车设置 VIP 观光区及 VIP 包间。
(2) 设 VIP 服务区及卫生间。
(3) 一等座席区与 VIP 区分区服务。
一等头车布置图如图 2-2-1 所示。

2. 带半包间一等头车

(1) 6 人商务半包间:适合于小型商务团队。
(2) 4 人 VIP 半包间:适合于小型团队乘客。
(3) 17 个一等座席。

带半包间一等头车布置图如图 2-2-2 所示。

3. VIP 车

（1）VIP 座席区"2+1"座椅布置。

（2）VIP 个性化设施：影视、娱乐、卫生、服务。

VIP 车布置图如图 2-2-3 所示。

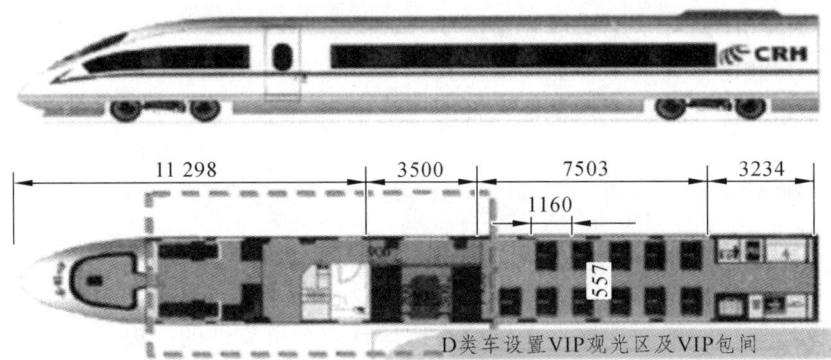

图 2-2-1　一等头车布置图（单位：mm）

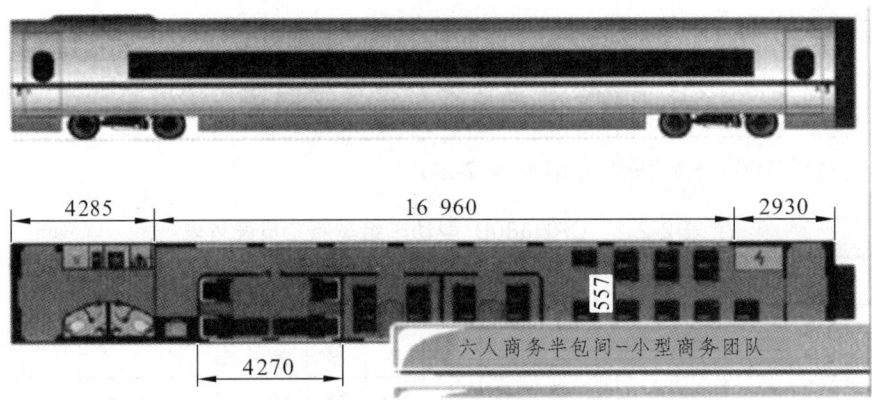

图 2-2-2　带半包间一等头车布置图（单位：mm）

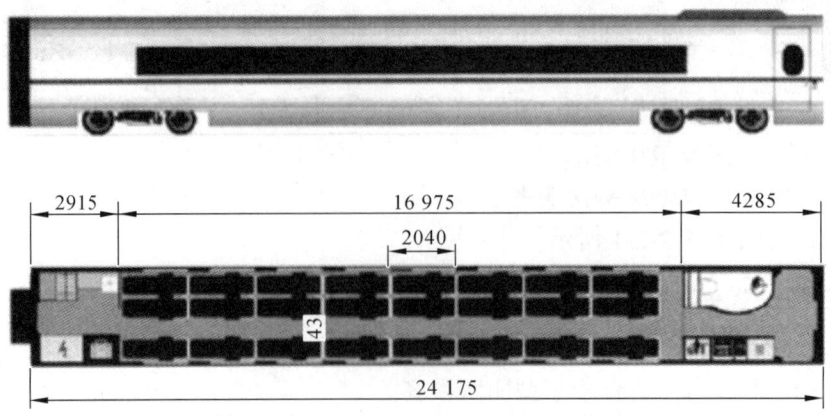

图 2-2-3　VIP 车布置图（单位：mm）

4. 一等座车

（1）二等座席一等座席"2+2"座椅布置。
（2）影视系统。

一等座车布置图如图2-2-4所示。

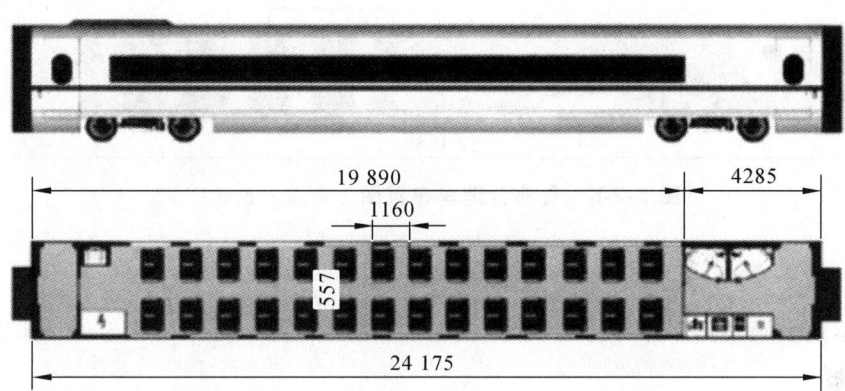

图2-2-4　一等座车布置图（单位：mm）

5. 二等座车

（1）二等座席"2+3"座椅布置。
（2）标准卫生设施、增设影视系统。

二等座车布置图如图2-2-5所示。

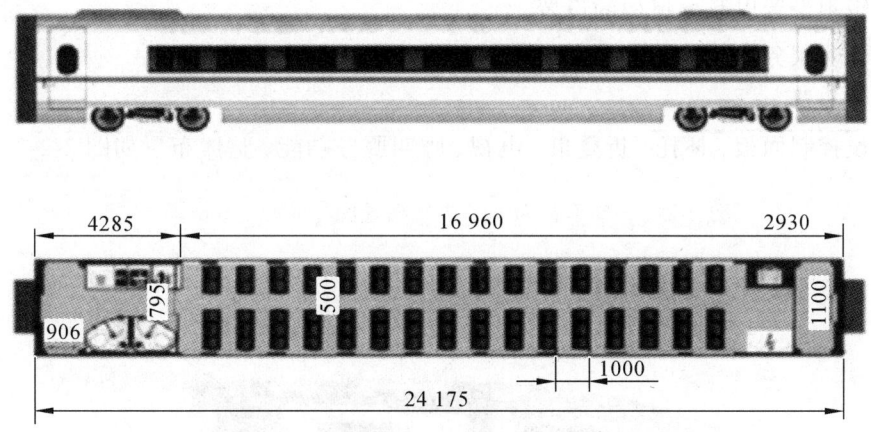

图2-2-5　二等座车布置图（单位：mm）

6. 餐座合造车

（1）大供餐能力厨房。
（2）独立乘务员室。

餐座合造车布置图如图2-2-6所示。

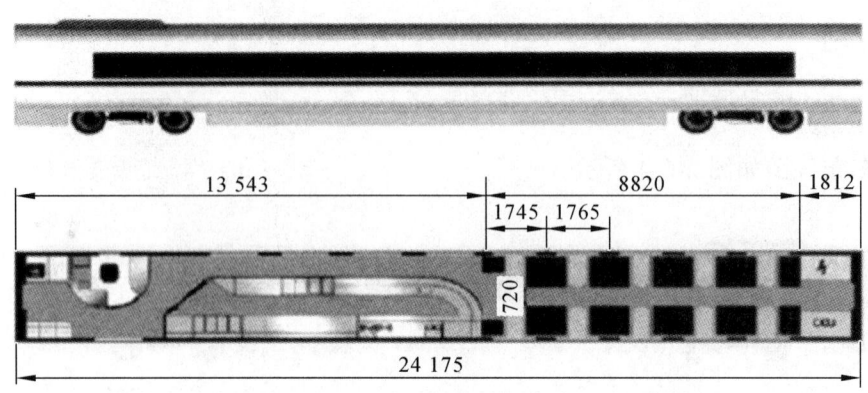

图 2-2-6　餐座合造车布置图（单位：mm）

（三）车内设施布置

动车组车内设施是指服务于乘客的车体内固定附属装置，其作用在于保证乘客乘坐的安全性和舒适性。

1. 观光区

（1）服务需求。

乘坐休息：乘客休息时灯光可调。

行李存放：设置小件行李存放空间。

餐饮：乘客餐饮时的餐桌设置。

办公：座位附近设置电源插座及工作桌（台）。

娱乐：影视设置以及书报架的设置。

呼叫：呼叫服务功能设置。

（2）整体布置。

观光区设控制面板、杯托、折叠桌、电视、呼叫服务功能，整体布置如图 2-2-7 和图 2-2-8 所示。

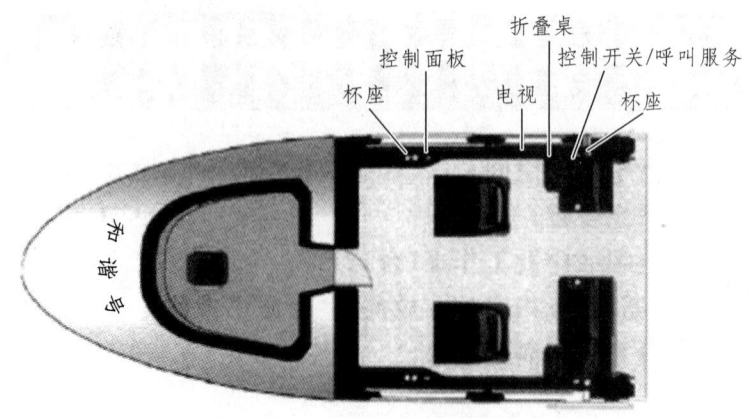

图 2-2-7　观光区整体布置示意图

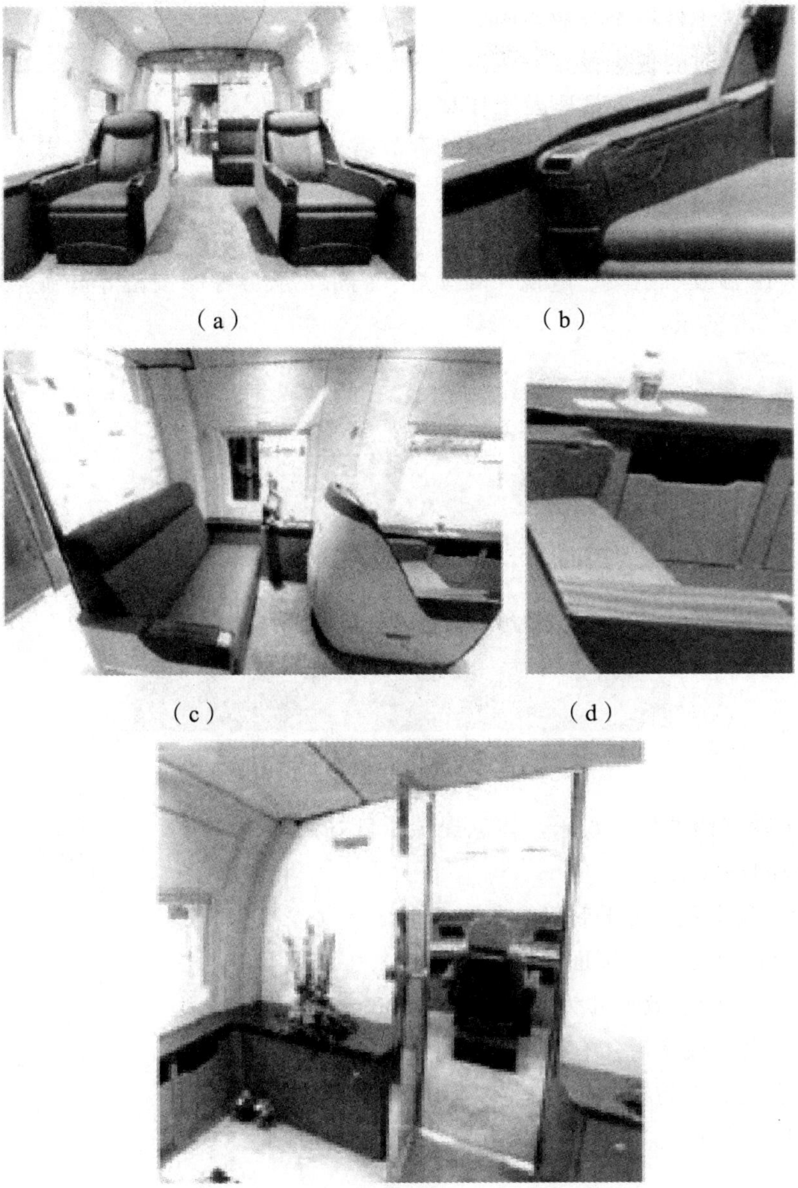

项目二　高速铁路动车组列车车内设备设施

(a)　　　　　　　　　(b)

(c)　　　　　　　　　(d)

(e)

图 2-2-8　观光区整体布置实景图

观光区服务台设有可以放耳机、报刊等的储物兜，抽拉式的小桌板可以为坐在后方的旅客提供方便，同时电视系统为旅客长时间的旅程增加了乐趣。

司机室后墙采用电控液晶雾化玻璃，通透性可随意控制，提高了乘坐的舒适度。

观光区更加人性化的设计，使乘坐的旅客在观光区欣赏风景同时，得到更加舒适的服务。

2. 包间布置

（1）服务需求。

乘坐休息：沙发可转换为卧铺，便于休息，乘客休息时灯光可调。

行李存放：设置小件行李存放空间。

餐饮：乘客餐饮时的餐桌设置。

办公：座位附近设置电源插座及工作桌（台）。

娱乐：考虑耳机、遥控器、服务指南的存放需求，考虑书报的存放方式。

呼叫：呼叫服务功能设置可以满足需求。

（2）整体布置。

包间内设 VIP 沙发、茶桌、电视、阅读灯、门帘、服务呼叫按钮等设施。观光区包间布置示意图如图 2-2-9 所示。

图 2-2-9　观光区包间布置示意图

包间设置为乘客的办公、娱乐、休息提供了良好条件。

（3）VIP 包间沙发功能。

① 乘坐功能到平躺功能的转换。

② 两侧扶手可下沉至与铺面平齐。

③ VI 沙发坐垫的有效尺寸为 650 mm×1600 mm。

④ VIP 沙发转换成床后，有效利用尺寸为 900 mm×1950 mm。

⑤ VIP 沙发蒙面为纺织面料。

VIP 包间沙发示意图如图 2-2-10 所示。

图 2-2-10　VIP 包间沙发示意图

3. 半包间布置

（1）服务需求。

乘坐休息：设 VIP 座椅或一等座椅。

行李存放：设置行李架及茶几。
餐饮：乘客餐饮时的餐桌设置。
办公：座位附近设置电源插座及工作桌（台）。
娱乐：设置座椅电视或车顶电视。
（2）整体布置。

设一个VIP包间，两个一等包间。包间间壁高度为1600 mm，既保证了一定私密性，又有一定的开放性。半包间整体布置示意图如图2-2-11所示。

图 2-2-11　半包间整体布置示意图

4. 客室布置

（1）VIP客室服务需求。

乘坐休息：设VIP座椅.
行李存放：设置行李架。
餐饮：乘客餐饮时的餐桌设置及服务台。
办公：座位附近设置电源插座。
娱乐：设置座椅电视。

（2）整体布置。

客室内的墙板设计风格与整车协调，侧墙板加装饰条，设VIP座椅。服务区设衣柜、操作台、洗手池。操作台上设微波炉等设施。客室整体布置如图2-2-12所示。

（a）　　　　　　　　　　　　（b）

图 2-2-12　客室整体布置实景图

二、服务设备

（一）座 椅

1. VIP座椅

VIP座椅可实现由坐姿到半躺/平躺状态的一键转换功能，可无级调节，也可在断电情况下实现手动复位；坐姿时可使用茶桌；座椅的任意姿态均可使用阅读灯及影视系统；设呼唤按钮；座椅在列车调向时可实现180°旋转。VIP座椅实景图如图2-2-13所示，VIP座椅参数见表2-2-2。

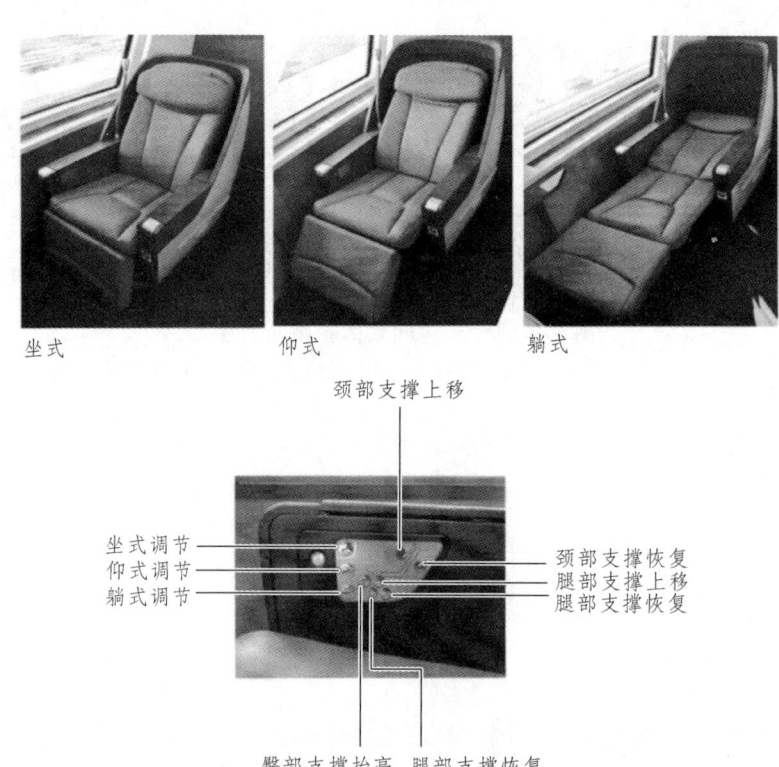

图2-2-13　VIP座椅实景图

表2-2-2　VIP座椅参数

名称	参数	名称	参数
单人座椅宽度	740 mm	双人座椅宽度	1515 mm
座宽	540 mm	扶手宽度	100 mm
平躺长度	1880 mm	平躺整椅长度	1944 mm
座椅可躺角度	176°	坐姿躺姿转换时间	35 s
列车提供电源	DC110 V AC230 V	驱动机构电压	DC28 V
		驱动电机功率	250 W
电源插座额定功率	100 W		

2. 一等客室座椅

一等客室座椅设计引入了 UIC566《客车车体及其部件的载荷》标准、改进了活动部件安装结构，提高了座椅强度、刚度。每个座椅上都设有笔记本电脑用电源插座。一等客室座椅如图 2-2-14 所示。

图 2-2-14 一等客室座椅示意图

3. 二等客室座椅

二等客室座椅设计也引入了 UIC566《客车车体及其部件的载荷》标准，改进了活动部件安装结构，提高了座椅强度、刚度。每个座椅上都设有笔记本电脑用电源插座。二等客车座椅如图 2-2-15 所示。

图 2-2-15 二等客车座椅示意图

（二）饮水装置

CRH380B 动车组在 TC02/TC07/TC10/TC15、VC03、IC06/IC08/IC11/IC14、FC04/05、SC12/SC13、EC01/16 车的车端设置电热开水器，根据安装位置不同，分为 A 型和 B 型。A 型电热开水器安装在 EC01/16、FC0 车，其检修门在炉体右侧（面向开水炉面板）；B 型电热开水器安装在除 09 车外的其他中间车，其检修门在炉体左侧（面向电热开水器面板）。

电热开水器具有缺水保护功能，在列车运行过程中，所有控制自动进行，当机器出现故障或列车供水水箱缺水时，干烧信号灯闪烁，电热开水器会自动停止烧水。烧水箱和储水箱分开，生水与开水不混合，能提供纯正开水。当电热开水器环境温度<4 ℃或>45 ℃时，电热开水器自动处于保护状态，并停止工作。饮水机加装了除垢装置，延长了电热管及水箱的维修保养周期。电热开水器设置排水按钮，在列车到达终点后，按压按钮能自动打开排水电磁阀，水经底部管子流出。电热开水器通电条件下，电热开水器可以在整个列车运行期间，保持水温>80 ℃。

电热开水器应用前先确保供水箱内有水，再进行通电加热。电热开水器具有缺水保护功能，开水器在列车运行过程中，所有控制自动进行，当机器出现故障或列车供水水箱缺水时，干烧信号灯闪烁，开水器会自动停止烧水。面板上的信号指示灯反映电热开水器的各种工作状态。

在下列3种情况下，电热开水炉必须进行排水。

（1）为避免开水炉的损坏，寒冷季节当列车没有加热停放时（开水炉中的水会结冰损坏管道）。

（2）为了卫生，替换开水炉中的水（如开水炉有几天没有工作，并且之前没有排水）。

（3）为维修或维护工作排水。

（三）照明系统

（1）客室区域采用隐藏式照明，照度大于100 lux。

（2）采用LED冷光源照明，可节约能源。

（3）VIP车照明可分级控制。

（4）VIP座椅设置阅读灯。

（5）设应急照明。

照明系统分别有4个单独的电路为其供电，分别为两路主照明和两路应急照明。主照明和应急照明为冗余设计，这种结构设计即使一路或几路电源出现故障也能让照明系统正常工作。照明系统如图2-2-16所示。

图2-2-16 照明系统实景图

（四）给水卫生装置

给水卫生装置给旅客和司乘人员提供旅途的舒适和方便，是旅客和司乘人员在饮食、卫生方面不可缺少的重要装置，由给水装置、卫生装置、饮水装置组成。

全列净水箱总容量为 5000 L，可满足一次往返运行 10 h 的供水能力。全列污水箱总容量为 5850 L，可以满足 4 个单程用量。

各车设开水炉。

垃圾箱总容量 850 L，可满足定员一餐后垃圾的收集。

全列卫生间的数量为 27 个，VIP 卫生间 3 个，残疾人卫生间 1 个，标准卫生间 23 个。

1. 头车卫生间

头车卫生间设置在头车 EC01/16 车上，位于通过台服务区和包间之间，可供包间、VIP 观光区的旅客使用。头车卫生间实景图如图 2-2-17 所示，头车卫生间洗池区域如图 2-2-18 所示，头车卫生间结构图如图 2-2-19 所示。

图 2-2-17　头车卫生间实景图

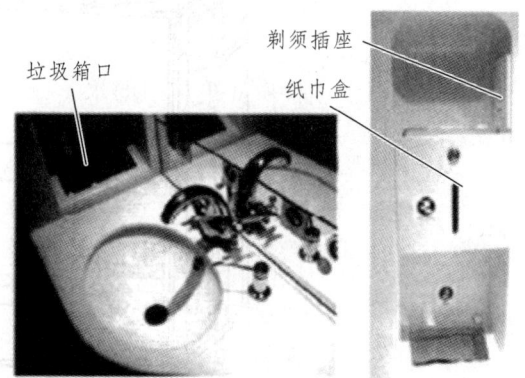

图 2-2-18　头车卫生间洗池区域

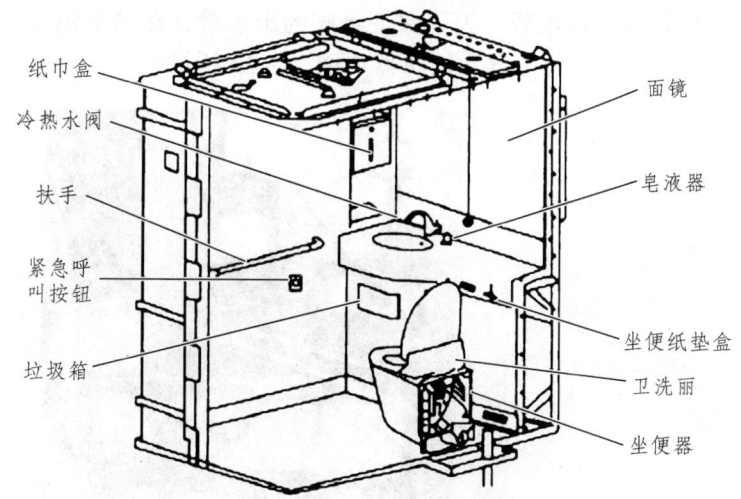

图 2-2-19　头车卫生间结构图

2. VIP 卫生间

VIP 卫生间设置在 VC03 车上，设计理念是为旅客提供五星级宾馆卫生设施，设有卫洗丽、冷热水阀等卫生设施。VIP 卫生间如图 2-2-20 和图 2-2-21 所示。

图 2-2-20　VIP 卫生间实景图

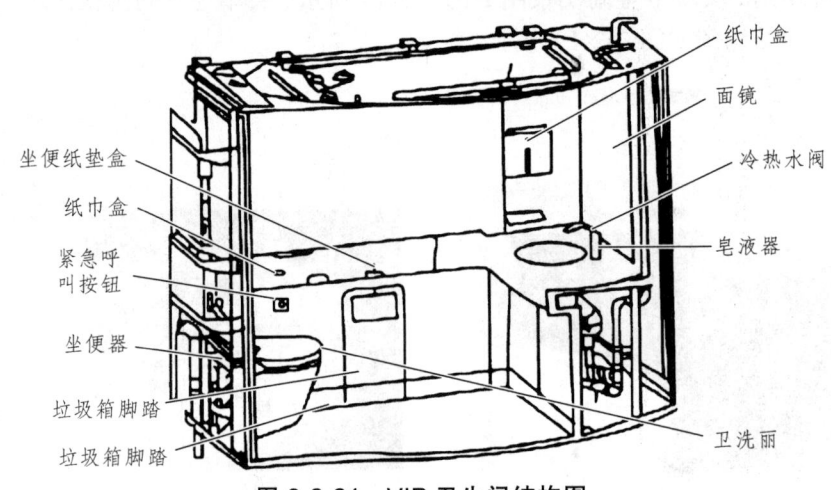

图 2-2-21　VIP 卫生间结构图

VIP 和车头卫生间均设热水器，为了保证水阀的出水量，在温水箱之前设置了增压泵和稳压器。VIP 卫生间增压泵、稳压器、加热器如图 2-2-22 所示。

图 2-2-22　VIP 卫生间增压泵、稳压器、加热器示意图

3. 通用卫生间

一等座车卫生间采用通用卫生间和标准卫生间两种组合形式。

通用卫生间最大的特点是内部空间大，内部设施可以满足坐轮椅的旅客使用，采用按钮控制的电动门，整个模块的设计更具人性化。通用卫生间由地板、墙板、顶板、门、洗手系统、坐便器以及内部的设备件组成。通用卫生间拉门采用按钮控制的电动门，在门口左侧内墙板上设置打开、关闭、闭锁按钮的控制器，在门口左侧外墙板上设置"打开"按钮。通用卫生间拉门如图2-2-23所示。

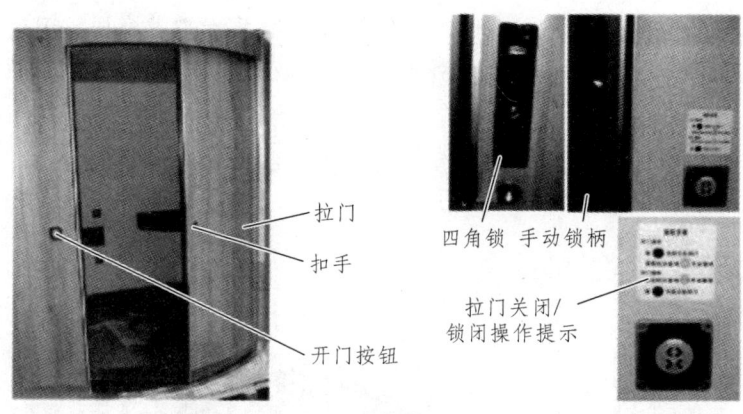

图 2-2-23　通用卫生间拉门

通用卫生间外部，拉门的左边有"开"按钮，在拉门上有一个方形钥匙操作的锁，遇到紧急情况时，该锁可以关闭门的控制系统，并可以打开通用卫生间拉门。通用卫生间内部，门右侧有一个开/门关按钮，拉门上有一个手动锁。在通用卫生间侧墙的手纸盒侧有一个呼叫按钮，当残疾人旅客在卫生间内摔倒或有突发事件发生时，可以按下紧急呼救按钮向列车员报警。如有旅客按下紧急按钮，但本人又无法打开卫生间的门，列车乘务人员可用方形钥匙从外面打开卫生间解救受困旅客。

通用卫生间的门控器控制门的3个关闭程度的传感器：10%、90%、100%。当门关闭到10%时，如果检测到门口有物体，门会再次打开；当门关闭到90%时，门停止片刻再达到100%的关闭状态，从而减轻门体与门限位的冲击。

卫生间内的婴儿尿布更换台为带小孩的乘客提供方便。

通用卫生间洗手器台面按照 UIC565-3 标准预留出从下面可以通过残疾人轮椅的空间，方便残疾人洗手，废水通过压力保护装置直接排向车下。通用卫生间内部示意图如图 2-2-24 所示。

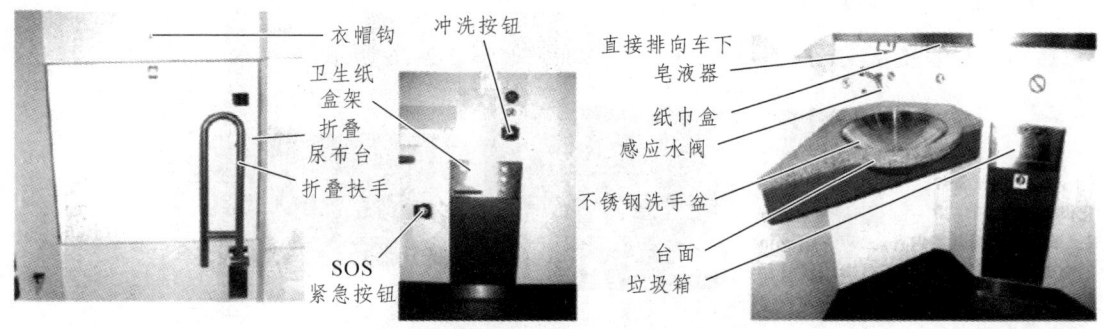

图 2-2-24　通用卫生间内部示意图

4. 标准卫生间

CRH380B 动车组在 TC02/TC07/TC10/TC15、FC04、IC06/IC08/IC11/IC14、SC12/SC13 中间车上设置采用标准卫生间模块组合。标准卫生间采用模块化设计，卫生间地板、墙板、洗手系统、坐便器等集成为一个模块，减少了卫生间与车上的接口，而且接口形式简单，便于安装与调整。标准卫生间分为左右件，右件作为卫生系统的主模块（卫生系统的主控制板安装在此间里），左件作为辅件；左右件外部轮廓和内部设施完全一样，两个模块对称布置在车上。

标准卫生间模块由地板、墙板、顶板、门、洗手系统、坐便器以及内部的设备件组成，如图 2-2-25 所示。

图 2-2-25 标准卫生间示意图

顶板：净空间高度为卫生间模块地板以上约 2040 mm，顶板上安装方形锁和拉索，拉索可防止顶板打开后与卫生间内其他设备件或墙板碰撞。

墙板：采用轻量化设计结构，内墙用玻璃纤维增强聚酯制作的功能定型的模制件，表面光滑，外墙 HPL 板制成。墙板在地板范围内直到最高 100 mm 处都能防水。

地板：采用夹层的玻璃纤维增强塑料地板（GRP）设计结构，表面防滑耐磨地板沿与墙壁间采用防水连接条。

门：采用铰链门，橡胶门挡安装在门板上，坐便器作为门打开时的限位。门口尺寸：500 mm × 1950 mm，门锁上设"有人"/"无人"显示。门轴设计具有防夹手功能。

（五）旅客信息系统

旅客信息系统从功能上可分为 3 个子系统，如图 2-2-26 所示。

图 2-2-26 旅客信息系统示意图

1. 信息显示子系统

显示信息可由系统控制器的人机界面输入、编辑、存储，显示信息经由系统的数据通信总线，从系统控制器传输到车辆控制器，最终在对应车辆的内外显示器上显示。

（1）系统简介。

信息显示器如图 2-2-27 所示。

图 2-2-27　信息显示子系统显示器示意图

每节车厢的显示系统包含：

① 列车外部信息显示，靠近上车门一个，BC09 车没有外部信息显示。

② 列车内部信息显示，每个入口到车厢之间的过道一个。

③ 显示总线，CCT 经过它传送数据给信息显示器并且传输诊断信息回到 CCT。

显示的控制可分为两种不同的模式：

自动显示控制（正常模式）显示的内容依据位置（CPS）自动显示，数据由用户在 SW（列车时刻表）工具的帮助下创建，并输入到 STC 里。

手工显示控制（仅用在列车内部显示）预先定义和存储的信息可以在 PIS-MMI 上选择，可以水平地从右到左滚动显示，手动触发文本结束之后，之前活动的显示自动恢复显示。

（2）列车外部信息显示。

列车外部信息显示系统在站台上告知旅客列车的终点站和车厢号码，这些信息是用 3 行文字显示的：第 1 行显示列车和车厢号码；第 2 行显示起点站；第 3 行显示终点站。3 行固定显示（不滚动），最多只显示 3 行，并且第 1 行只显示阿拉伯数字。列车外部信息显示如图 2-2-28 所示。

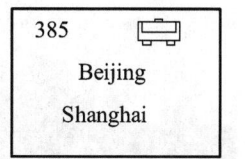 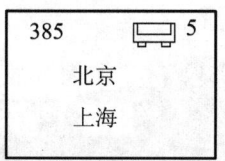

图 2-2-28　列车外部信息中、英文显示示意图

如果字符所占的位置超过 1 行的像素，起点站和终点站的显示将是滚动的，显示的内容依据列车当前所处的位置。列车离开站点以后，列车外部信息停止显示，在到达另一个车站之前恢复显示。

（3）列车内部信息显示。

列车内部信息显示主要显示站点、时间、列车号码、车厢号码等。列车号码、车厢号码和时间总是用阿拉伯数字固定地显示在上面一行，其他显示信息要么静态，要么滚动，要么交替显示。列车内部信息显示如图 2-2-29 所示。

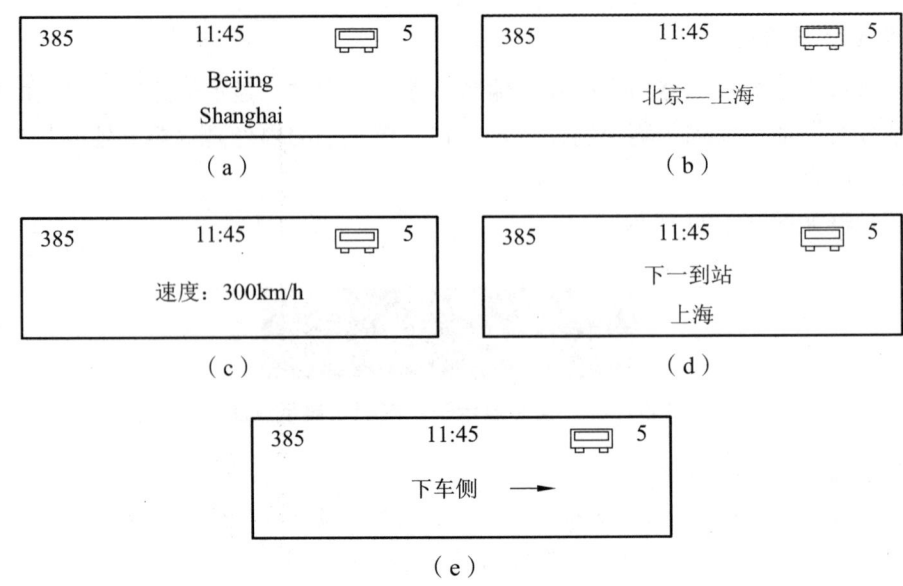

图 2-2-29 列车内部信息显示

2. 通告与通信子系统

扬声器安装于整个列车内，均接收同样的信号。

3. 音视频娱乐子系统

一等座椅、二等座椅的音视频节目采用集中式播放，通过音视频控制面板进行操作，能够进行选择播放列表、调节音量、即时插播等操作。音视频节目通过各车厢控制器解码输出，视频信号通过客室区车载电视公告播出，一等车音频通过座椅音频娱乐单元播出，二等车音频通过车顶扬声器系统播出。音视频娱乐子系统如图 2-2-30 所示。

图 2-2-30 音视频娱乐子系统

（六）紧急呼叫按钮和紧急制动

1. 紧急呼叫按钮

在残疾人厕所有一个紧急呼叫按钮，一旦被按下，将有信号输出到 MVB 上的智能外围输入输出终端（KLIP 站），可以把信号传到 CCU 中，并经 CCU 处理后由 MVB 总线传到 PIS 的 STC 中，并由其将相应信息显示在 PIS-MMI 上。另外，一个定义过的声音将会通过扬声器在所有车厢响起，在 PIS-MMI 上的信息将会由于紧急按钮的置位而取消。

2. 紧急制动

紧急制动被激活后将会在 CCT 的 PIS-MMI 上显示给列车乘务区的操作人员，显示信息为"在××车厢紧急制动被激活了"，并且一个已存储的不会被打断的通告将会通过扬声器系统输出。紧急制动比紧急呼叫的优先级要高。

三、残疾人卫生间的位置及功能

为满足残疾旅客的需求，高速动车组卫生系统均设有残疾人卫生间，残疾人卫生间布置如图 2-2-31 所示。残疾人卫生间设置了按钮式自动门，残疾旅客只需用手按下感应按钮便可打开卫生间门；坐便器比普通坐便器的位置低，方便了残疾旅客；在座便器附近，配备了为残疾人准备的可折叠式扶手；卫生间内设有婴儿护理桌，当需要为婴儿更换尿布时，方便残疾旅客固定所携带的婴儿，防止婴儿跌落；在坐便器左侧位置设有 SOS 紧急呼叫按钮，按钮表面有发光显示，同时求救信号可发送至卫生间外部墙壁上的显示屏，显示出卫生间内部的求助信号。

残疾人卫生间室内的布置考虑到残疾人在使用过程中的方便性。例如：镜子为钢化玻璃材料；面积比标准卫生间更大一些；室内设置两个扶手，一个为固定扶手，另一个为伸缩扶手。

动车组列车（动卧除外）设置残疾人卫生间的位置：长编列车设在 5 车，短编列车设在 4 车（或 5 车、7 车），短编重联列车设在 4 车、12 车（或 5 车、13 车，7 车、15 车）。

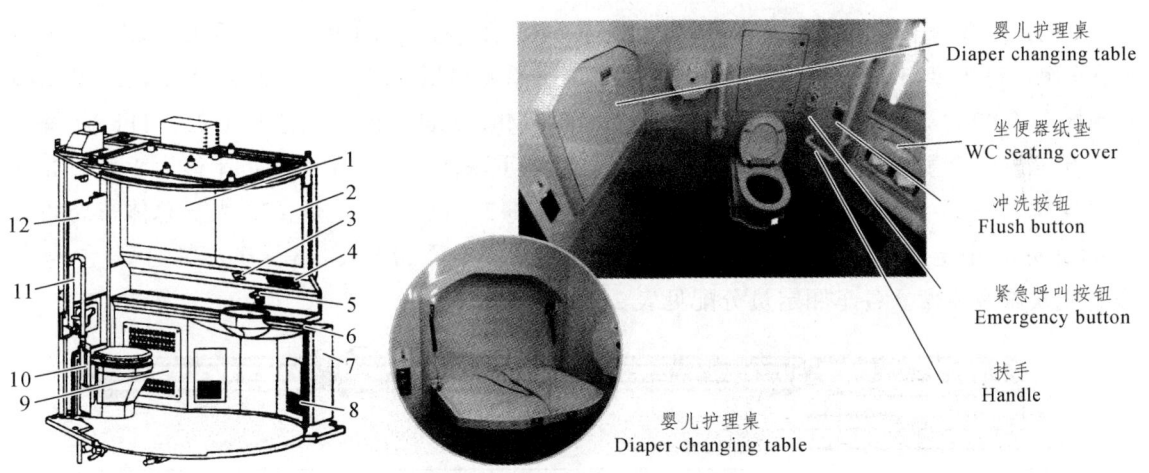

图 2-2-31 残疾人卫生间布置

1—镜面控制柜门；2—镜子；3—洗手液筒；4—擦手纸架；5—感应水阀；6—洗手池；
7—通风装置；8—通风口；9—电加热系统；10—坐便器；
11—可折叠式扶手；12—儿童护理桌

任务实施

分小组讨论 CRH380B 型动车组车内的设备设施布局及使用要求，各小组派代表进行总结汇报，小组互评，教师点评。提高学生运用理论知识解决实际问题的能力。

任务3　CRH5型动车组车内设备设施

能力目标

1. 熟练使用CRH5型动车组车内基础设备。
2. 熟练使用CRH5型动车组车内服务设备。

知识目标

1. 认知CRH5型动车组车门。
2. 认知CRH5型动车组站台补偿器。
3. 认知CRH5型动车组照明灯、阅读灯及电源插座。
4. 认知CRH5型动车组监控室、综合控制箱。
5. 认知CRH5型动车组座椅和车窗。
6. 认知CRH5型动车组卫生间。
7. 认知CRH5型动车组乘客信息系统。

相关知识

CRH5A型动车组单列编组8辆，动力配置为5动3拖，列车由2个牵引单元组成，包括8节车辆。每个牵引单元由4辆车组成。一个牵引单元包括3辆动车（Mc2，M2s和M2）和1辆拖车（TP）。另一个牵引单元包括2辆动车（Mh，Mcl）和2辆拖车（T2，TPb）。每个牵引单元配一个主变压器和相应的受电弓，可两列重联使用。其中大定员车体为1辆一等座车（席位"2+2"设置）和7辆二等座车（席位"2+3"设置），定员622人，总体布局如图2-3-1所示。小定员车体为2辆一等车和6辆二等车，定员586人。6号车为餐吧车，7号车设有残疾旅客座席。各车厢定员分配见表2-3-1。

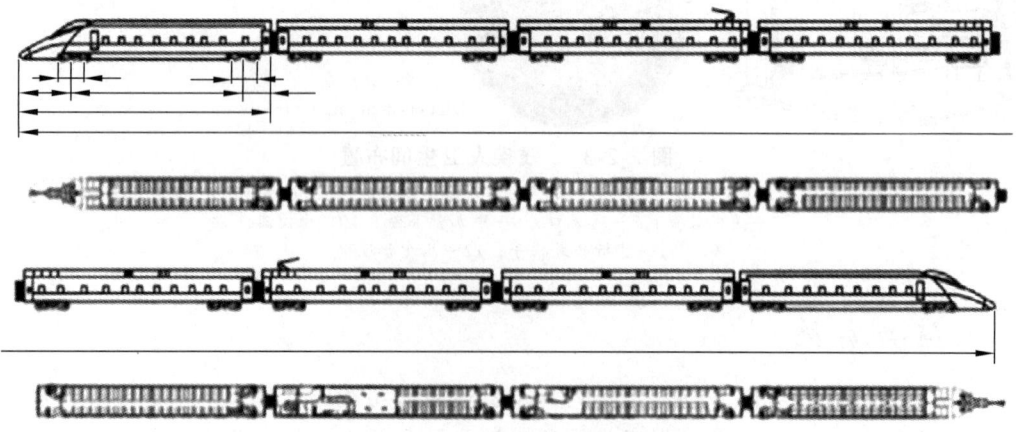

图2-3-1　CRH5A型动车组总体布局

表 2-3-1　各车厢定员分配

车	数量	一等	二等	残疾人座席
Mc2	1	…	74	…
M2 s	1	…	93	…
TP	1	…	93	…
M2	1	…	93	…
T2	1	…	93	…
TPb	1	…	43	…
Mh	1	…	63	1
Mc1	1	70	…	…

注：Mc2 车（动车）二等；M2 s（动车）二等；TP 车（拖车）二等；M2 车（动车）二等；T2 车（拖车）二等；TPb 车（拖车）二等；Mh 车（动车）二等；Mc1 车（动车）一等。

一、基础设备

（一）侧　门

每节车厢两侧各设有一个集控车门，如图 2-3-2 所示。

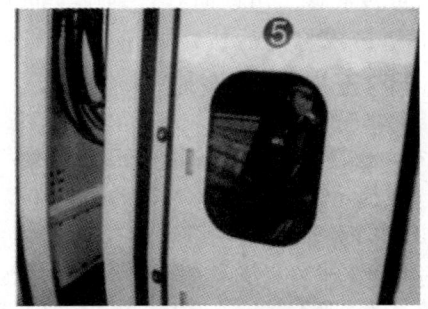

图 2-3-2　集控车门

1. 外侧控制装置

车门外侧主要控制装置包括触摸式开门按钮（见图 2-3-3）、车门紧急解锁拉手、内凹式拉手和手动车门锁。

图 2-3-3　触摸式开门按钮

使用方法：在车门外开门时，将车门紧急解锁拉手板至 90°位置，同时拉动车门即可开启车门；司机释放后可以使用触摸式开门按钮开门（司机释放后按钮内部灯呈亮灯状态，未释放为灭灯状态），上部按钮供成人使用，下部按钮供儿童及残疾人使用。外侧车门紧急解锁拉手板如图 2-3-4 所示。

图 2-3-4　外侧车门紧急解锁拉手板

2. 内侧控制装置

车门一侧壁板设有紧急三角锁、蜂鸣器、紧急开门按钮（外侧有保护罩）、车门紧急解锁拉手，如图 2-3-5 所示，在手动解锁车门时使用。手动解锁有两种方法：一是用三角钥匙向左侧拧动紧急三角锁，同时蜂鸣器蜂鸣，向下搬动车门紧急解锁拉手至 90°位置后拉动车门打开（关闭时用三角钥匙将侧面的紧急三角锁向右拧到位，同时车门蜂鸣器无蜂鸣声即可）；二是直接将紧急开门按钮外部防护罩打破后按住按钮，再将车门紧急解锁拉手向下搬动至 90°位置后拉动车门。

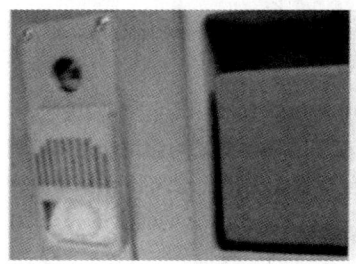 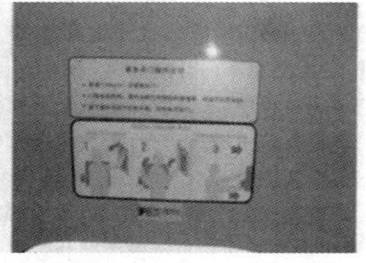

图 2-3-5　车门内侧紧急解锁拉手

车门另一侧壁板设有触摸式红色关门按钮、绿色开门按钮，用于车厢内操作开、关车门。按钮必须在司机释放后方可使用，司机释放后开关门按钮内部灯呈亮灯状态，未释放为灭灯状态。车门内侧按钮如图 2-3-6 所示。

图 2-3-6　车门内侧按钮

3. 车门踏板

每个客室门的入口处均设有一个车门踏板，如图 2-3-7 所示，其基本结构为一个仅由 2 个铰链支撑的踏板。这 2 个铰链将根据站台高低升降车门踏板，低站台情况下将其提升，高站台情况下将其降下。通过一个气动弹簧可吸收主作用力以方便乘务员操作。在顶部或底部位置时，必须使用三角钥匙锁定车门踏板。在 2 个锁壳处执行锁定操作，每个锁壳上配有 1 个限位开关，可将自动踏板的实际位置信息传输至 DCU。

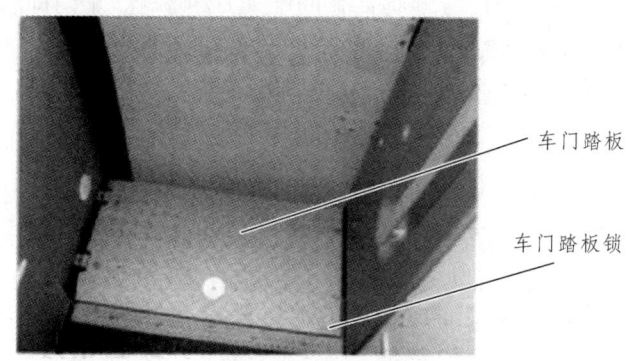

图 2-3-7　车门踏板

4. 站台补偿器

车门踏板装有一个电驱动可伸缩站台补偿器，用于搭接在高站台和门口之间。站台补偿器如图 2-3-8 所示，位于车门踏板边缘，列车停稳、开门后，站台补偿器自动伸出。自动装置故障时应通知机械师使用三角钥匙调整。

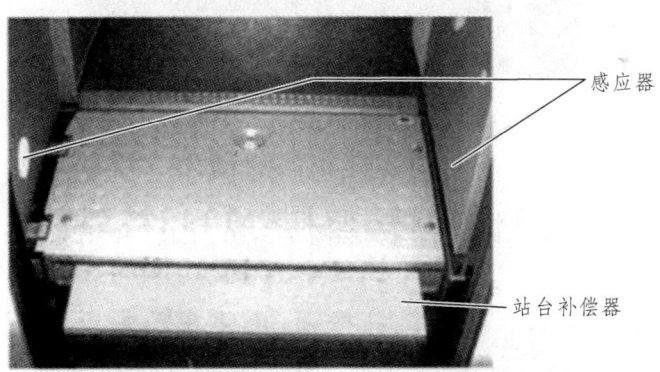

图 2-3-8　站台补偿器

5. 车门和站台补偿器的安全操作

（1）当列车加速至 5 km/h 或以上时，由乘务员操作的车门开启授权和车门开启控制可自动取消；当列车减速至 5 km/h 或以下时，必须重新按规定操作。

（2）速度为 5 km/h 或以上时，车门必须自动关闭。

（3）车门开启过程中，如站台补偿器未处于正确位置，则需阻止车门开启。

（4）车门关闭过程中，如站台补偿器未返回至原始位置，则需阻止车门关闭。

（5）车门上设有若干敏感边条，如关闭过程中在车门和门框之间碰到任何人或物体，则敏感边条会使车门重新完全开启。约 5 s 后，车门将自动重新关闭。该循环会重复操作，直至障碍物被清除。即使在无安全装置保护下，手指（最小直径 10 mm）也不可能被夹在车门和门框之间。因此，车门会一直运动直至关闭循环结束。

（6）站台补偿器设有收回装置，当作用于其上的力超过 300 N 时，用于阻止站台补偿器关闭。如果关闭过程中检测到站台补偿器上有障碍物，则踏板会打开至完全开启位置并尝试重新关闭。尝试几次后站台补偿器停止动作并发出故障指示。

（7）每个车门上均设有声音信号蜂鸣器，间隔 1 Hz 鸣响。车门即将关闭时鸣响 2 s；因检测到障碍物开启时鸣响 2 s，紧急开启车门时（只要在该情况下）以 5 Hz 间隔鸣响。车门处于停用状态，但踏板未收回时鸣响 20 s。

6. 车门指示灯

车门指示灯是客室门的车门关闭和开启信号装置，车门内侧设有内凹式拉手，上方有红色、绿色、白色三个显示灯，如图 2-3-9 所示，在通过台区的内部可见。绿灯表示车门正常，车门完全关闭、锁定且站台补偿器收回；红灯表示车门故障，车门未完全关闭或站台补偿器未收回；白灯表示车门隔离、停用。

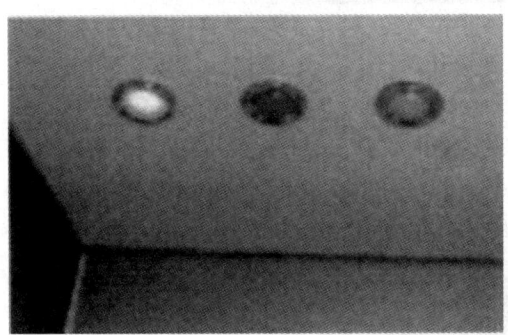

图 2-3-9　车门指示灯

（二）电动内端门

每节车厢两端各设有一个电动内端门，如图 2-3-10 所示，用于保持车厢温度和隔离运行中间连接处产生的噪声。

图 2-3-10　电动内端门

电动内端门的主要控制装置由黄色开启按钮、红色解锁复位按钮、三角锁和内凹式拉手组成。通过电动内端门时，只需按下内侧或外侧黄色按钮，端门即可打开，延时数秒后自动关闭。需长时间开启内端门时，需按下内侧或外侧红色按钮。再次按下红色按钮电动内端门关闭，恢复自动状态。以上操作需将三角锁置于解锁状态，在锁定状态时各按钮不可用。

（三）照明灯、阅读灯及电源插座

1. 照明灯

每节车厢配有照明设备，由随车机械师统一操纵。

2. 阅读灯

一等座车在行李架底面设有阅读灯，如图 2-3-11 所示，按下开关键灯即亮起，灯座可根据旅客需要进行角度调整。

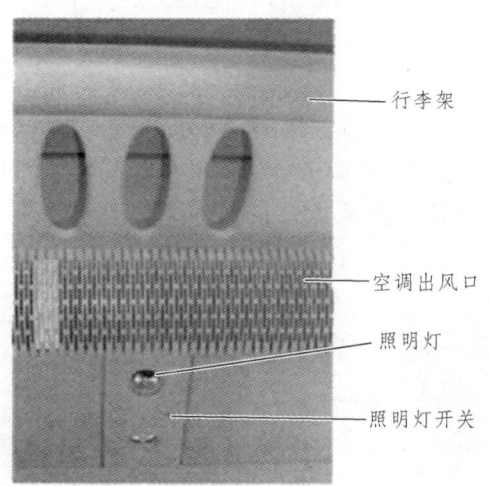

图 2-3-11　照明灯

3. 车厢内的电源插座

车厢内的电源插座位于座席下方，如图 2-3-12 所示，卫生间、大件行李存放处及过道墙壁适当设有部分电源插座。

图 2-3-12　电源插座

（四）监控室

监控室位于餐吧车二位端，设有随车机械师监控装置和车载电话等设备。监控室如图2-3-13所示。

图 2-3-13　监控室

（五）综合控制箱

单组 2~7 号车分别设有综合控制箱，如图 2-3-14 所示，内有车载电话（6 车在机械师室内）、照明开关、紧急通风按钮、空调调节旋钮、液位仪和集便器指示灯。另外，1 车、8 车司机室内设有车载电话、液位仪和集便器指示灯。

图 2-3-14　综合控制箱

1—听筒；2—电话闸门；3—客室

二、服务设备

（一）座椅、小桌、衣帽钩

1. 一等车座椅

一等车座椅为"2+2"布置，如图 2-3-15 所示，主要包含设备有织物衬套、头枕、扶手、小方桌、杂志网、脚踏板等。座椅上方设有阅读灯。

图 2-3-15　一等车车内布置

2. 二等车座椅

二等车座椅为"3+2"布置，主要包含设备有织物衬套、扶手、小方桌、杂志网等。

3. 座椅扶手

每个座椅的扶手处设有一个调节按钮，如图 2-3-16 所示，用于调节座椅靠背的角度。大定员车体为向上扳动座席下方的拉手，如图 2-3-17 所示，同时身体向前滑动即可进行座席的调整。

图 2-3-16　座椅调节按钮

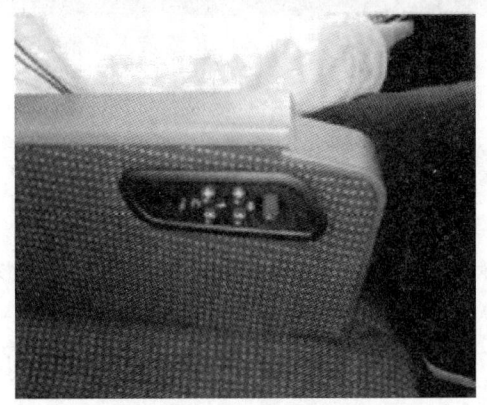

图 2-3-17　座席下方的拉手

4. 座椅旋转装置

设有旋转装置的座椅如图 2-3-18 所示，可以旋转（大定员车体不能旋转）。调换方向时，须将座椅、茶桌板归位，然后轻轻踩住座椅下方的脚踏板，按顺时针方向旋转座椅。

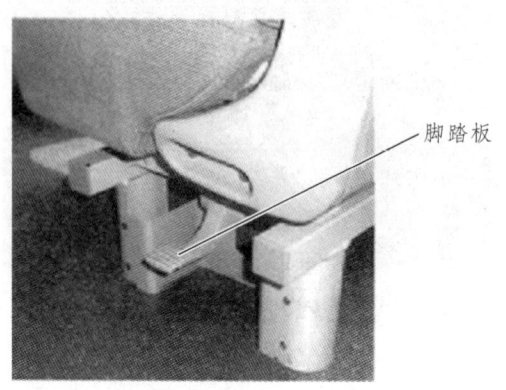

图 2-3-18　旋转装置

5. 背靠折叠桌

背靠折叠桌如图 2-3-19 所示，展开即可使用；位于扶手内的折叠小桌需打开扶手活动盖板，向上取出后打开使用。

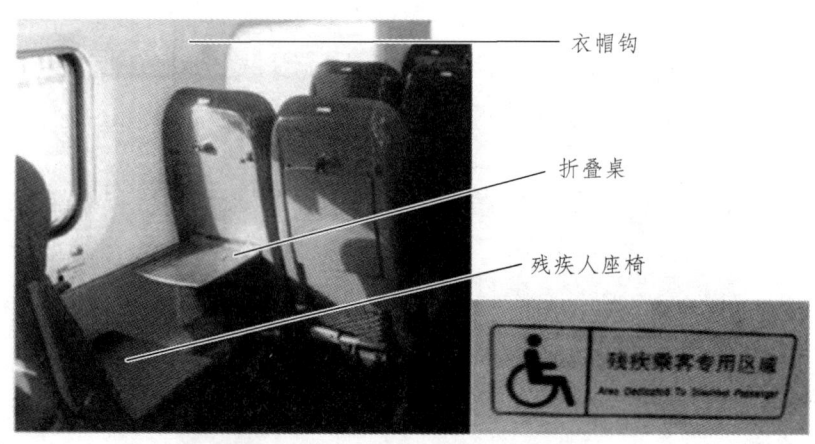

图 2-3-19　折叠桌和残疾人座椅

6. 衣帽钩

座椅侧面墙壁设有衣帽钩，按压下部悬挂点弹出。

7. 残疾人专用区域

单组 7 号车二位端设有残疾人专用区域（见图 2-3-19）及残疾人弯道，以供残障人士使用。大定员车体设有残疾人座椅，位于 74 号座位，座椅靠墙壁一侧有紧急求助按钮。

残疾人轮椅可存放在 7 号车厢残疾人专用区域（设有防护带），使用时需将防护带轻轻拉出、扣紧，将轮椅固定好。

（二）车窗、遮阳幕

动车组由于速度高，所以车窗采用减速玻璃。车窗处设有半透明内嵌下拉式遮阳幕，如图 2-3-20 所示。

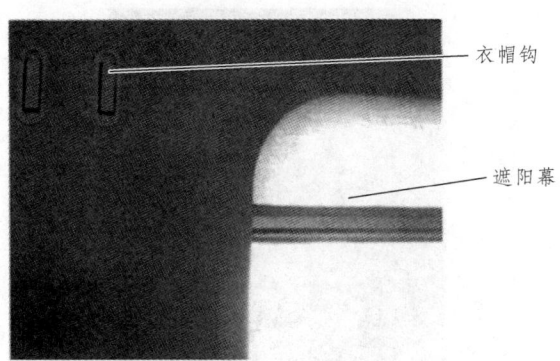

图 2-3-20　遮阳幕

（三）行李架、空调出风口

每车节厢座席上方设有行李架和空调出风口。

（四）大件行李处

部分车厢 2 位端设有大件行李存放处，每处为三层结构。

（五）卫生间

（1）卫生间分为蹲式便器和坐式便器两种，均采用真空集便器。

（2）每个卫生间设有洗手盆、感应器、洗手液盒、干手器、烟雾感应装置（顶棚上）、电源插座、扶手、垃圾箱、触摸式冲水按键及卷纸、抽纸、坐便垫储放位置等设施，卫生间门设有"有人/无人"显示装置。垃圾箱拆卸后，应注意禁止任何物品触碰到电器线路。

（3）残疾人卫生间如图 2-3-21 所示，设在 7 号车厢，采用坐式便器，设有内、外触摸式自动门锁、紧急求助按钮、不锈钢扶手、婴儿整理台、电源插座等设备。使用时按下外部黄色按钮即可开门，进入后，先按下黄色按钮，在门完全关闭后再按下红色按钮，锁闭卫生间门。出来时按黄色按钮开门。

图 2-3-21　残疾人卫生间

（4）当需要求助时，可按下坐便器一侧或内门上的"SOS"残疾人紧急求助按钮，如图2-3-22所示。紧急呼叫显示在机械室显示屏内，同时机械室和车厢内扬声器会发出提示音，再次按下"SOS"按钮，可取消紧急呼叫。

图 2-3-22　紧急求助按钮

（5）卫生间内残疾人扶手和婴儿整理台如图2-3-23所示。婴儿护理台的使用方法是：抬起把手，将婴儿护理台打开，确定整理台平稳，即可正常使用。

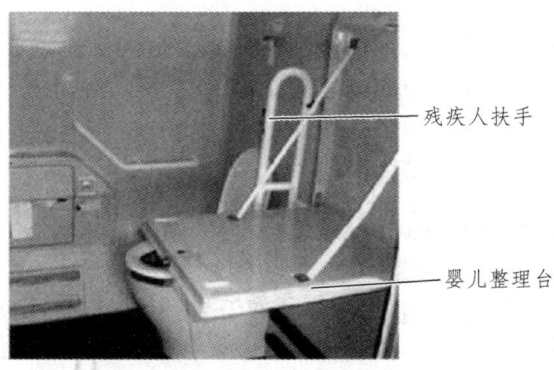

图 2-3-23　残疾人扶手和婴儿整理台示意图

（六）垃圾箱

每节车（餐吧车除外）在车厢连接处和电茶炉下各设有一个垃圾箱，如图2-3-24所示。

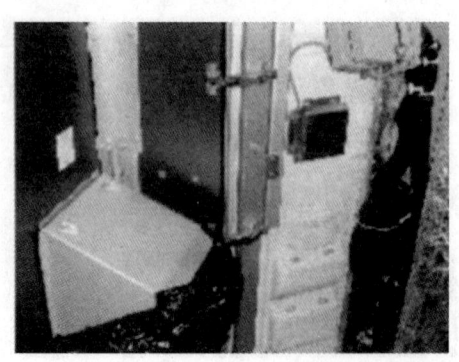

图 2-3-24　垃圾箱

（七）备品柜

全列车共设备品柜 5 个，分别位于 6 号车机械师室对面 1 个，7 号车二位端 2 个，1、8 号车二位端各 1 个。

（八）乘客信息系统（PIS）

1. PIS 系统特征

系统描述 PIS 是安装在车组上的电子系统，具有如下特征：

（1）生成音频/视频行程信息并传输给乘客。

（2）生成音频/视频娱乐信息并传输给乘客。

（3）司机发送由地面设备生成的音频/视频应用信息，司机发起对讲呼叫。

（4）实现与传输媒介 CAN 总线上的 TCMS（列车监控系统）车辆总线接口。

PIS 还为一等车（MC1 车）乘客提供下列娱乐设施：

（1）一等车中用于放映影片的 10 台 14in LCD（液晶显示）显示屏。

（2）中英双语座椅音频。

（3）2 个立体声音乐频道。

（4）1 个立体声无线广播频道。

餐车（TPB 车）中提供一台 20in LCD 电视用于放映影片。PIS 使司机和列车长能通过各节车上的扬声器向乘客广播。该广播能自动优先于耳机音频或实现对讲，司机还可与另一司机室实现对讲。

GPS（全球定位系统）用于行程控制，可提供精确的卫星定位和时间信息，自动进行当前站和下一站的音频广播，并管理行程数据及内部和外部的显示。当两节车组联挂时，音频 PA 信息可通过第一列车组的 PIS 系统自动在第二列车组上广播。

2. PIS 管理单元

PIS 管理单元（PMU）位于列车长室，被用作 PIS 设备间的通信管理设备，执行多层菜单人机界面。列车长室内的触摸显示屏如图 2-3-25 所示。

PIS 管理单元（PMU）与触摸显示屏接口，并与功能控制单元（FCU）和音频/视频阅读器单元（AVRU）共用信息。

PMU 可执行下列功能：

（1）插入行程/进路信息（由车组编码和进路编码识别）。如有需要，可针对运营车站/非运营车站修改信息（未规定的临时停站或无法在一个或多个应到站停车）。

（2）开始任务指令：接收到该指令后，系统以全自动模式生成，并显示下列信息：

〉所有"下一站"音频/视频信息（在距下一站预定距离处）；

〉系统允许开启车门前，内部 LED 显示屏单元显示的当前站信息；

〉内部 LED 显示屏单元上显示的速度、车内/外温度、终到站、日期和时间；

〉外部 LED 显示屏单元上显示的车号、车次号、始发站、终到站；

〉车速超过 45 km/h 时,外部 LED 显示屏单元关闭;

〉所有信息均按客户规定的方式(水平/垂直滚动、翻页和每条文本的持续时间)以中英文交替显示。

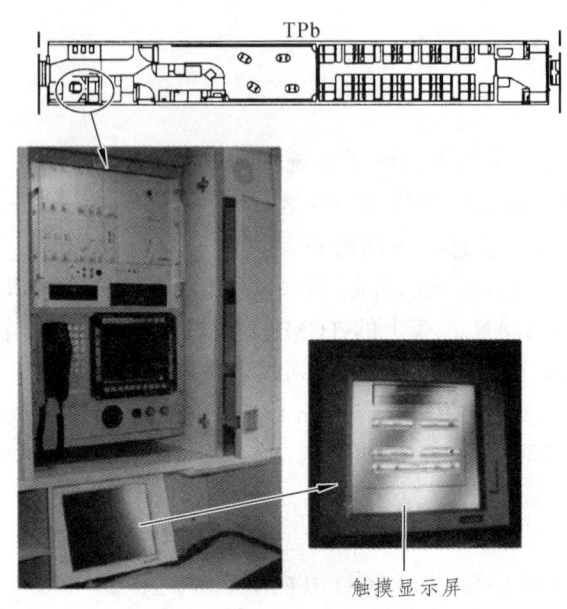

图 2-3-25 列车长室内的触摸显示屏

(3)即时信息以服务信息(如显示时刻表更改、延误、车载服务等)的形式显示。这些信息由地面设备生成,用可移除的海量存储设备(如 USB 钥匙)存储在硬盘中。

3. 广播和对讲

司机和列车长均可通过位于每节车及司机室内的听筒发起广播(PA)呼叫,通过扬声器和座椅音频广播通知。通知的优先级高于头戴式耳机的娱乐音频。每个听筒均设有一组按键,这些按键可通过软件用下列设备启用/禁用。

司机室听筒和列车长室听筒如图 2-3-26 和图 2-3-27 所示,司机室听筒和列车长室听筒比车辆听筒增设更多功能。车组中所有的车辆听筒如图 2-3-28 所示。

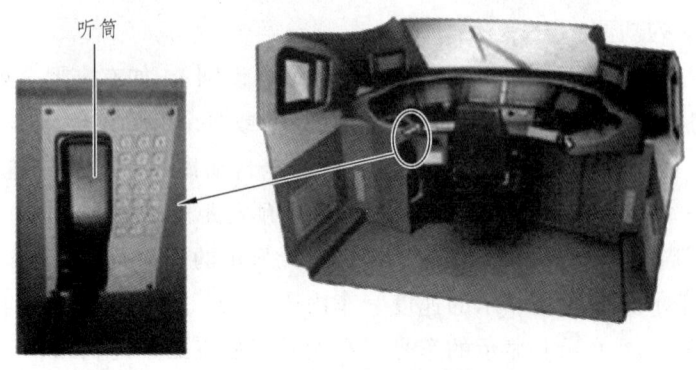

图 2-3-26 司机室听筒

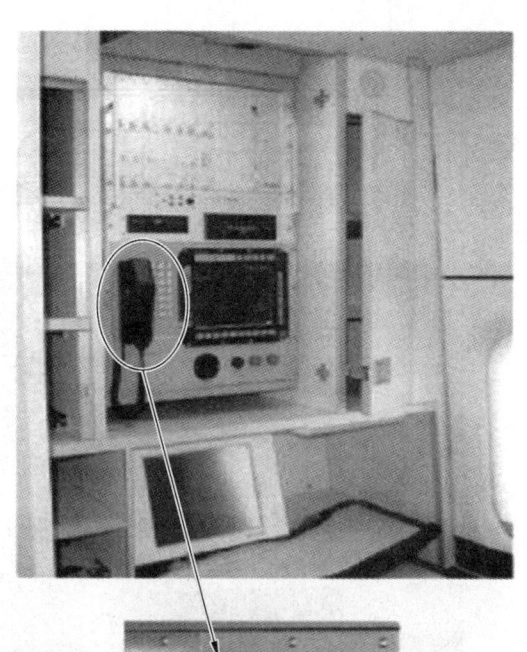

图 2-3-27　列车长室听筒

听筒

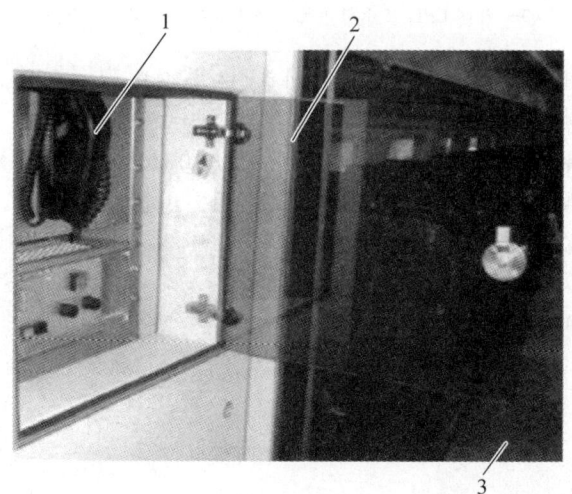

图 2-3-28　车组中所有的车辆听筒

1—听筒；2—电话闸门；3—客室

4. 显示屏单元

（1）内部显示屏单元。

内部 LED 显示屏单元如图 2-3-29 所示。

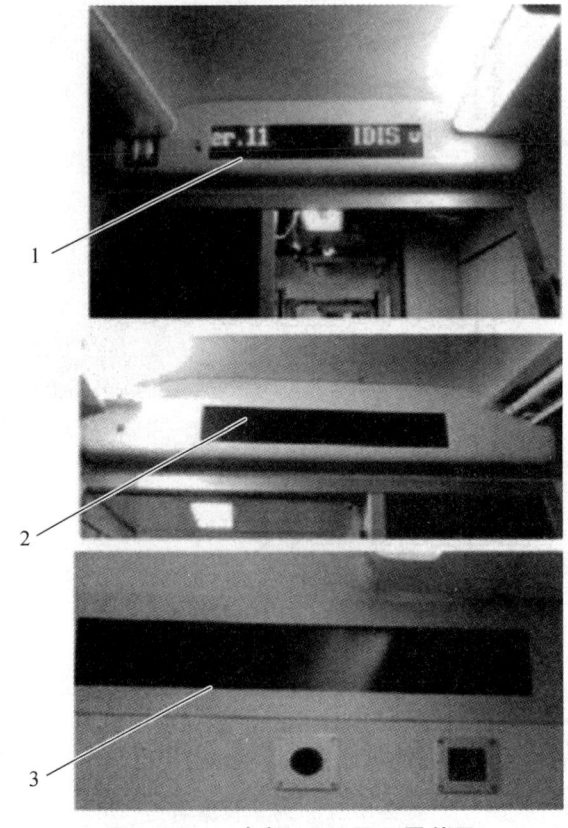

图 2-3-29　内部 LED 显示屏单元

1—内部 LED 显示屏单元（卫生间侧）；2—内部 LED 显示屏单元（其他侧）；
3—内部 LED 显示屏单元（MH 车残疾人卫生间侧）

内部 LED 显示屏单元（1、2、3）为单路 LED 型，可视屏尺寸为 570 mm×92 mm。内部 LED 显示屏单元安装在客室天花板上。

内部 LED 显示屏单元上显示的信息可视距离为 10 m。该单元由车辆 RS485 总线驱动，并由 APU（音频供电单元）和 ACU（音频控制单元）进行管理。

内部 LED 显示屏单元以中英文交替显示以下信息：

〉终到站；

〉下一站；

〉进路时刻表；

〉日期和时间；

〉速度；

〉车内和车外温度；

〉列车长发送的即时信息。

内部 LED 显示屏单元支持水平滚动和垂直滚动，易于设计信息持续显示时间。

（2）外部 LED 显示屏单元。

外部 LED 显示屏单元如图 2-3-30 所示。

外部显示屏单元为 LED 型，分为三个不同的区域，分别用于显示车号、车次号和进路信息（始发站和终到站）。

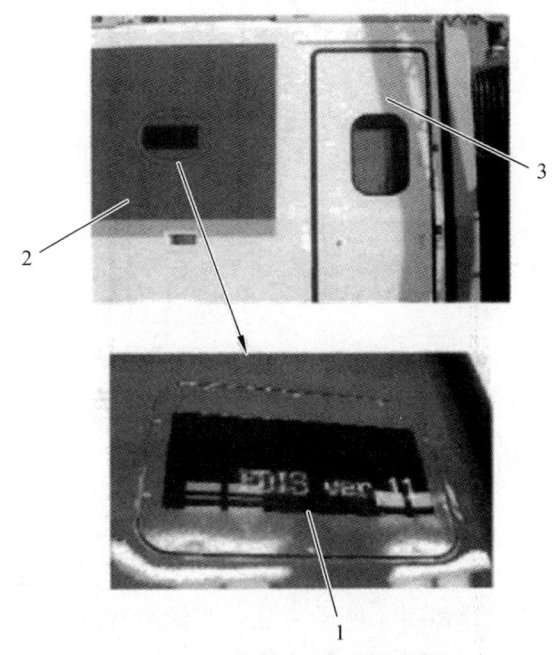

图 2-3-30　外部 LED 显示屏单元

1—外部 LED 显示屏单元；2—外部侧墙；3—客室门

进路信息、以中英文交替显示，特征与内部 LED 显示屏单元相同。当车速大于 45 km/h 时，外部 LED 显示屏单元关闭。

 任务实施

分小组讨论 CRH5 型动车组车内的设备设施布局及使用要求，各小组派代表进行总结汇报，小组互评，教师点评。提高学生运用理论知识解决实际问题的能力。

任务 4　"复兴号"动车组车内设备设施

 能力目标

1. 熟练使用 CR400AF 型动车组车内设备。
2. 熟练使用 CR400BF 型动车组车内设备。

知识目标

1. 认知"复兴号"动车组观光区布置。
2. 认知"复兴号"动车组型动车组客室布置。
3. 认知"复兴号"动车组型动车组座椅。
4. 认知"复兴号"动车组动车组饮水装置。
5. 认知"复兴号"动车组给水卫生装置。
6. 认知"复兴号"动车组旅客信息系统。

相关知识

一、CR400AF 型动车组

CR400AF 型动车组为最高运营速度 350 km/h 的动力分散式电动车组,最高持续运营速度为 350 km/h。CR400AF 型动车组用于在中国的 350 km/h 速度等级客运专线(如京沪客运专线)上运营,并能在 200 km/h 速度等级及以上的客运专线上以 200 km/h 速度级正常运行。CR400AF 采用全新低阻力流线型头型和车体平顺化设计,车型线条看起来更优雅。

(一)定员配置

CR400AF 型动车组全列 8 辆编组,4 动 4 拖,车辆类型包括一等/商务座车、二等/商务座车、二等座车(1 辆设有残疾人设施,1 辆为餐座合造车)。8 辆编组全列定员共 576 席(其中商务座席 10 席、一等座席 28 席、二等座席 538 席)。CR400AF 型动车组列车设备设施如图 2-4-1 所示,各车厢定员配置见表 2-4-1。

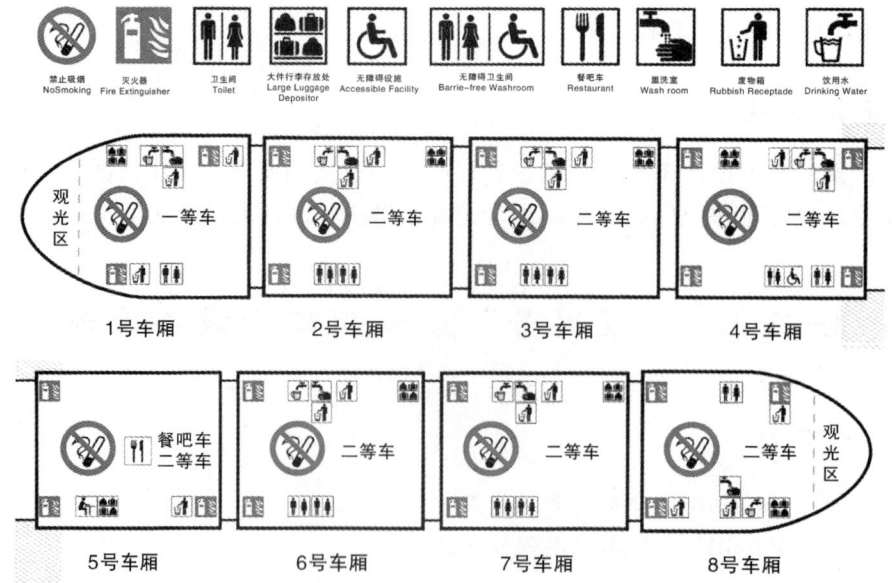

图 2-4-1　CR400AF 型动车组列车设备设施示意图

表 2-4-1 CR400AF 型动车组定员配置

车号	1	2	3	4	5	6	7	8
等级	商务/一等	二等	二等	二等	二等/餐车	二等	二等	商务/二等
定员(人)	5/28	90	90	75	63	90	90	5/40

（二）服务设备

1. 商务座车

（1）观光区。

1 号车及 8 号车端部靠近司机室部位各设置 1 个观光区。观光区主要设置了 6 个观光区边柜、3 个单人 VIP 座椅、1 个双人 VIP 座椅。观光区边柜互为对称，边柜设书报网兜，可放置报纸杂志。观光区的两排商务座椅为可旋转座椅，提升了商务座旅客乘车的舒适度和满意度。

（2）商务座椅。

功能 VIP 系列座椅使乘客能舒适乘车，使用现有根据人类环境改造学理论进行设计的座椅，乘客能获得更舒适的座椅体验，如图 2-4-2 所示。

图 2-4-2 商务车 VIP 座椅

商务座椅的餐板安装在私密罩右边扶手上，餐板可收纳、折叠，左手扶手添置储物槽。操作面板（PCU）在私密罩右边内侧，PC 电源位于私密罩右前端盖板上方，即插即用，如图 2-4-3 所示。

图 2-4-3 商务座椅电源

2. 一等座客室

（1）一等车座椅。

一等车客室设"2+2"宽幅软座座椅；座椅间距设为 1160 mm，座椅均采用可旋转 180°的结构，使得乘客总是可以面对车辆行进方向乘坐。座椅靠背可由个人手动控制从 8°～30°任意角度的调节和锁定，保证靠背的倾斜不会干扰到后面乘客的活动空间。各座椅都设有供乘客使用的小桌。座椅靠背带倾斜装置。座椅面料为绒头毛线颜色。另外，为了防止从坐垫和靠背的间隙往底座内掉落杂物而设有座椅罩，如图 2-4-4 所示。

图 2-4-4　一等车座椅

（2）客室主要设施。

客室主要设施包括一等两人座椅、行李架；侧窗窗台设有放置饮料瓶的台面；侧墙设有衣帽钩、广播系统用扬声器、烟感、温度传感器等设施；车厢内两端内端墙设置信息显示器、车号显示器、禁烟标记、厕所有/无人显示灯、紧急警报开关及内端门用光电传感器；车顶设 LED 照明灯带，应急灯安装在 2、3 位角及客室中部。

3. 二等座客室

（1）二等车座椅。

2～8 号车客室为二等客室，4 号车为带残疾人区域的二等客室。二等车客室设"2+3"软座座椅，座椅间距设为 1020 mm。座椅均采用可旋转 180°的结构，使得乘客总是可以面对车辆行进方向乘坐。座椅靠背可由个人手动控制 0°～24.5°任意角度轻松调节和锁定，而且保证靠背的倾斜不会干扰到后面乘客的活动空间。座椅靠背带倾斜装置，座椅面料为绒头毛线颜色。为了防止从坐垫和靠背的间隙往底座内掉落杂物而设有座椅罩，如图 2-4-5 所示。

图 2-4-5　二等车座椅

（2）客室主要设施。

客室主要设施包括二等两人座椅、二等三人座椅、行李架。各座椅都设有供乘客使用的小桌，且侧窗窗台设有放置饮料瓶的台面。侧墙设有衣帽钩、广播系统用扬声器、烟感、温度传感器等设施；车厢内两端内端墙设置信息显示器、车号显示器、禁烟标记、厕所有/无人显示灯、紧急警报开关及内端门用光电传感器，端墙设置了小茶桌。车顶设 LED 照明灯带，应急灯安装在 2、3 位角及客室中部。

4．乘务员室

乘务室内设置办公桌和旋转座椅，办公桌设置有 4 个抽屉，最下层抽屉用于存放急救箱，如图 2-4-6 所示；办公桌下空处用于存放保险柜，上部设有供乘务员操作的紧急制动拉闸（见图 2-4-7）、电气设备柜；控制柜内设乘客信息操作屏（见图 2-4-8）、娱乐信息操作屏（见图 2-4-9）等。

图 2-4-6　急救箱图

图 2-4-7　乘务员室紧急制动拉闸

图 2-4-8　乘客信息操作屏

图 2-4-9　娱乐信息操作屏

5．机械师室

机械师室内设置办公桌和旋转座椅，联络电话等。办公桌设置有 4 个抽屉，上部设有供机械师操作电气设备柜、包括视频监控显示屏、网络系统，如图 2-4-10 ~ 图 2-4-13 所示。

图 2-4-10　机械师室紧急制动手柄

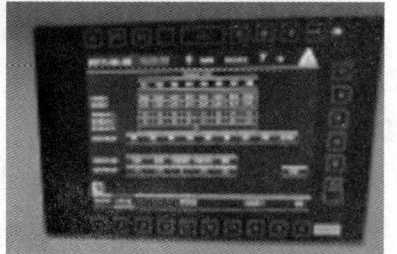
图 2-4-11　网络系统 HMI

图 2-4-12　联络电话　　　　图 2-4-13　视频监控显示屏

6. 照明系统

CR400AF 列车设有多种照明控制模式，可根据旅客需求提供不同的光线环境，车厢灯光会根据户外情况自动调节。走廊顶部灯光的亮度高低、光线冷暖均可自由调节。商务座的座位旁还多了一个筒灯调节开关，旅客可根据自己的需求调节灯光亮度、色温。

1 车顶灯为环形顶灯，如图 2-4-14 所示，3 车、5 车为圆形顶灯，行李架将 LED 灯融合到行李架设计中，使旅客在旅途过程中感受到灯效带来不一样的舒适与温暖，如图 2-4-15 所示。

图 2-4-14　环形顶灯

图 2-4-15　二等车内饰顶灯和行李架灯

7. 摄像监控设备设施

全列共 32 个监控摄像头，每节车的车门通过台设 1 台全景网络摄像机，客室内部设置 2 台半球网络摄像机，分别位于客室端部或距端部三分之一处。1 车、8 车观光区各有 1 个摄像头，餐车有 1 个摄像头。摄像监控设备将实时画面传输至机械师室监控屏。

8. 行李架

行李架宽 445 mm、高 1700 mm。行李架部件主要由前后型材、托架、隔板、回风口型材以及下挡板组成，下挡板内部集成座位显示灯、扬声器、烟雾感应器、紧急控制按钮等功能电器，如图 2-4-16 所示。

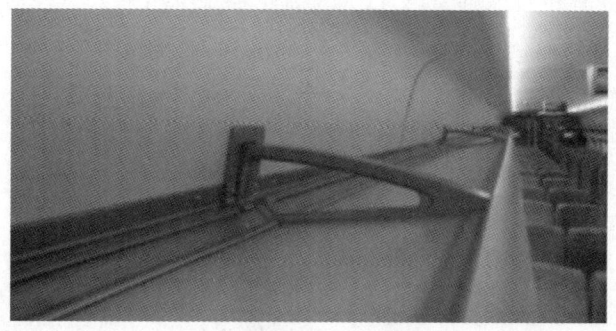

图 2-4-16　行李架

9. 座位号灯

客室座位号灯安装在行李架座位号 PC 板背面，为座位号提供背光源，如图 2-4-17 所示。

图 2-4-17　座位号灯

10. 残障人士专用区域

（1）轮椅用固定带。

4 车厢大件行李存放处专门设置了残障人士专用区，设置了轮椅用固定带，提升了残障人士乘车旅行安全系数，如图 2-4-18 所示。

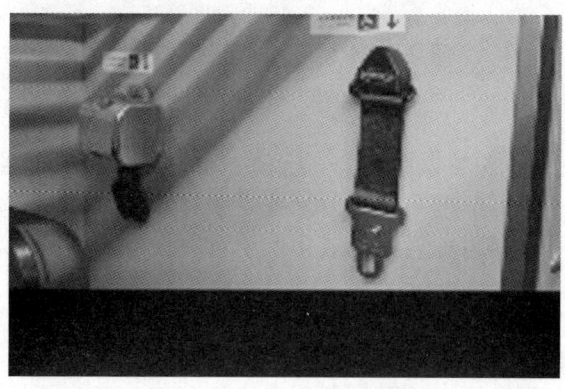

图 2-4-18　轮椅用固定带

(2) 残疾人卫生间。

残疾人卫生间位于 4 车厢 2 位端，如图 2-4-19 所示，在残疾人卫生间设置了婴儿护理台（为嵌入式可折叠婴儿护理台，如图 2-4-20 所示）、SOS 按钮等设备设施。SOS 按钮为按压式结构，用于紧急情况下乘客报警：当按下按钮时，会触发厕所门外侧顶部蜂鸣器鸣响，同时将报警信息传送到司机室和机械师室的 TCMS 显示器上，司乘人员针对实际情况采取相应措施，如图 2-4-21 所示。

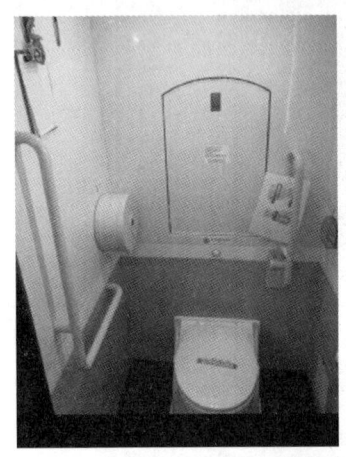 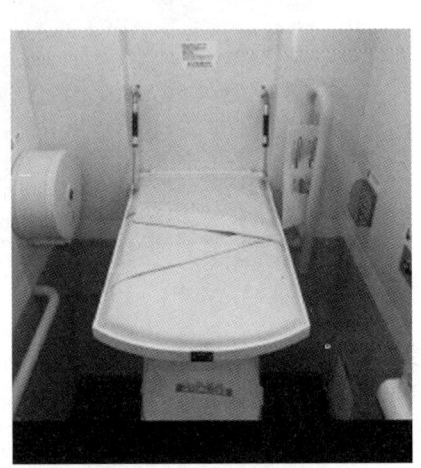

图 2-4-19　残疾人卫生间　　　　图 2-4-20　婴儿护理台

图 2-4-21　卫生间 SOS 按钮

11. 垃圾箱

全列设置 28 个垃圾箱，大垃圾箱 8 个，洗面盆下 7 个，卫生间垃圾箱 12 个，餐车后厨设置 1 个。单个垃圾箱容积不小于 40 L，分别放置于每车端部以及首尾车的服务台下方，垃圾箱室内配置臭氧产生器，利用臭氧的强氧化作用对垃圾进行消毒及消除异味。

12. 大件行李存放

每个车辆端部均设置大件行李存放处，大件行李存放处为开敞式结构，分为上下两层，中部设置了铝框架隔板，用于旅客放置大件行李，如图 2-4-22 所示。

图 2-4-22 大件行李存放处

13. 洁具柜

2、3、6、7 车厢配备洁具柜，其中 2 车、7 车为带拖把池的洁具柜，水池设置较低，可用于涮洗拖把、存放清洁用品。

14. 联络电话

联络电话分为 I 型和 II 型两种。

（1）联络电话（I 型）。

I 型联络电话安装于驾驶室、乘务员室和机械师室，作为列车工作人员联络的终端，可以实现对全列人工广播和单车人工广播。本车电话广播时，电话外接的扬声器静音。I 型联络电话还能实现司乘人员之间的通话，司乘人员之间的通话包括司机和司机、司机和机械师、司机和乘务员、机械师和乘务员、乘务员和乘务员的通话。

（2）联络电话（II 型）。

II 型联络电话安装于二等座车车厢，作为乘务员联络的终端，可以实现对全列人工广播和单车人工广播。本车电话广播时，电话外接的扬声器静音。此外，II 型联络电话还能实现司乘人员之间的通话。司乘人员之间的通话包括司机和乘务员、机械师和乘务员、乘务员和乘务员通话，如图 2-4-23 所示。

（3）联络电话的使用。

4 个红色 7 段数码管显示对讲装置所在车厢号和位号。前两位代表车厢号，取 01～16；后两位代表该车厢内设备位号，01 代表车内非机械师联络电话，02 代表车内机械师联络电话；11 代表一位端乘客紧急报警装置，12 代表二位端乘客紧急报警装置。

功能键设置有：广播键，呼叫司机键，对讲键，0～9 数字键，回车键，清除键。其中，广播键、呼叫司机键和对讲键采用带灯薄膜按键。

话筒设置红色 PTT 按键，广播按住该按键可进行通话，如图 2-4-24 所示。

图 2-4-23 II 型联络电话

图 2-4-24　联络电话

15. 电茶炉

电茶炉提供饮用热水。电茶炉设置有电源、加热、缺水指示灯、绿色出水按钮、红色解锁按钮、置杯格。使用时需按下红色解锁按钮 3 秒左右，待电茶炉解锁后按压绿色出水开关按至底部（起防烫伤作用）。缺水显示灯亮起时，表示水箱内缺水，如图 2-4-25 所示。

图 2-4-25　电茶炉

CR400AF 应急设备

二、CR400BF 型动车组

CR400BF 中国标准动车组采取 8 辆编组，由 2 个"二动二拖"的牵引动力单元组成"四动四拖"（4M4T）的结构。列车轮周牵引功率为 10 140 kW，设计速度为 350 km/h。CR400BF 头部玻璃凸、侧面比较平缓，车身底色纯白，头部是金色色带勾勒，如图 2-4-26 所示。

项目二 高速铁路动车组列车车内设备设施

图 2-4-26 CR400BF 中国标准动车组

（一）定员配置

CR400BF 型动车组全列 8 辆编组，其中 1 辆设有残疾人设施、1 辆为餐座合造车，全列定员共 576 席（其中商务座席 10 席、一等座席 28 席、二等座席 538 席）。"复兴号" CR400BF 型动车组列车设备设施如图 2-4-27 所示，各车厢定员配置见表 2-4-2。

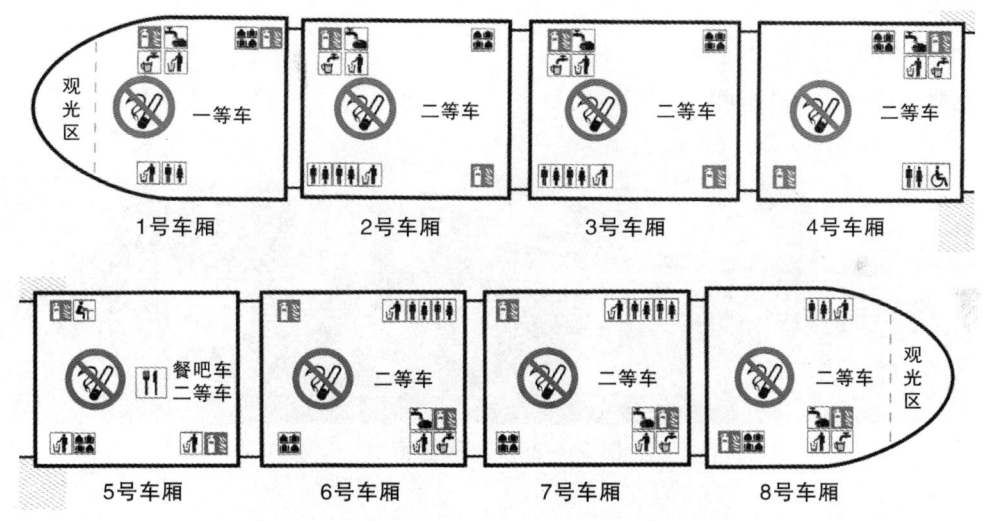

图 2-4-27 CR400BF 型动车组列车设备设施示意图

表 2-4-2 CR400BF 型动车组定员配置

车号	1	2	3	4	5	6	7	8
等级	商务/一等	二等	二等	二等	二等/餐车	二等	二等	商务/二等
定员（人）	5/28	90	90	75	63	90	90	5/40

（二）服务设备

1. 商务座车

列车商务座定员 10 人，车头、车尾各设有 5 个座位，舱内宽敞明亮，色调温馨，航空头等舱级座椅，商务座可以 180°平躺，如图 2-4-28 所示。

图 2-4-28　商务座全景

2. 一等座客室

一等座车位于 1 号车厢商务座区的后方。一等座采用"2+2"方式布置，一等座的插头位于扶手下，如图 2-4-29 所示。

图 2-4-29　一等座客室

3. 二等座客室

二等座为"2+3"布置，全列二等座定员 538 人。二等座的充电插座位于座垫下方，如图 2-4-30 所示。

图 2-4-30　二等座座椅

4. 席位号显示

动车组客室座椅上方区域设有电子座位信息显示器。席位号旁边的三个小点是红色时，显示席位已占用；黄色代表已经预售，下个区间将会有乘客；绿色代表车票还未售出，席位没有占用，如图2-4-31所示。

图 2-4-31　席位号显示

座位信息显示系统由座位信息接入点、座位显示网关、座位信息显示器以及3G/4G天线组成。座位信息显示系统通过与地面的售票信息服务器通信获取本车次各座椅的售票信息。

5. 给水卫生系统

给水卫生系统主要包括净水箱、净水管路、卫生间、洗面间、集便系统、排污管路、污物箱、电开水炉、排水管路等。全列设置6个容量为400 L的净水箱、2个300 L的净水箱。全列设置5个蹲式卫生间、7个座式卫生间、7个洗面间、1个拖布池、5个容量为600 L的污物箱、3个容量为400 L的污物箱；采用真空集便系统。全列设置了7个电开水炉。排污管路缠伴热线并包裹防寒材，如图2-4-32所示。

图 2-4-32　灭火器和饮水处

普通卫生间采用手动拉门，拉门滑道机构，门内部采用手动锁闭，外部使用统型四角RIC钥匙锁闭。

6. 旅客信息系统

旅客信息系统由旅客信息显示、列车内部通讯和广播通告、旅客音视频娱乐系统、车载无线系统、座位信息显示几部分组成,设置千兆以太网总线和 UIC568 音频总线;实现旅客信息系统、娱乐系统、视频监控系统集成设计,实现功能包括公共广播、公共视频、内部通讯、信息显示、音频服务、监控乘客区域、监控弓网状态、画面智能分析。

旅客信息系统主要设备明细及布置见表 2-4-3。

表 2-4-3 旅客信息系统主要设备明细及布置

序号	名称	车型								合计	安装位置
		1	2	3	4	5	6	7	8		
1	旅客信息系统控制器					1				1	PIS 柜
2	车厢控制器	1	1	1	1	1	1	1	1	8	PIS 柜
3	旅客信息系统操作屏					1				1	乘务员室
4	I 型车内联络电话	1				2			1	4	司机台、乘务室、机械师室
5	II 型车内联络电话		1	1	1		1	1		5	车厢内
6	乘客紧急对讲单元(主控器)	3	2	2	2	2	2	2	3	18	客室行李架侧墙处
7	乘客紧急报对讲单元(对讲面板)	3	2	2	2	2	2	2	3	18	客室乘客紧急制动手柄处
8	内部 I 型扬声器	4	14	14	12	10	14	14	6	88	车厢内
9	内部 II 型扬声器	10	7	7	7	9	7	7	10	64	车厢内
10	车外信息显示器	2	4	4	4	2	4	4	2	26	车厢两侧车门附近
11	车内信息显示器	3	2	2	2	2	2	2	3	18	车厢内端部两端圆头内
12	GSM/GPS 天线	0	0	0	0	1	0	0	0	1	车顶
13	FM 天线	0	0	0	0	1	0	0	0	1	车顶
14	娱乐系统控制器	0	0	0	0	1	0	0	0	1	PIS 柜
15	娱乐系统操作屏	0	0	0	0	1	0	0	0	1	乘务员室
16	音频分配单元	1	0	0	0	0	0	0	0	1	PIS 柜
17	间壁电视	6	4	4	3	3	4	4	6	34	车厢前后间壁
18	吊顶电视	1	2	2	2	1	2	2	1	13	车厢内天花板下
19	左座椅数字音频娱乐单元(AEUmMI LEFT)	14	0	0	0	0	0	0	0	14	一等座椅扶手区域
20	右座椅数字音频娱乐单元(AEUmMI RIGHT)	14	0	0	0	0	0	0	0	14	一等座椅扶手区域
21	VEU 显示器	5	0	0	0	0	0	0	5	10	VIP 座椅扶手区域
22	VEU 控制盒	5	0	0	0	0	0	0	5	10	VIP 座椅
23	VEU 接线盒	4	0	0	0	0	0	0	4	8	VIP 座椅
24	服务呼叫显示器	1	0	0	0	0	0	0	1	2	VIP 观光区
25	无线网络控制器	0	0	0	0	1	0	0	0	1	PIS 柜
26	车载无线服务器	0	0	0	0	1	0	0	0	1	PIS 柜
27	座位信息显示器	14	34	34	30	25	34	34	16	221	行李架过道边缘

（三）网络系统

网络及辅助监控制系统主要由列车网络控制系统、数据记录及无线传输装置、电子标签设备、烟火报警系统以及安全视频监控设备组成。

（1）列车网络控制系统。

列车网络控制系统由中央控制单元、网关、司机室输入输出模块、客室输入输出模块、高压控制单元、显示器、以太网交换机/网关等构成。列车通信和控制的特点是使用了基于 TCN 模块的清晰结构。TCN 是 1 个分为两级的通信网络，由列车总线 WTB（列车总线）和车辆总线 MVB（多功能车辆总线）组成。动车组由 2 个牵引单元组成，在每个牵引单元内由 MVB 总线通信，牵引单元间通信由网关通过 WTB 总线通讯。

（2）数据记录及无线传输装置。

数据记录及无线传输装置由主机、合路器及车顶天线组成，与车辆信息控制系统中央装置通信，实时采集车辆 VCB 合/断、受电弓升/降、复位、开/关门、保护接地开关、关门安全、关门连锁等开关或按钮信息，通过以太网接口实现数据的快速下载和实时输出，通过 GPRS/WLAN 无线网络按照车地通信协议及时传输相应的数据。

（3）电子标签设备。

电子标签设备主要包括安装在头车底部的电子标签和安装在车上配电柜内的车载信息编程器，同时包括配套线缆，地面自动识别设备通过天线向电子标签发射连续的射频载波信号，标签内存储的数据按 FM0 编码对射频载波信号进行反射调制，并反射回地面天线，由地面自动识别设备接收并解调、译码和进行数据处理。

（4）烟火报警系统。

烟火报警系统由烟火主机及烟火探头等组成，烟火报警主机和中央控制单元之间通过 MVB 总线进行通信，客室、司机室、电气柜、厨房、卫生间及其他重点防火区域设置火灾探测器，各火灾探测器与本车厢烟火报警主机通过 CAN 总线进行通信，如图 2-4-33 所示。

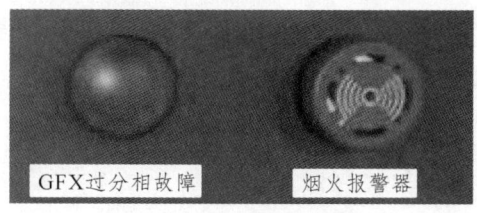

图 2-4-33 烟火报警器

（5）车厢视频监控系统。

车厢视频监控系统主要硬件包括网络摄像机、车厢视频监控服务器、连接电缆，主要功能包括对车厢内公共区域监视、对采集的视频信息进行实时存储，具有使用外接授权终端设备进行单车厢预览、查询、回放及下载的功能。

（四）客室中的制动设备

商务座观光区和其他所有车客室两端设置乘客紧急制动拉手，如图 2-4-34 所示。机械师室和乘务员室也设置乘客紧急制动拉手，如图 2-4-35 所示。

图 2-4-34　观光区和客室乘客紧急制动拉手

图 2-4-35　机械师室和乘务员室乘客紧急制动拉手

拉动乘客紧急制动设施，将在司机室中产生声光报警信号并可显示具体车辆位置，启动旅客信息系统的双工通讯功能，同时列车自动触发紧急制动 EB，并可由司机手动缓解，以选择适当位置停车。

 任务实施

分小组讨论"复兴号"动车组车内的设备设施布局及使用要求，各小组派代表进行总结汇报，小组互评，教师点评。提高学生运用理论知识解决实际问题的能力。

任务 5　新型卧车动车组车内设备设施

 能力目标

1. 掌握卧车动车组的构造特点。
2. 正确使用新型卧铺动车组车内设备设施。

 知识目标

1. 掌握 CRH1E（新）型卧车动车组车内设备设施布局。
2. 掌握 CRH2E 型卧车动车组车内设备设施布局。
3. 掌握 CRH2E 型纵向卧车动车组车内设备设施布局。

项目二 高速铁路动车组列车车内设备设施

相关知识

一、CRH1E（新）型动车组

新一代 CRH1E 型动车组，采用更为流线型的头型设计（见图 2-5-1），同时由原来的不锈钢车体改为铝合金车体，改善了车体气密性。CRH1E（新）车型平面图如图 2-5-2 所示。

图 2-5-1 CRH1E（新）型动车组

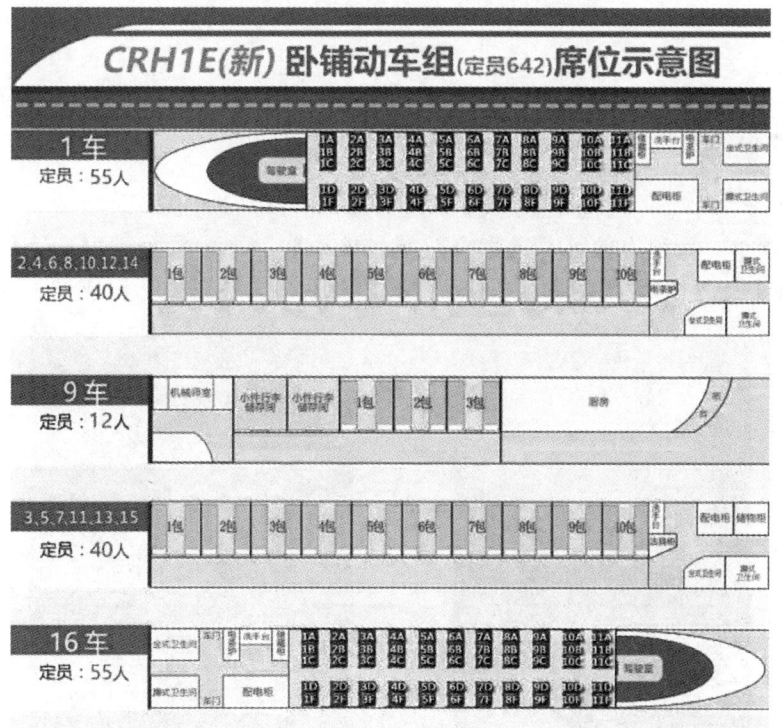

图 2-5-2 CRH1E（新）车型平面图

1号车和16号车为二等座定员55人。2、4、6、8、10、12、14号车分别包括10个软卧包厢，每节定员40人，每节车厢3个卫生间（1坐2蹲）。3、5、7、11、13、15号车分别包括10个软卧包厢，每节定员40人，每节车厢2个卫生间（1坐1蹲）。9号车为软卧、餐车合造车，定员12人。全列定员642人。

1. 二等座车

CRH1E（新）设有2节二等座车（1车、16车），座椅采取"2+3"方式布置，如图2-5-3所示。

图 2-5-3　CRH1E（新）二等座车

2. 软卧车

CRH1E（新）设有13节软卧车（2~8号车、10~15号车），每节车设有蹲式卫生间、坐式卫生间以及双人洗手池，如图2-5-4所示。

3. 餐　车

CRH1E（新）9号车为软卧、餐车合造车，该车厢一半为餐车厨房、储物室，另一半为5个四人包厢结构，其中2个包厢改造为小件行李储存间。餐车内不设座位，如图2-5-5所示。

图 2-5-4　CRH1E（新）软卧车　　图 2-5-5　CRH1E（新）餐车

4. 卫生间

车头车尾（1 号车、16 号车）各设有 2 个卫生间（1 坐 1 蹲），其余双数车厢各设有 3 个卫生间（1 坐 2 蹲），单数车厢各设有 2 个卫生间（1 坐 1 蹲），餐车未设卫生间，卫生间如图 2-5-6 所示。

5. 其他设备

全车除餐车外，每节车厢均设有一个双人洗手池，分布在每节车厢尾部。全车共有 9 个电茶炉，车头车尾各一个（1 号车、16 号车），其余分布在双数车厢内。

图 2-5-6　CRH1E（新）卫生间

二、CRH2E 型卧车动车组

CRH2E 型动车组为了减轻整车重量，侧墙、车顶采用厚度为 50 mm 的双壳中空挤压大型铝合金型材焊接而成。CRH2E 标准速度 200 km/h，最高营运速度为 250 km/h。

CRH2E 型动车组以 8 辆动车和 8 辆拖车共 16 辆车构成一个固定编组，编组内的各种配置如图 2-5-7 所示。

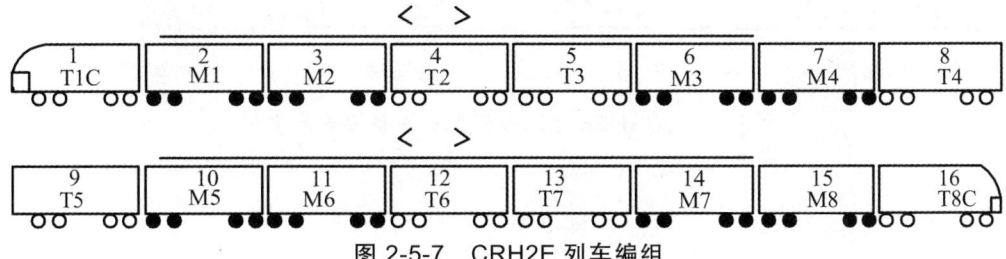

图 2-5-7　CRH2E 列车编组

T—拖车；M—动车；C—驾驶室车

CRH2E 型动车组列车设备设施示意如图 2-5-8 所示。

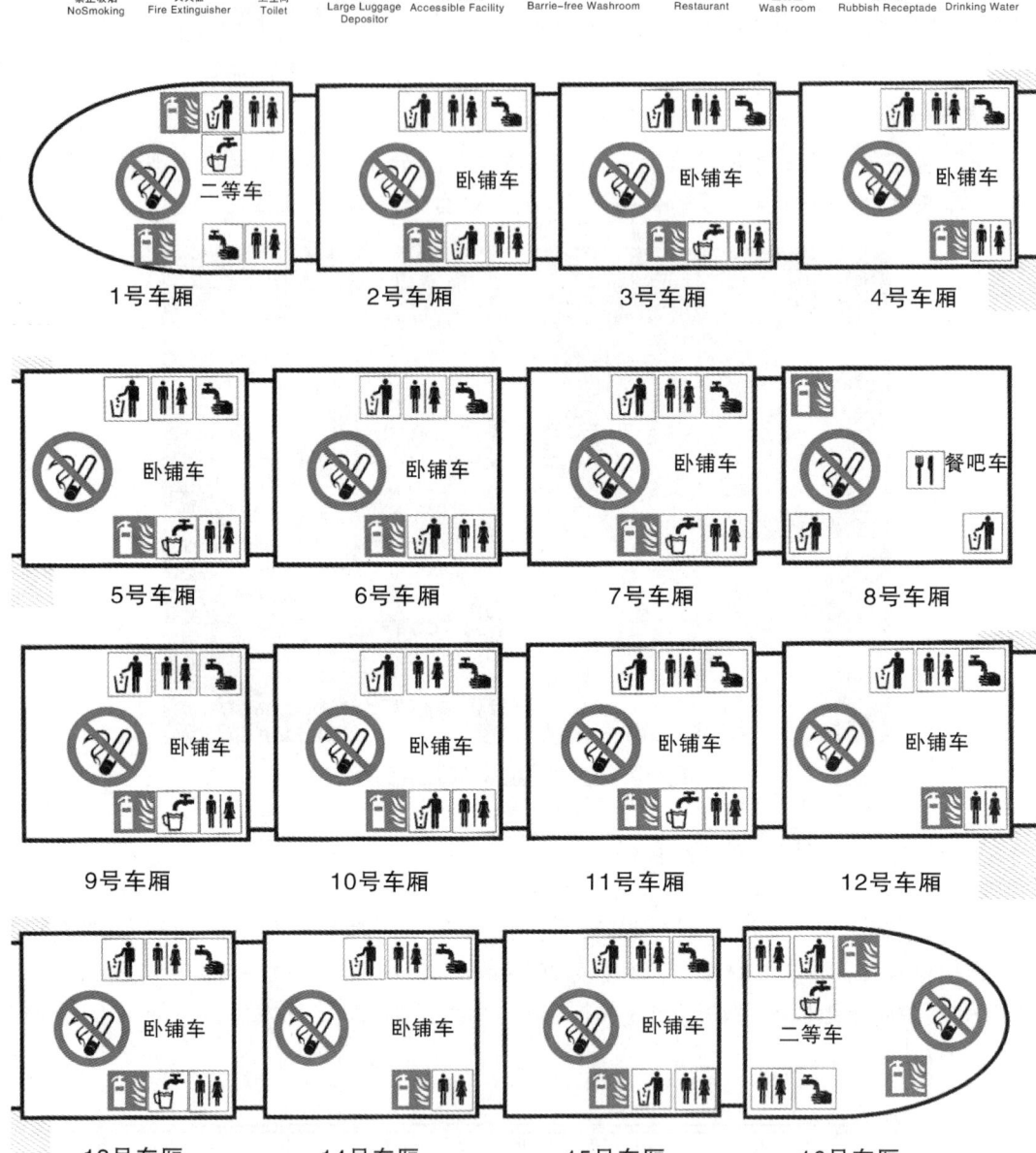

图 2-5-8 CRH2E 型动车组列车设备设施示意图

（一）CRH2E 型动车组列车主要设备布置

1. 二等座车拖车

1号车、16号车（二等座车拖车）车内布置图如图 2-5-9 所示。

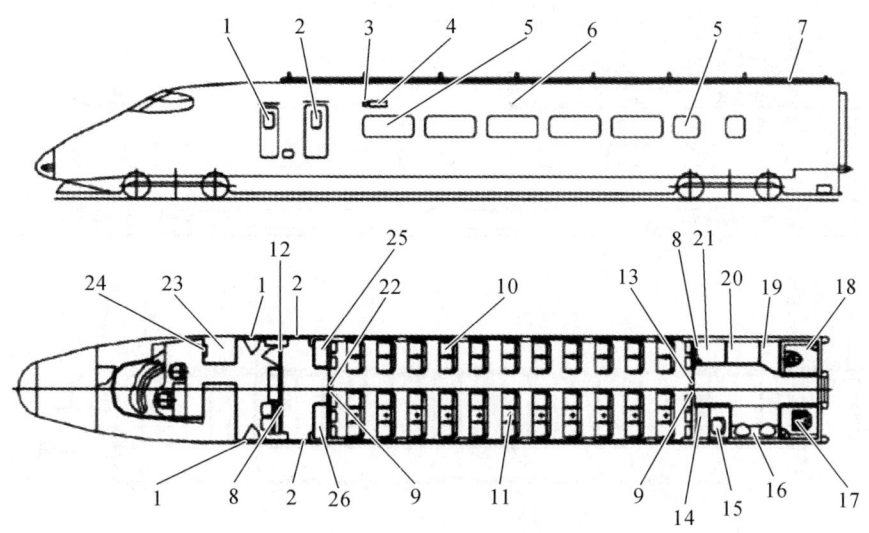

图 2-5-9　1号车车内布置图

1—司机室门；2—侧拉门；3—车号显示器；4—目的地显示器；5—紧急窗；6—车侧灯；7—列车无线天线；8—灭火器；9—内端拉门；10—二人座椅；11—三人座椅；12—司机室隔断门；13—客室信息显示器；14—呼唤显示器；15—乘务员室；16—双洗室；17—蹲式便器卫生间；18—坐式便器卫生间；19—电开水炉；20—储物柜；21—温水污物饮水机配电盘/下部垃圾箱；22—客室信息显示器；23—总配电盘；24—中央装置；25—服务配电盘/接地开关盘；26—运转配电盘/控制继电器盘

2. 卧车动车

2、3、6、7、10、11、14、15号车（卧车动车）车内布置图如图 2-5-10 所示。

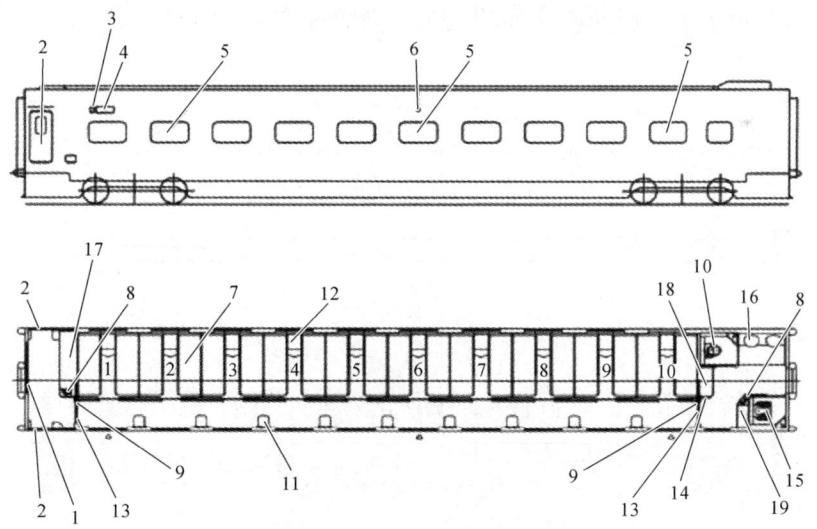

图 2-5-10　2号车车内布置图

1—外端拉门；2—侧拉门；3—车号显示器；4—目的地显示器；5—紧急窗；6—车侧灯；7—卧铺；8—灭火器；9—内端拉门；10—坐式便器卫生间；11—翻板凳；12—茶桌；13—客室信息显示器；14—呼唤显示器；15—水泵室/下部垃圾箱；16—双洗室；17—运转服务配电盘/运转配电器盘/接地开关盘；18—温水污物配电盘；19—备品室

3. 卧车拖车

4、5、9、12、13号车（卧车拖车）车内布置图如图 2-5-11 所示。

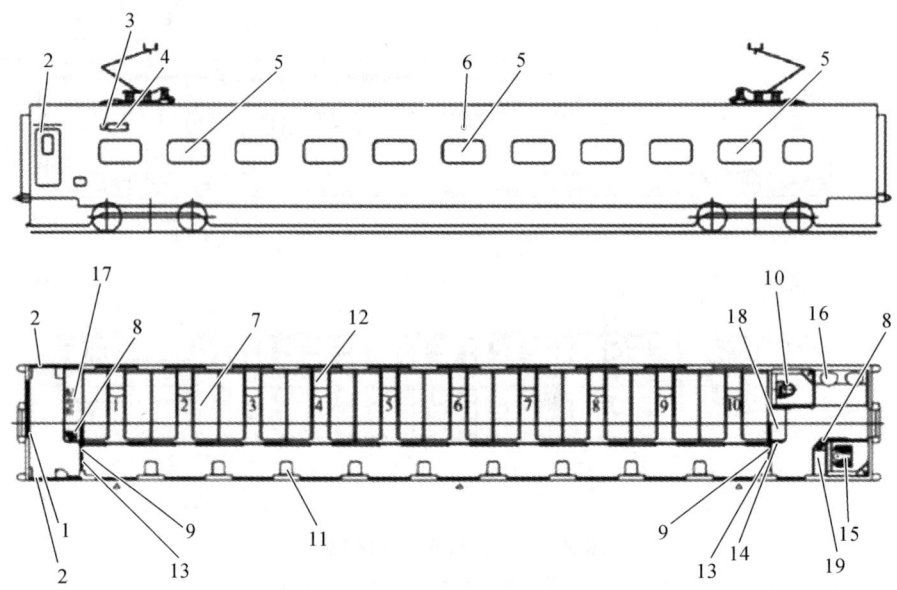

图 2-5-11 4号车车内布置图

1—外端拉门；2—侧拉门；3—车号显示器；4—目的地显示器；5—紧急窗；6—车侧灯；7—卧铺；8—灭火器；9—内端拉门；10—坐式便器卫生间；11—侧板凳；12—茶桌；13—客室信息显示器；14—呼唤显示器；15—蹲式便器卫生间；16—双洗室；17—运转服务配电盘/控制继电器盘/接地开关盘；18—温水污物配电盘/下部垃圾箱；19—备品室

4. 餐车拖车

8号车（餐车拖车）车内布置图如图2-5-12所示。卧车动车组各车辆的主要设备配置见表2-5-1。

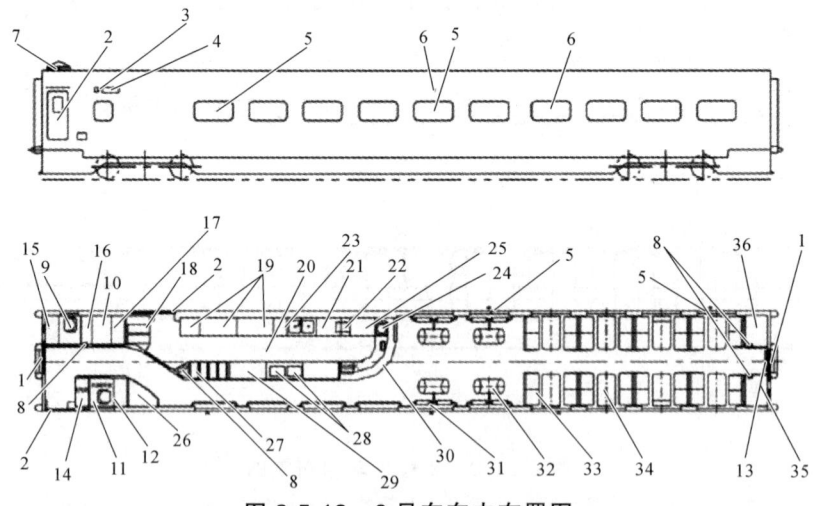

图 2-5-12 8号车车内布置图

1—外端拉门；2—侧拉门；3—车号显示器；4—目的地显示器；5—紧急窗；6—车侧灯；7—列车无线天线；8—灭火器；9—乘务员室；10—配电室；11—机械师室；12—列车信息控制/影视系统控制屏；13—客室信息显示器；14—运转配电盘/控制继电器盘；15—收音机广播装置；16—服务配电盘/接地开关盘；17—厨房配电盘/饮水机配电盘/终端装置；18—烤箱；19—冷藏箱；20—厨房；21—消毒柜；22—电开水炉；23—冰箱分配阀；24—咖啡机；25—立式展示柜；26—储藏柜/下部垃圾箱；27—上储藏柜/小推车；28—微波炉/下储藏柜；29—保温箱；30—吧台；31—吧凳；32—吧桌；33—餐桌；34—餐椅；35—储藏柜；36—备品洁具柜

项目二 高速铁路动车组列车车内设备设施

表 2-5-1 卧车动车组各车辆的主要设备配置

车号	代号	定员	主要设备	其他
1	T1	55	二等座车：司机室、电开水炉、储藏柜、洗脸室、坐式卫生间、蹲式卫生间、乘务员室	注：T 代表拖车 M 代表动车
2	M1	40	软卧车：洗脸室、坐式卫生间、蹲式卫生间、车上水箱、水泵室	
3	M2	40	软卧车：洗脸室、坐式卫生间、蹲式卫生间、电开水炉	
4	T2	40	软卧车：洗脸室、坐式卫生间、蹲式卫生间、备品柜	装受电弓
5	T3	40	软卧车：洗脸室、坐式卫生间、蹲式卫生间、电开水炉	
6	M3	40	软卧车：洗脸室、坐式卫生间、蹲式卫生间、车上水箱、水泵室	
7	M4	40	软卧车：洗脸室、坐式卫生间、蹲式卫生间、电开水炉	
8	T4	40	餐车：配餐室、乘务员室、机械师室、吧台、休闲区、餐厅、备品洁具柜、储藏柜	
9	T5	40	软卧车：洗脸室、坐式卫生间、蹲式卫生间、电开水炉	
10	M5	40	软卧车：洗脸室、坐式卫生间、蹲式卫生间、车上水箱、水泵室	同 M1
11	M6	40	软卧车：洗脸室、坐式卫生间、蹲式卫生间、电开水炉	同 M2
12	T6	40	软卧车：洗脸室、坐式卫生间、蹲式卫生间、备品柜	
13	T7	40	软卧车：洗脸室、坐式卫生间、蹲式卫生间、电开水炉	装受电弓
14	M7	40	软卧车：洗脸室、坐式卫生间、蹲式卫生间、车上水箱、水泵室	同 M3
15	M8	40	软卧车：洗脸室、坐式卫生间、蹲式卫生间、电开水炉	同 M4
16	T8	55	二等座车：司机室、备品洁具柜、储藏柜、坐式卫生间、蹲式卫生间、洗脸室、乘务员室	
合计		630		

（二）CRH2E 型动车组旅客影视广播信息系统

CRH2E 型动车组旅客影视广播信息系统由旅客信息系统、广播系统、影视系统和呼唤服务系统集成一体，是一个能够随时给旅客提供重要信息的系统。动车组能够及时发送列车当前到站、前方到站、正晚点情况、当前时间、运行速度、临时停车等信息。

旅客信息系统包括信息显示、车内外标识、列车运行信息与自动报站、列车广播、电视、呼唤显示、列车通话系统等。

1. 车内信息显示装置

动车组客室两端车厢通路的门框上方分别设置了车内信息显示器，接受从车辆信息终端装置传来的信息，固定或滚动显示当前到站、前方到站、正晚点情况、当前时间、运行速度、实时新闻、禁烟标志和厕所使用等旅客信息。

车内引导显示器的显示内容是由 MON 发送相应指令来实现的，它可以通过两种方式输入显示内容，即库内读取 IC 卡数据或手动设定界面输入信息。

PR（广告）文指令——根据行驶里程信息，传送从 IC 卡读取的文字信息指令。紧急文指令——根据从 IC 卡读取的显示条件（公里数等），传送紧急信息。

2. 车号显示装置

车内号除了 T1、T8 车单独通过车号显示器显示车号外，其他车的车内号均通过车内显示装置显示。车外号均通过车外车号显示器显示。

3. 目的地显示装置

动车组通过目的地显示装置接收来自终端装置的信息显示，如车次、到站目的地等信息。

4. 无线电接收装置

无线电接收装置包括安装在 8 号车厢乘务员室的接收设备和安装在车辆顶部的接收天线组成。可以通过自动选台和手动选台两种不同模式进行频率的设定，用于接收 AM 及 FM 电台信号并转为音频信号传输给自动广播装置。

5. 广播系统

（1）广播的先后顺序。

广播的顺序为人工广播、自动广播、无线电广播。

（2）人工广播。

人工广播为通过设置的广播机设备（或其他音乐设备），人工对乘客进行广播。

（3）自动广播。

自动广播装置从车辆信息控制装置接收广播所需要的信息，然后根据这些信息自动进行广播。即使发生停车站变更（车辆行驶晚点）等情况，由于从车辆信息控制装置获得的及时发生相应的修改，所以播放内容也及时修改，确保准确。广播所需要的信息是指里程信息、停车站信息等。

（4）无线电广播。

无线电广播为从无钱接收系统获得音频信息进行广播。

（5）乘车口音响装置。

乘车口音响装置从车辆设备接收左右门的开关信息，控制乘车口处的扬声器发出开关门的警示声音。

（6）司机、乘务员间的联络。

司机、乘务员之间可以通过司机台控制放大器（包括联络装置）、乘务员控制放大器、配电盘控制放大器进行联络。联络包括两种方式：全体联络呼叫和个别联络呼叫。

6. 影视播放系统

影视服务系统主要包括各车影视主机、交换机、机顶盒、影视显示器、包间控制器、本车控制板、包间控制面板等。

（1）座车。

座车影视系统由座车影视系统电源、影视主机功放、座车影视主控制机、影视系统主机交换机、座车餐车解码板、本车控制板组成。

座车在客室顶板上设 2 组、客室端墙设 2 个 15 寸数字液晶终端，用于视频节目的播放，通过扬声器播放视频节目的伴音，各终端只能同时播放一套视频节目，乘客不能选择节目的播出。当进行列车广播时，客室扬声器转换为广播状态，影视伴音停止；当广播结束时，自动恢复为原来的状态。液晶终端采用电动可旋转式安装结构，由随车机械师或乘务员通过本车控制板控制，如图 2-5-13 所示。

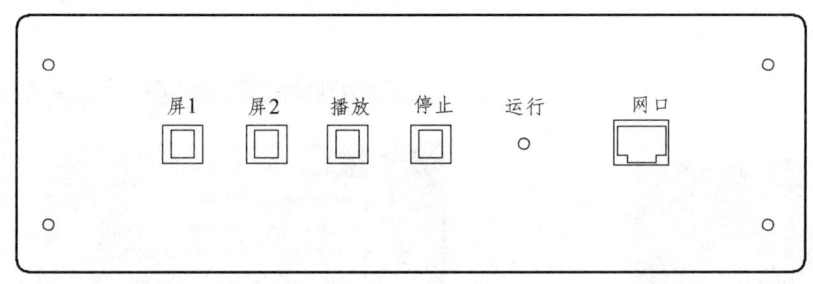

图 2-5-13　1、16 本车控制板

（2）软卧车。

软卧车影视系统由软卧车影视系统电源、影视主机功放、包间音频转换器、影视系统主机交换机、软卧车包间转换机、软卧车机顶盒、软卧车影视主控制机、本车控制板、软卧车包间影视控制板、包间电源组成。

软卧车影视系统在 13 节软卧车厢中每节车厢各有一套。

软卧车每个包间内设 4 台各自独立的 15 寸数字液晶终端，每个数字液晶终端设独立的节目控制面板并带耳机插孔。在同一时刻，系统同时播出四套视频节目，每位乘客可通过节目控制面板选择其中的一套节目，通过耳机收听视频伴音。当进行列车广播时，耳机播放广播内容，同时影视伴音停止；当广播结束时，自动恢复为原来的状态，如图 2-5-14 所示。

（3）餐车。

餐车影视系统由餐车影视系统电源、影视主机功放、餐车影视控制机、影视系统主机交换机、座车餐车解码板、本车控制板、列车干线网络远程控制终端组成。

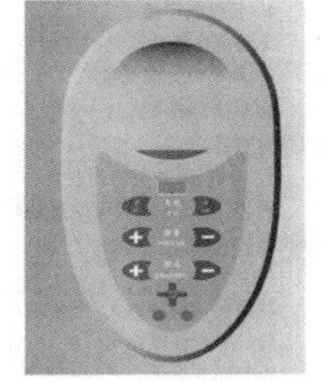

图 2-5-14　包间影视控制板

在餐车餐厅设 2 台壁挂式数字液晶终端，在休闲区设 1 台壁挂式 15 寸数字液晶终端用于视频节目的播出，通过扬声器播放视频节目的伴音，各终端只能同时播放一套视频节目，乘客不能选择节目的播出。

当进行列车广播时，影视伴音停止，客室扬声器转换为广播状态；当广播结束时，自动恢复为原来的状态。

（三）呼唤控制系统

为方便旅客服务，动车组设置了由包间控制器、呼唤显示屏等组成的服务系统。包间控制器用于调节包间内的广播音量和向外发出呼唤信息的按键。触摸呼唤按键，呼唤显示屏即发出呼唤信号，同时点亮该包间外的呼唤指示灯，如图 2-5-15 所示。

除 8 号餐车外，动车组其他每辆车各设一个呼唤显示屏，两个头车设置在乘务员室，卧车设置在二位端小走廊。各车呼唤显示屏通过广播系统列车干线网络进行通信，显示全列车的呼唤信息（文本显示车号、卫生间、包间号）。

呼唤显示屏每个页面只能显示相邻 4 个车厢的信息，乘务员可通过触摸翻页按键查看其他车厢的呼唤信息，如图 2-5-16 所示。

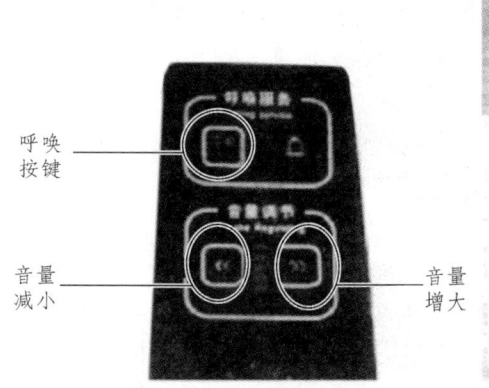

图 2-5-15　包间控制器

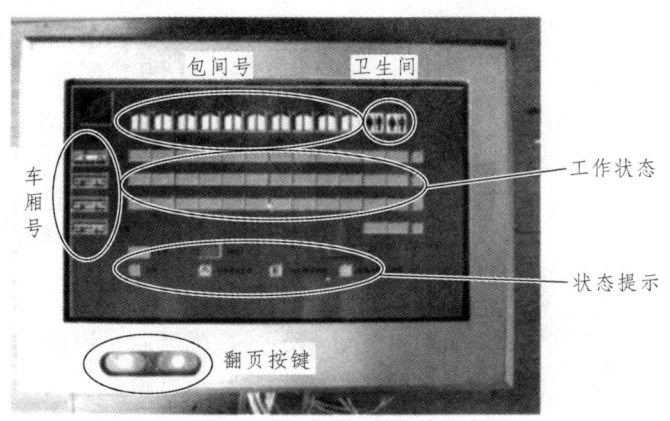

图 2-5-16　呼唤显示屏

显示屏显示车厢包间号或卫生间工作状态的指示灯颜色分别代表不同的含义：灰色——表示正常，没有呼唤信息；黄色——表示当前设备通信故障；绿色——表示该包间或卫生间有情况，乘客已按下呼唤按钮，此时，乘务员应立即前往该区域查看相关情况。

（四）烟火报警系统

在 8 号餐车设置 2 台烟火报警主机，在座车客室、各乘务员室、软卧车各包间内、各电气柜、走廊、卫生间、餐车餐厅、配餐间内设隐藏式感烟探头。

烟火报警主机通过电流环与终端装置（MON）通信，将每个感烟探头的状态发送给 MON：探头未接、报警、故障、正常，这些信息并应在随车机械师室的显示屏上显示。

1. 16 号车

通过台和小走廊当中采用 LED 平面光源；客室、乘务员室、洗脸间和厕所采用荧光灯具；司机室顶灯采用荧光灯，阅读灯采用 LED 灯。

2. 8 号车

吧台区域使用 LED 射灯；餐饮区域、休闲区域、厨房区域顶灯、走廊、通过台、吧台灯箱以及窗上灯均采用 LED 平面光源；厨房区域展示柜灯和乘务员室、机械师室以及机械师室桌上灯均采用荧光灯。

3. 软卧车

通过台、大走廊、小走廊以及包间内顶灯均采用 LED 平面光源；包间阅读灯采用 LED 灯；厕所、洗脸间采用荧光灯。

（五）包间设备布置

包间设备布置如图 2-5-17 所示。

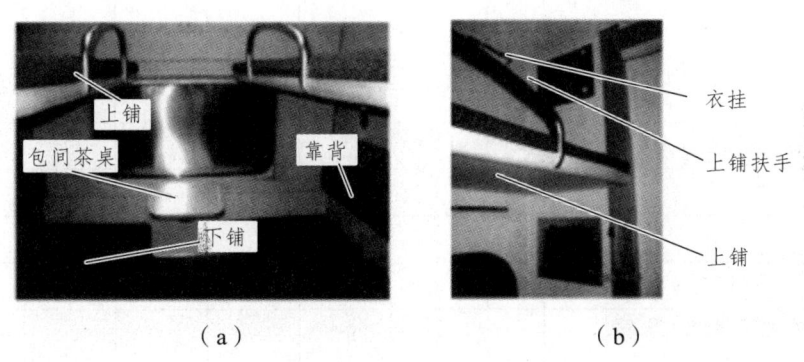

图 2-5-17 包间设备布置

（六）车内其他设施及配置

1. 乘务员室

在 1 号、8 号、16 号车设有乘务员室，乘务员室内设有办公桌、物品柜、转椅及衣帽钩等设备。办公桌采用优质层压板制作，桌面高 650 mm，乘务员室内设有软包座椅，可 360°自由旋转，在办公桌上设有物品柜，物品柜采用优质层压板制作，物品柜面板与电器柜面板集成为一体；在乘务员室内还设有衣帽钩等小设备，方便乘务员日常工作。

2. 车上物品存放处

卧车动车组在 1 号车、16 号车端部设有储藏室，4 号车、8 号车及 12 号车车端设有备品室，备品室内设有紧急渡板，在列车紧急情况时可以用于疏散乘客用。8 号机械师室旁和四位角设有储藏柜。在 1 号车、8 号车及 16 号车端设有乘务员室，其中 8 号车乘务员室内设有应急灯架和扬声器架。在每辆车的两端都设有灭火器，在发生火灾时应急用。

随车备品见表 2-5-2。

表 2-5-2　随车备品一览表

备品名称	1 T1 驾驶室	4 T2 乘务员	8 T4 备品室	乘务员	机械师备品室	12 T6 备品室	乘务员	16 T8 驾驶室	合计
信号旗（红和绿）	1							1	2
响墩	6							6	12
应急灯	1	1		1	1		1	1	6
扩音器	1			1				1	3
梯子	1							1	2
灭火器（粉末型）	1							1	2
工具箱	1							1	2
大型收藏箱	1							1	2
机车救援用转换车钩	1							1	2
安全帽	1							1	2
安全带	1							1	2
万用表	1							1	2
带橡胶架子的塑料电线、固定扳手、单手用锤子、扳手、凿子、螺丝刀、活扳手、电线钳子、钳子、刀具	各1							各1	各2
空气软管 MR 管用	1							1	2
空气软管 BP 管用	1							1	2
铁鞋（铁制）上坡用	2							2	4
铁鞋（铁制）A 型	8							8	16
铁鞋（铁制）B 型	4							4	8
干电池 应急灯用	16							16	32
干电池 扩音器用	12							12	24
紧急用渡板			1		1	1			3
绳索 侧拉门用			8		16	8			32
绳索 紧急用			1		2	1			4
5 kg 的 ABC 干粉灭火器	1								1
2 kg 水性灭火器和干粉灭火器	前位通过台每辆车一个粉末式和一个液体式								32
2 kg 水性灭火器和干粉灭火器	后位通过台每辆车一个粉末式和一个液体式								32

3. 休闲区

休闲区如图 2-5-18 所示。

4. 内部门和锁

（1）软卧车自动内端门。

软卧车自动内端门为 MY670DP1 型电控电动式单扇移门。门板采用铝型材框架镶嵌一整块钢化玻璃的结构，门板框架上装有一个隔离锁，能在门关到位时将门锁定并隔离。门系统的承载驱动机构具有结构简单、运

图 2-5-18　休闲区效果图

动阻力小、安装方便、可靠性高以及具有自动复位功能等优点。

自动内端门的操作方式分为手动操作、电动操作，由安装在上导轨下表面的转换开关切换。

① 手动操作。将转换开关拨到 OFF 位置，断开电控系统输入电源，此时门系统处于手动操作状态。用手扣住门板框架中部的扣手即可拉动门板，实现门的开闭。

② 电动操作。将转换开关拨到 ON 位置时，电控系统上电，门系统将以低速进行第一次关门，初始化系统参数，初始化完成后，进入电动操作状态。

开门：电动操作自动内端门在门没有被机械锁闭，转换开关拨到 ON 位置，门系统有电的情况下，门处于自动状态。光电感应开关探测到有物体，将发出开门信号通知门控器，门控器接收到开门信号后，启动电机，通过传动系统开门。

关门：门开到位后，光电感应开关未探测到有物体时，门控器控制延时 4 s 后（延时时间 0～30 s 可调）自动关门。

障碍检测：门板在关闭过程中碰到障碍物，门会自动打开，延时 4 s 后重新关闭。如果障碍物依然存在，这一过程将重复，3 次关门试图之后，门将保持打开状态，并给出故障指示。当门运动至最后 20 mm 的位置时，障碍检测功能失效。门板在开门过程中碰到障碍物，将自动停在那个位置，4 s 后继续执行关动作，并将继续通过传感器正常打开，3 次开门试图并且没有达到全开后，门在夹持位置上停止，门控器给出故障指示，并继续通过传感器正常开门。

第一次开关门：转换开关打到 ON 上时，电控系统初次上电，无论门处于何种位置，门低速关闭至关门到位位置。低速关门过程中，无论光电感应开关是否是 ON，门将继续关闭，直至关门到位位置。若遇到障碍物，门将自动停在那个位置直到下一次开关门。

门隔离：当门处于关到位时，用六角钥匙操作隔离锁可以将门系统进行机械锁闭。在机械锁闭过程中，隔离锁上的隔离开关同时动作，电控系统电源将被切断。

（2）座车自动内端门。

1 号车（T1）和 16 号车（T8）设置为二等座车，在客室与通过台之间的内端墙处设有自动感应式的电动拉门，门上设有聚碳酸醋玻璃窗。电动拉门的开、关通过顶板内光电开关的检测自动进行，当人或物体通过时，通过门前后的光电开关来检测出从而防止被门夹住。并且，自动开闭门有故障时（停电时），用手动也能够轻松进行开闭。

（3）包间拉门。

包间拉门的开、关门操作方法如图 2-5-19（a）所示，表示包间门分别处于开启和锁闭状

态。在走廊侧按如图 2-5-19（b）所示方向用专用钥匙转动门锁芯，解锁后拉动拉手将门扇推到底，使门扇处于开门状态。

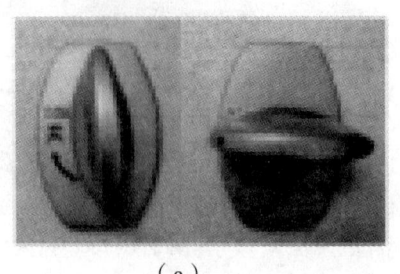 

（a） （b）

图 2-5-19　门锁旋转及钥匙锁示意图

（4）小间手动拉门。

各车（8 号车除外）厕所门、乘务员室门（1、8、16 号车）、配电室门（8 号车）、机械师室门（8 号车）、厨房门（8 号车）均为悬挂结构的手动拉门，其结构形式基本一致，下面以厕所门为例进行说明。

① 门把手操作。在门关闭状态下，旋转门把手同时将门向开启方向移动，直至最大开门位，即完成一次完整的开门操作；在门打开的状态下，拉动把手直至锁舌与锁托相碰位置，稍微旋转把手，使门关闭到位。

② 暗锁操作。当人在厕所内侧时，旋转暗锁上的扭把（约 90°），使锁钩钩住锁口板内侧定位实现锁闭。实现上锁操作后，在小走廊侧门板暗锁对应处显示"有人"（OCCUPIED），同时将门的闭锁信息传给客室内相应的信息显示装置。反之，将暗锁旋钮旋置于"开"（OPEN）位置，小走廊侧门板暗锁对应处显示"无人"（VACANCY），同时将门的未闭锁信息传给客室内相应的信息显示装置。当暗锁上锁时，旋转手把不能实现开门动作。

遇有特殊情况时，可在室外侧通过六角钥匙对暗锁进行操作，实现锁闭。

三、CRH2E（新）纵向卧铺动车组

纵向卧铺动车组采用了"骏马"灵感的头型，采用 16 节大编组，8 动 8 拖，最高速度 250 km/h。车门为"外摆式"，双层的外观如图 2-5-20 所示。CRH2E（新）车型平面图如图 2-5-21 所示。

图 2-5-20　CRH2E（新）纵向卧铺动车组外观

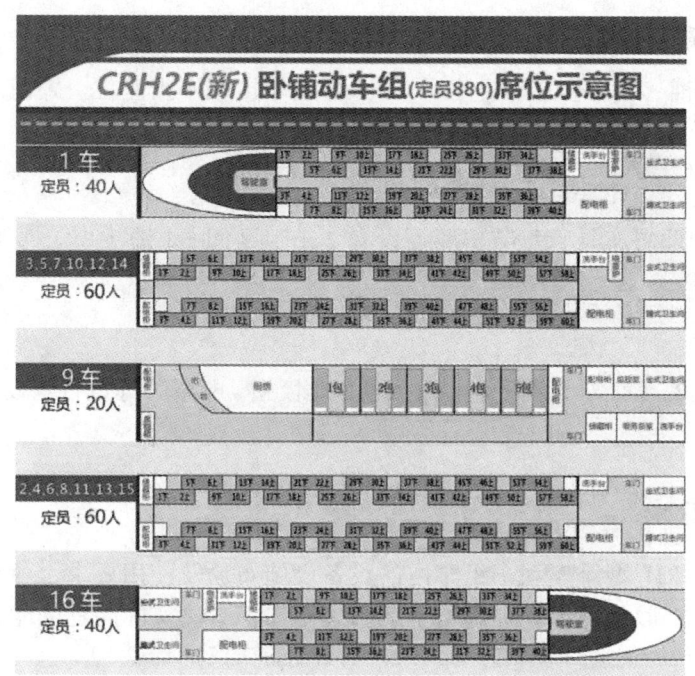

图 2-5-21　CRH2E（新）车型平面图

1. CRH2E（新）纵向卧铺车

CRH2E（新）采用中央单通道，卧铺对称通道纵向布局，上下铺交错布置，如图 2-5-22 所示，拥有充足的私人空间。同时上下每个铺位都单独对应了窗户，保证乘车时的景观感受。从外侧看有双层列车的错觉，实际主通道还是单层布置。铺位配有电源与照明灯，照明灯可自行控制开启或关闭，如图 2-5-23 所示。

图 2-5-22　CRH2E（新）纵向卧铺车

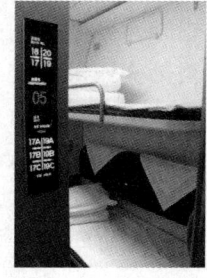

图 2-5-23　铺位电源

2. CRH2E（新）餐车

9号车厢为卧铺、餐车合造车，定员20人，餐车区域不设座位。卧铺区域仍为传统的横向卧铺包间式布局。

3. 卫生间

CRH2E（新）除餐车外，每节车厢均设有2个卫生间（1蹲1坐），9号餐车只设有1个坐式卫生间。

4. 其他设备

每节车厢均设有1个双人洗手池。灭火器、垃圾箱、电茶炉等设备均设置在车厢尾部（车厢连接处）。

任务实施

分小组讨论 CRH 型卧车动车组车内的设备设施布局及使用要求，各小组派代表进行总结汇报，小组互评，教师点评。提高学生运用理论知识解决实际问题的能力。

复习思考题

1. CRH380A 型动车组如何开关外端拉门？
2. CRH380A 型动车组车厢设备有哪些？
3. CRH380A 型动车组观光区如何布置？
4. CRH380A 型动车组客室内 VIP 座椅的结构和使用方法是什么？
5. CRH380B 型动车组包间布置和半包间是如何布置的？
6. CRH380B 型动车组紧急呼叫和紧急制动时 PIS 的反应是什么？
7. CRH5 型动车组侧门内外侧控制装置如何操作？
8. CRH5 型动车组站台补偿器有什么作用？
9. CRH5 型动车组车门和站台补偿器的安全操作要求是什么？
10. CR400AF 型动车组的乘务员室有哪些设备？
11. CR400AF 型动车组残疾人卫生间有哪些设备？
12. CR400AF 型动车组联络电话如何使用？
13. CR400AF 型动车组紧急制动设施如何操作？
14. CR400AF 型动车组配置哪些应急设施，如何使用应急设施？
15. CR400BF 型动车组车内的残疾人服务设施有哪些？如何使用？
16. CR400BF 型动车组网络系统包括哪些内容？
17. CR400BF 型动车组旅客信息系统包括哪些内容？
18. CRH2E（新）纵向卧铺动车组有哪些特点？

项目三　高速铁路动车组列车客运业务

项目描述

本项目介绍了高速铁路客运运价的确定依据及票价计算方法；列车移动补票机及站车无线交互系统的功能及使用方法；编制客运记录及拍发电报的方法。

任务1　高速铁路旅客运输条件

能力目标

1. 熟练确定运价里程。
2. 熟练计算高速铁路客运票价。
3. 正确查验动车组乘车凭证。

知识目标

1. 掌握运价里程确定方法。
2. 掌握高速铁路客运票价计算方法。
3. 掌握动车组实名制有效身份证件种类。
4. 掌握动车组乘车凭证。
5. 掌握铁路乘车证种类。
6. 掌握动车组旅客乘车条件。

相关知识

一、高速铁路客运运价

（一）运价里程

1. 客运运价里程的确定

计算运价应用的里程称为运价里程，它是计算客运运价的依据。

确定客运运价里程的方法是：根据旅客的乘车径路和乘坐列车车次，首先从《铁路客运价里程表》汉语拼音或笔画站名首字索引表中，查出站名索引表的页数，再从站名索引表中查出发、到站的站名里程表页数，并从站名里程表中确认到站有无营业办理限制。然后根据规定的或旅客制定的乘车径路和乘坐列车车次，从《铁路客运运价里程表》中查出乘车里程，或分段计算出全部乘车里程，如发、到站在同一线路上时，用两站到本线路起点或终点的里程相减，即可求出两站间的里程，如发、到站跨及两条及其以上线路时，应按规定的接算站接算。

2. 接算站

（1）接算站的表示。

接算站在《客运运价接算站示意图》中用红色圆圈表示，在《铁路客运运价里程表》中，站名用黑体字印刷，站名下部印有 1 mm 宽的黑色横线，并在该站的第 13 栏印有"接××线"字样。

（2）接算站的种类。

① 大多数接算站是两条及其以上线路相互衔接的接轨站，如哈尔滨（见图 3-1-1）、株洲等站（见图 3-1-2），此类接算站，查找、计算里程都较为方便。

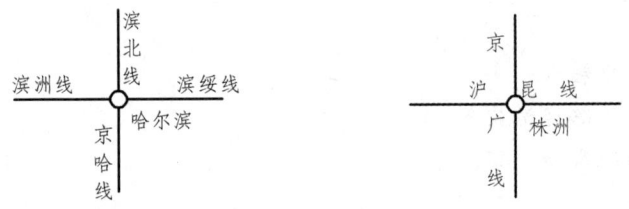

图 3-1-1　哈尔滨站示意图　　图 3-1-2　株洲站示意图

② 部分接算站是接轨站附近的城市所在站。由于接轨站线路设置、车站设备、列车开行等都受到一定的限制，同时，多数旅客从附近大站乘车，因此，为了铁路工作及旅客乘车的方便，指定城市站为接算站。凡是这样的接算站，接轨站和城市站相互间的往返乘车称为折返区段（折返区段在《客运运价接算站示意图》中以红线表示），如陇海线与宝中线的接轨站是就镇站，但接算站规定为宝鸡站。

③ 个别接算站是在同一城市无线路衔接的车站作为零公里接算站（由于城市建设的关系，相互间未能铺轨连接），为计算里程的方便，特定该两站为同一接算的接算站。如昆明站与昆明北站，中间相隔约 5 km，即视为昆明站与昆明北站相互衔接，并指定为同一接算的接算站，如图 3-1-3 所示。

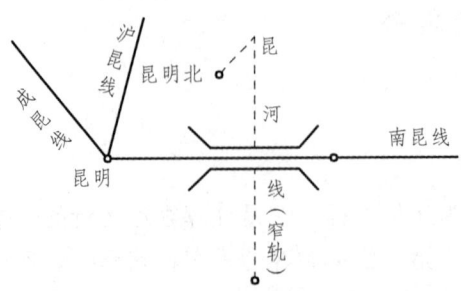

图 3-1-3　昆明站与昆明北站示意图

（二）动车组公布票价

1. 普通动车组座车公布票价

普通动车组座车公布票价的计算公式为：

$$一等座车公布票价 = 0.3366 \times (1+10\%) \times 运价里程$$

$$二等座车公布票价 = 0.2805 \times (1+10\%) \times 运价里程$$

广深线上的动车组列车公布票价由企业在规定水平内自行确定。

2. 普通动车组列车特等座、商务座等席别公布票价

按不同席别占用面积和既有动车组列车票价，速度为 200～250 km/h 动车组列车特等座、商务座、一等包座、观光座公布票价的计算公式为：

$$特等座公布票价 = 0.2805 \times (1+10\%) \times 1.8 \times 运价里程$$

$$商务座公布票价 = 0.2805 \times (1+10\%) \times 3 \times 运价里程$$

一等包座、观光座按商务座公布票价执行。

3. 普通动车组软卧公布票价

普通动车组软卧公布票价的计算公式为：

$$软卧上铺公布票价 = 0.3366 \times (1+10\%) \times 1.6 \times 运价里程$$

$$软卧下铺公布票价 = 0.3366 \times (1+10\%) \times 1.8 \times 运价里程$$

4. 普通动车组高级软卧公布票价

普通动车组高级软卧公布票价的计算公式为：

$$高级软卧上铺公布票价 = 0.3366 \times (1+10\%) \times 3.2 \times 运价里程$$

$$高级软卧下铺公布票价 = 0.3366 \times (1+10\%) \times 3.6 \times 运价里程$$

5. 速度为 300～350 km/h 动车组列车票价

对速度为 300 km/h 及以上动车组列车实行票价浮动。

6. 动车组列车学生票价

学生票可享受动车组列车二等座票价优惠。动车组列车学生票票价按二等座公布票价的 75% 计算。

当计算出的动车组学生优惠票价高于动车组折扣票价时，动车组学生优惠票价按动车组折扣票价执行。

【例 3-1-1】一学生持学生证（优待区间为北京西至汉口），要求购买 D123 次（北京西至汉口）学生票，请计算学生票价。

【解】：北京西—汉口运价里程为 1205 km。

$$动车组二等座票价 = 0.2805 \times (1+10\%) \times 1205 = 371.80275 \approx 372.00（元）$$

学生票价：372.00×75%＝279.00（元）

7. 动车组列车儿童票价

按《铁路旅客运输规程》等有关规定享受减价优待的儿童、学生、伤残军人乘坐动车组时，其票价均以公布票价为基础计算。

（1）动车组软座儿童票价按公布票价的 50% 计算。

（2）动车组软卧儿童票价计算公式为：

$$动车组软卧儿童票价 = 动车组软卧公布票价 - 动车组一等票价/2$$

在运价里程不足 400 km 时，公式中扣减的动车组一等座公布票价均按 400 km 处公布票价计算。

当计算出的动车组儿童优惠票价高于动车组折扣票价时，动车组儿童优惠票价按动车组折扣票价执行。

【例 3-1-2】一旅客携带 1.23 m 儿童一名，要求购买 D371 次（北京南至福州）北京南到杭州动车软卧（下）两张，请计算该里程动车组（不打折）软卧（下）票价。（设北京南到杭州 1624 km）

【解】

（1）成人动车软卧下铺票价：0.3366×（1+10%）×1.8×1624=1082.34（元）

（2）儿童动车软卧下铺票价（不打折）：0.3366×（1+10%）×1.8×1624=1082.34（元）

合计：1082.34+1082.34=2164.68≈2164.5（元）

8. 动车组列车伤残军人票价

（1）动车组软座、软卧伤残军人票价按公布票价的 50% 计算。

（2）当计算出的动车组伤残军人优惠票价高于动车组折扣票价时，动车组伤残军人优惠票价按动车组折扣票价执行。

（三）票价执行

1. 普通动车组座车票价打折

普通动车组座车票价可按公布票价打折，但应符合下列条件：

（1）根据不同区域、不同季节、不同时段的市场需求，实行不同形式的打折票价；

（2）二等座车公布票价打折后不得低于相同运价里程的新空软座票价。在短途，公布票价低于新空软座票价时，按公布票价执行。70 km 及以下运价里程的动车组不进行任何形式打折优惠，一律按公布票价执行；

（3）经过相同径路，相同站间，相同时段，不同车次应执行同一票价；

（4）同一车次，各经停站的票价在里程上不能倒挂；

（5）一等座车与二等座车的比价在 1:（1.2～1.25）之间。

（6）动车组特等座、商务座、一等包座、观光座票价可按公布票价打折，但特等座折后票价不应低于一等座公布票价，商务座、一等包座、观光座折后票价不应低于特等座公布票价。

2. 动车组软卧票价打折

动车组软卧票价可按公布票价打折,但打折后不得低于相同运价里程的新空软卧票价。

3. 动车组高级软卧票价打折

动车组高级软卧票价可按公布票价打折,但打折后不得低于相同运价里程的动车组软卧票价。

(四)浮动票价

依据国家价格机制改革的有关要求,铁路运输企业正在逐步进行动车组票价的市场化改革步伐,按照市场供需状况执行票价灵活浮动,将逐步实现"一日一价"。

票价浮动时动车组列车以公布票价、其他列车以《旅客票价表》公布的票价为基础,按下列公式计算:

$$浮动票价 = 公布票价 \times (1+\alpha)$$

其中 α 为上下浮动幅度,当下浮时,α 为负数。

二、动车组实名制有效身份证件

为确保动车组列车运输安全有序,动车组列车实行实名制,范围包括"C""D""G"字头车次的列车及其营业办理站。

(一)车票实名制有效身份证件

1. 有效身份证件

车票实名制有效身份证件包括居民身份证、临时身份证、户口簿、中华人民共和国旅行证、中国人民解放军军人保障卡、军官证、武警警官证、士兵证、军队学员证、军队文职干部证、军队离退休干部证、按规定可使用的有效护照、港澳居民来往内地通行证、中华人民共和国来往港澳通行证、台湾居民来往大陆通行证、大陆居民往来台湾通行证、港澳台居民居住证、外国人居留证、外国人出入境证、外交官证、领事馆证、海员证、外交部开具的外国人身份证明、地方公安机关出入境管理部门开具的护照报失证明、铁路公安部门填发的乘坐旅客列车临时身份证明(简称"临时身份证明")、1.5 m 以上 16 岁以下未成年人有效身份证件还包括学生证。

2. 中华人民共和国港澳台居民居住证

证件正面:在彩虹印刷花纹和写意长城的衬托下,国徽位于证件的左上角突出位置,证件名称分两行排列于国徽右侧证件上方。

证件背面:在彩虹印刷花纹衬托下登载持证人身份信息,如图 3-1-4 所示。

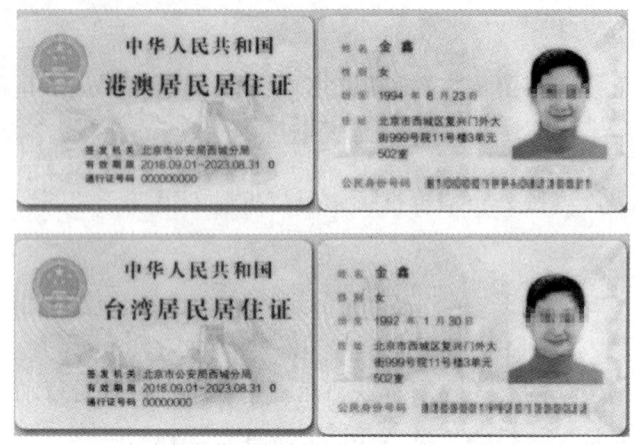

图 3-1-4 港澳台居民居住证

（二）铁路内部掌握的证件

旅客持公布的有效身份证件及 1.5 m 以上 16 岁以下未成年人学生证以外的证件，如机动车驾驶证、医疗保险卡和社会保障卡等证件购票乘车时，需要先到车站公安制证口制证，持铁路公安部门填发的乘坐旅客列车临时身份证明购票乘车。

（三）外宾乘车证管理办法

为促进中外铁路友好交往与合作，加强中国铁路对外宣传，展现中国铁路良好形象，方便受邀外宾乘坐铁路旅客列车，特制定外宾乘车证管理办法。外宾乘车证管理办法适用于中国铁路总公司（以下简称总公司）所属铁路运输企业，国铁控股的合资铁路，委托国铁运营或与国铁线路办理直通运输的合资铁路、地方铁路。

外宾乘车证为有价证券，由铁路总公司统一印制。

1. 外宾乘车证发放范围

外宾乘车证发放范围为：按照对等原则，发放给外国铁路驻华机构人员、总公司邀请的重要外宾、总公司批准同意发放外宾乘车证的外宾及陪同人员。持外宾乘车证准乘外宾乘车证管理办法适用范围内除国际列车、对港直通车以外的其他各种旅客列车。

2. 外宾乘车证准乘席位

持外宾乘车证准乘软席，包括：普速车软座、软卧，动车组列车一等座、卧铺及以下等级席位，不包含普速车高级软卧、动车组高级软卧、动车组商务座、动车组特等座。

3. 外宾乘车证类型

外宾乘车证分为全年定期乘车证和临时定期乘车证两种。

外宾全年定期乘车证可填发常驻地车站至全国各站，或常驻地车站至某铁路局管内（最多不超过 3 个铁路局），有效期为本年度 1 月 1 日至 12 月 31 日，可延期使用至次年 1 月 15 日；外宾临时定期乘车证可填发常驻地车站至全国各站，或常驻地车站至某铁路局管内（最多不超过 3 个铁路局），有效期最长为 3 个月，据实填写，不可延期使用。

证件编号增加"外",防伪处理为 china railway 水印、中国铁路总公司、外宾专用、路徽水印。

4. 外宾乘车证的管理

总公司运输局负责组织实施《外宾乘车证管理办法》及有关规定,负责审核外宾乘车证的请领;对外宾乘车证申报、请领、保管、资格审核、填发等日常管理进行监督检查,办理违章惩处事项。

总公司国际合作部负责外宾乘车证的印制、申报、请领、保管、资格审核、填发等日常管理,协助运输局办理违章惩处事项。

5. 外宾乘车证制发流程

外宾申请外宾乘车证,经国际合作部负责人审核,报总公司领导批准后,由专人登录总公司客运管理信息系统,使用"证件管理"子系统"外宾乘车证管理"功能申报;运输局通过系统审核后,由国际合作部通过系统制作、发放外宾乘车证。同时,国际合作部将经批准的纸质申请表汇总后报运输局存档,并报办公厅备案。

6. 外宾乘车证的使用

外宾乘车证仅限发放对象本人乘车使用,乘车证到期后不再收回,赠送外宾留念。

如遇有效期内外宾乘车证遗失,持用人须立即报总公司国际合作部声明,由国际合作部通知运输局作废处理。

各客运站、列车负责外宾乘车证的签证、进出站查验、列车查验,有权查扣违章外宾乘车证,按规定处理违章乘车事项,并按章补收票价和罚款。

7. 乘车查验

持外宾乘车证及身份证明进出站及乘车时,按规定办理验证、验票及检票。铁路站车工作人员可通过客运管理信息系统站车客户端、实名制验证系统联网查验外宾乘车证信息,查验不到时,应予收缴,并做好记录。

外宾乘车身份证件:外宾全年定期乘车证或外宾临时定期乘车证、护照或外籍人士在华居留证件、港澳居民来往内地通行证、台湾居民来往大陆通行证。

8. 乘车签证

乘车前,应持外宾乘车证在车站办理乘车签证,按日期、车次、席位号对号乘车。

9. 使用卧铺

持用外宾乘车证,以本人开始乘坐本次列车开车时刻计算,从 22 时至次日 7 时之间,在车上过夜 6 小时(含 6 小时)或连续乘车超过 12 小时(含 12 小时)以上的,准予免费使用卧铺。

外宾乘车证不得转借、涂改、超期、超区间使用。

陪同人员持外宾乘车证乘车,需携带铁路工作证、二代居民身份证供站车工作人员查验;无外宾陪同任务时,陪同人员不得单独使用外宾乘车证,否则按无票处理。

10. 外宾乘坐进入西藏地区旅客列车

外宾乘坐进入西藏地区旅客列车前，应凭"进藏批准函"办理乘车签证，进站乘车时，同时核验乘车证、身份证件、进藏批准函。其他地区有相关规定的，按规定要求办理。

（四）铁路职工签证

办理铁路职工签证时，以下证件视为有效身份证件。

（1）铁路全年定期乘车证和铁路通勤乘车证。

（2）使用不带照片的铁路乘车证、各种特种乘车证和铁路专用定期票的，必须与工作证同时使用方视为有效身份证件。

铁路职工（含国铁控股合资铁路公司职工）可以持铁路乘车证乘坐动车组。其中，持软席全年定期乘车证、软席乘车证的人员可以乘坐动车组列车卧铺和一等座席，持硬席乘车证（含全年定期、临时定期乘车证）的人员可以乘坐动车组列车卧铺和二等座席。持其他铁路乘车证的人员可以乘坐动车组列车二等座席。

三、动车组乘车凭证

（一）车　票

1. 车票的作用

车票的作用体现在以下几个方面：

（1）铁路旅客运输合同的组成部分。

（2）铁路旅客运输合同的书面形式。

（3）铁路旅客运输合同的凭证。

（4）旅客运输的凭证。

（5）资格证券。

铁路旅客运输合同的基本凭证是车票。车票主要应当载明发站和到站站名、座别、卧别、径路、票价、车次、乘车日期和有效期等内容。

根据铁路旅客运输工作的实际，铁路旅客运输合同的凭证除车票外，还包括铁路乘车证和特种乘车证。

2. 铁路乘车凭证

目前，铁路乘车凭证包括车票、列车移动补票机出具的车补票、客运运价杂费收据、中铁银通卡或广深铁路牡丹信用卡、铁路职工乘车证、餐饮、保洁添乘证、登乘证。

3. 铁路电子客票

（1）铁路电子客票的定义。

铁路电子客票是以电子数据形式体现的铁路旅客运输合同，与普通车票具有同等法律效力。

电子客票也称作"无纸化"车票，是指旅客通过互联网订购车票之后，直接持二代身份证等有效身份证件通过火车站进站口和验票闸机乘车。

（2）铁路电子客票的时效。

在中国铁路客户服务中心网站（简称"12306.cn 网站"），购买铁路电子客票以确认交易成功的时间作为铁路旅客运输合同生效的时间，退票以网站确认交易成功的时间作为铁路旅客运输合同终止的时间，改签、变更到站按照购票、退票处理。

（3）铁路电子客票换票。

使用同行成年人有效身份证件信息购买儿童票和购买学生票、残疾军人票的，在购票后、开车前换取纸质车票后进站乘车。

4. 铁路 e 卡通

铁路 e 卡通是由中铁银通支付有限公司发行的新一代银通卡的实名制电子卡片产品，不配发实体卡片。客户通过线上渠道完成铁路 e 卡通的申请与开通，开卡完成后将获得账户账号。铁路 e 卡通产品为中铁银通支付有限公司联合中国银行进行运营和管理，账户采用中国银行Ⅱ类户。铁路 e 卡通支持铁路自助实名核验、扫码快速乘车等方便快捷的铁路特色应用，同时还具有银行账户功能。

（1）铁路 e 卡通乘车码。

客户使用铁路 e 卡通扫码乘车功能前，需通过铁路 12306 手机客户端生成乘车码，客户通过铁路 12306 手机客户端以外其他渠道开通铁路 e 卡通账户后，需与本人 12306 账户完成绑定方可生成乘车码。

① 在铁路 e 卡通首页点击【扫码进/出站】。

② 若客户为首次办理该业务，则系统提示客户需首先进行人脸识别，并跳转到【人脸识别】页面。客户按照系统提示对准人脸识别区域。

③ 人脸识别成功后，系统即展示乘车二维码，该乘车码仅限本人使用。

（2）列车查验铁路 e 卡通。

① 客户需出示身份证，并向列车员出示 12306 App 的乘车记录。

② 列车员通过站车交互系统手持终端，输入旅客证件号码查询确认客户的进闸记录。

（二）铁路职工乘车证

铁路职工乘车证分为 9 类：硬席全年定期乘车证、软席全年定期乘车证、硬席临时定期乘车证、软席乘车证（含临时定期、往返、单程三个使用事由）、硬席乘车证、通勤乘车证（含定期通勤、通勤、通学三个使用事由）、便乘证、探亲乘车证、就医乘车证。

1. 铁路乘车证票种及颜色

铁路乘车证共分为九个票种，三种颜色。软席全年定期乘车证，浅粉色；软席乘车证（含单程、往返、临时定期），浅粉色；硬席全年定期乘车证，浅蓝色；硬席临时定期乘车证，浅蓝色；硬席乘车证（含单程、往返），浅蓝色；便乘证，浅蓝色；通勤乘车证（含通学、定期），浅黄色；就医乘车证（含往返、临时定期、全年定期），浅黄色；探亲乘车证（含单程、往返），浅黄色。

2. 铁路乘车证用途

按乘车的座席席别可分为硬席乘车证和软席乘车证两种。

按乘车的职能作用可分为公用乘车和生活乘车两个类别。其中，公用乘车证包括：软席全年定期乘车证、硬席全年定期乘车证、硬席临时定期乘车证、软席乘车证、硬席乘车证、便乘证。生活乘车证包括：定期通勤乘车证、通勤（学）乘车证、探亲乘车证、就医乘车证。

3. 乘车证的有效期

按乘车的有效期期限可分为：全年定期（为一个历年）、临时定期（不超过三个月）、往返和单程四个类别。

本年度的全年定期、定期通勤、通勤、定期就医、定期购粮乘车证，一年填发一次，有效期间为一个历年，可延期使用到次年的一月十五日止。临时定期、软席、硬席、探亲乘车证的有效期间为3个月，可跨年填发。填发时应据实填写，不要一律都填3个月。

（三）特种乘车证

特种乘车证包括全国铁路通用乘车证、中央和各省、市、自治区机要部门使用的软席乘车证（限乘指定的乘车位置）、邮政部门使用的机要通信人员免费乘车证，包括押运员、检查员（只限乘坐邮车及铁路指定的位置）、邮局押运人员免费乘车证（只限乘坐邮车及铁路指定的位置）、邮局视导员免费乘车证（只限乘坐邮车及铁路指定的位置）、口岸站的海关、边防军、银行使用的往返免费乘车书面证明、我国铁路邀请的外国铁路代表团使用的中华人民共和国铁路免费乘车证、用于到外站装卸作业及抢险的调度命令。

1. 全国铁路通用乘车证

全国铁路通用乘车证是铁路总公司根据国家公安、安全、司法和机要部门的特殊工作性质发售的特种乘车证。持此证可优先进站和乘坐全国各线、各次旅客列车（国际列车、广九直通车及联运车厢除外）软、硬座席和卧铺，但持证人还应出示相应的工作身份证件，发现不符的，站、车工作人员应收回并上报铁路总公司。

全国铁路通用乘车证为有价凭证，其费用已由中国铁路总公司和使用单位统一结清。持证可乘坐除国际列车、联运车厢以外的普速列车所有座席、卧铺以及动车组列车二等座。

全国铁路通用乘车证为不记名式，由中国铁路总公司统一制发，加盖中国铁路总公司印章，使用时必须同时出示使用者本人工作证方为有效。

持全国铁路通用乘车证签证时，车站在有能力的情况下，应优先予以安排。持《全国铁路通用乘车证》直接进站、乘车时，各车站、列车应尽力提供必要的方便，如图3-1-5所示。

图 3-1-5 全国铁路通用乘车证

2. 中华人民共和国铁路免费乘车证

为了加强对铁路运输企业执行国家政策法令的监督，国务院铁路主管部门邀请的其他政府部门和新闻单位检查铁路工作时，凭"中华人民共和国铁路免费乘车证"可乘坐除国际列车以外各种等级、席别的列车。铁路免费乘车证由国务院铁路主管部门印发和管理。

外宾及陪同外宾去外地执行任务的陪同人员使用外宾乘车证。

（四）添乘证

餐饮、保洁企业应当遵守站、车和动车段（所）有关管理制度，加强对现场服务质量的监督检查。登乘列车监督检查应持有"动车组餐饮、保洁专用添乘证"供站车查验。监督检查应有检查记录。遇特殊情况需要餐饮、保洁人员便乘接车时，应当由铁路局客运处添发"餐饮保洁人员便乘单"（见图3-1-6）乘车。持"餐饮保洁人员便乘单"乘车的人员不得与旅客争座位。

"动车组餐饮、保洁专用添乘证"限登乘本公司担当的列车。

（五）登乘证

为进一步规范动车组列车登乘人员管理，铁路总公司明确以下要求。

（1）各铁路局明确一名铁路局领导负责动车组列车登乘人员管理工作，审核动车组列车登乘人员，签发《动车组列车登乘证》，并指定相关部门备案。

（2）铁路运输各专业和安监、公安、卫生等各部门人员须登乘动车组列车检查、试验时，必须办理由本局负责局领导签发的《动车组列车登乘证》，并主动向动车组列车乘务人员出示此证；动车组列车乘务人员必须严格查验《动车组列车登乘证》，登乘证不安排座席，无证不准登乘动车组列车。

（3）各铁路局自行设计《动车组列车登乘证》（定期、临时）式样，并及时送交相关动车组列车担当乘务单位，以便日常乘务管理，如图3-1-7所示。

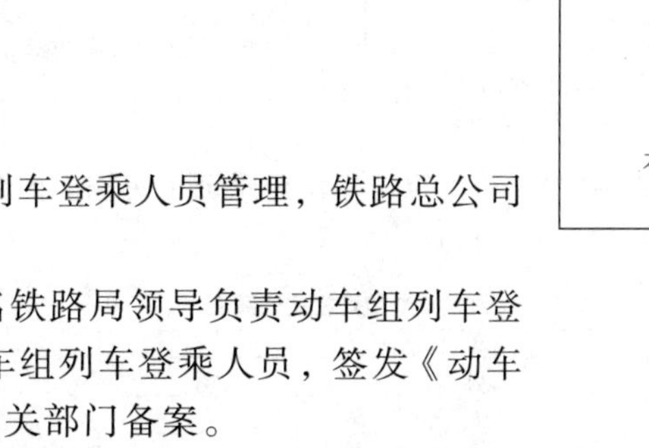

```
动车组列车便乘单
           编号：
姓    名：____（等____人）
工作单位：_____.
乘车日期：____年____月____日
乘    次：____次
乘车区间：____站至____站..


           ____铁路局客运处（盖章）
                20  年  月  日
本证盖章有效，凭证乘车、进出站
```

190 mm×150 mm

图 3-1-6　便乘单

图 3-1-7　动车组列车登乘证

（4）动车组司机室登乘证封皮为深橙色皮革配金色文字。动车组司机室登乘证封页为淡黄色，并加有路徽环形放光图案水印。动车组司机室（临时）登乘证封页为淡黄色，并加有碎花水印图案卡片。动车组司机室登乘证（定期）封皮如图 3-1-8 所示，动车组司机室登乘证（定期）内芯如图 3-1-9 所示，动车组司机室登乘证（通用）如图 3-1-10 所示。

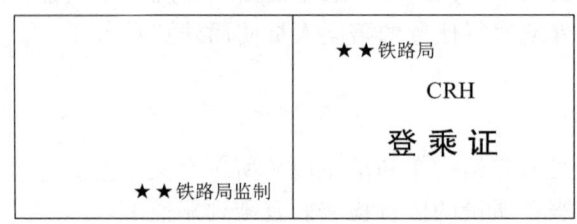

图 3-1-8　动车组司机室登乘证（定期）封皮

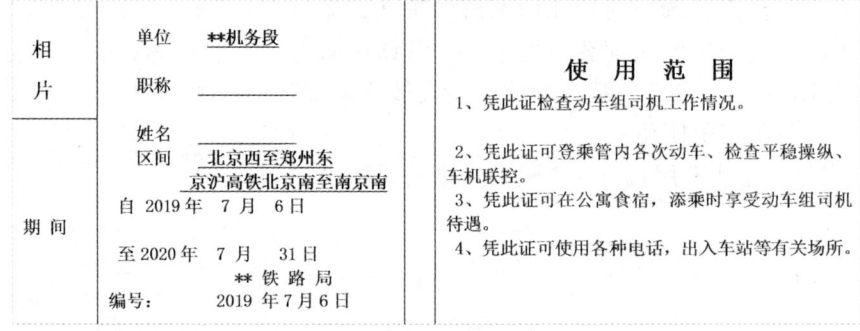

图 3-1-9　动车组司机室登乘证（定期）内芯

图 3-1-10　动车组司机室登乘证（通用）

持铁路局发放的高铁登乘证检查工作、进站乘车时，须与工作证同时使用方为有效身份证件。

四、动车组旅客乘车条件

（一）基本规定

（1）在有运输能力的情况下，车站应根据旅客指定的到站、座别、径路发售车票；动车组列车车票最远只发售至本次列车终点站。

（2）旅客应按票面载明的日期、车次、席别乘车，并在票面规定的有效期内到达到站。乘坐动车组列车旅客如中途下车，未乘区间车票失效。

（3）动车组列车车票属于直达票。直达票是指从发站至到站不需中转换乘的车票。直达票当日当次有效，但下列情形除外：

① 全程在铁路运输企业管内运行的动车组列车车票有效期由企业自定。

② 有效期有不同规定的其他票种。

通票的有效期按乘车里程计算：1000 km 为 2 日，超过 1000 km 的，每增加 1000 km 增加 1 日，不足 1000 km 的尾数按 1 日计算；自指定乘车日起至有效期最后一日的 24∶00 止。

（二）旅行变更

（1）旅客不能按票面指定的日期、车次乘车时，应当在票面指定的日期、车次开车前办理一次提前或推迟乘车签证手续，特殊情况经站长同意可在开车后 2 h 内办理。持动车组列车车票的旅客改乘当日其他动车组列车时不受开车后 2 h 内限制。团体旅客不应晚于开车前 48 h。在车站售票预售期内且有运输能力的前提下，车站应予办理，收回原车票，换发新车票，并在新车票票面注明"始发改签"字样（特殊情况在开车后改签的注明"开车后改签不予退票"字样）；必要时，铁路运输企业可以临时调整改签办法。

（2）旅客因病中途下车，恢复旅行时，在通票有效期内，出具医疗单位证明或经车站证实时，可按实际医疗日数延长有效期，但最多不超过 10 天，同行人同样办理。

中途站办理动车组列车退票的计算公式：

$$应退票款 = 原票价 - (原票价 \div 原票里程 \times 已乘区间里程)$$

（3）旅客退票必须在购票地车站或票面发站办理。在发站开车前，特殊情况也可以在开车后 2 h 内，退还全部票价。团体旅客必须在开车 48 h 以前办理。旅客开始旅行后不能退票。因特殊情况经站长同意在开车后 2 h 内改签的车票不退。

（4）除特殊情况并经列车长同意的外，持低票价席别车票的旅客不能在高票价席别的车厢停留。

（5）线路中断，列车不能继续运行时，应妥善安排被阻旅客。线路中断，旅客可以要求在原地等候通车、返回发站、中途站退票或按照承运人的安排绕道旅行。

（6）旅客在列车上要求办理变更座位时，在列车有能力的情况下应当予以办理。需补收差价时，发售一张补价票，随同原票使用有效。

动车组列车实行全程席位复用、票额共用。除一站直达动车组列车或最后一个停车站开车后，能确认有空闲座位时，方可办理有座席补票，否则动车组列车上不办理有座席补票。

（7）持直通票的旅客在中转站要求换乘动车组列车时，补收该区间的动车组列车票价与原票票价差额。

【例 3-1-3】6 月 3 日 D1112 次列车（经由：怀、株）凯里到站前，一名旅客持本次车贵阳—凯里二等座车票找到列车长，要求乘坐一等座车至株洲，列车有能力，应如何处理？

【解】

越站补收：凯里—株洲 709 km，一等座票：262.5 元

手续费：2.00 元

合计应收：262.5 元

列车发售一张补价票，只有在补票机故障的情况下方可开具一张代用票。

（三）不符合乘车条件的处理

为维护旅客运输秩序，保障旅客正常旅行，铁路规定了旅客乘车条件，列车对乘车旅客应验票。对必须持证购买的减价票和各种乘车证的旅客应当核对相应的证件。验票应打查验标记。对违反乘车条件的旅客和人员，应区别情况，妥善处理。

（1）对有意识违反乘车条件的旅客和人员，除按以下规定办理外，铁路运输企业有权对其身份进行登记，并须加收已乘区间应补票价 50% 的票款，核收手续费。

① 无票或持用失效车票乘车时，应补收自乘车站（不能判明时从列车始发站）起至到站止的车票票价。

【例 3-1-4】北京西开往太原的 D2001 次太原到站前验票，在二等座发现一旅客无票乘车，要求去太原站，应如何办理？

【解】该旅客属于主观原因，即有意取巧，不符合乘车条件的，除按规定补收票价、核收手续费外，还必须加收应补票价 50% 的票款。

票价为 154.50 元，手续费为 2.00 元，加收 50% 的票价为 77.50 元

总计：154.50 + 2.00 + 77.50 = 234.00（元）

② 持用伪造或涂改的车票乘车时，除按无票处理外，并送交公安机关处理。

③ 持用低等级的车票乘坐高等级列车、铺位、座席时，补收所乘区间的票价差额。

④ 旅客持半价票没有规定的减价凭证或不符合减价条件时，补收全价票价与半价票价的差额。如果该旅客主动声明，主动补票，则加收部分的票款，不再追究。

【例 3-1-5】由太原开往北京西的 D2002 次列车，太原站开车检票，在二等座车厢发现一旅客持当日车次太原至北京西学生二等座车票，并持北京大学学生证，其减价优待乘车区间为北京至大同，应如何办理？

【解】学生持有效减价证件，可享受动车组二等座公布票价的 75% 的政策，该旅客减价区间与学生证上不符，不能享受减价待遇，应补收与原票的差额，加收 50% 的罚款和手续费。

应收票价区间：太原—北京西：516 km

应收票价：$0.2805 \times (1+10\%) \times 516$

$= 159.21 \approx 159.00$（元）

学生票：$159.00 \times 75\% = 119.25$（元）

应补差额：$159.00 - 119.25 = 39.50$（元）

加收 50% 罚款：$159 \times 50\% = 79.50$（元）

手续费：2.00 元

共计：39.50 + 79.50 + 2.00 = 121.00（元）

【例 3-1-6】6 月 3 日 D1112 次列车（经由：怀、株）株洲到站前，一等座车 20 号座位上一名旅客持本次贵阳—株洲二等座车票找到列车长，自述由凯里后一直在本节车厢乘坐，要求继续乘坐该席位至广州，列车有能力，应如何处理？

【解】越站、升等，主动提出时补收票价及等级差，不加收，核收手续费。

越站：株洲—广州 655 km 二等座票：202 元

等级差：凯里—广州 1364 km 一等座与二等座票差：505 – 421 = 84（元）

手续费：2.00 元

合计：202 + 84 + 2 = 288（元），加收：0 元

列车发售一张补价票，只有在补票机故障的情况下方可开具一张代用票。

（2）对由于某种原因造成不符合乘车条件的旅客和人员，应按下列规定办理，并核收手续费。

① 应买票而未买票的儿童按规定补收票价。身高超过 1.5 m 的儿童使用儿童票乘车时，应补收儿童票价与全价票价的差额。

② 持站台票上车送客未下车但及时声明时，补收至前方下车站的票款。

③ 主动补票或者经站、车同意上车补票的。

④ 确因时间仓促来不及买票，经车站或列车同意上车补票的，应补收所乘列车的票款。

【例 3-1-7】D4565 次（北京西至石家庄）北京西站开车后，列车内验票发现一旅客携带 1.3 m 和 1.55 m 儿童各一名，持当日当次北京西—石家庄站二等全价票一张，票价 86.00 元；半价儿童票一张，票价 43.00 元，列车长应如何处理？

【解】北京西—石家庄 277 km

应收动车组二等车全价票价：86.00 元

已收动车组二等车半价票价：43.00 元

1.55 m 儿童应补收全、半价差额：86.00 – 43.00＝43.00（元）

手续费：2.00 元

合计：43.00 + 2.00 = 45.00（元）

1.3 m 儿童应收动车组二等车半价票价：43.00 元

手续费：2.00 元

合计：43.00 + 2.00 = 45.00（元）

【例 3-1-8】9 月 25 日，D315 次（银川—郑州，经由兰州、宝鸡、洛阳东）宝鸡站开车后，列车查票，在二等座车发现一旅客持本人临时硬席乘车证，票面乘车区间是银川—西安（经兰州），有效时间 5 月 1 日—7 月 31 日，请问该如何处理？

【解】临时硬席乘车证过期按无票补收和加收，核收手续费。

无票补收：动车组二等座车票：0.2805 ×（1+10%）× 1134 = 350.0（元）

加收：银川—宝鸡 961 km

动车组二等座车票 × 50%：0.2805 ×（1+10%）× 961 × 50% = 148.3（元）

处理罚款补收：8 月 1 日至 9 月 25 日共计 56 天，跨局按每日 100 km 计算罚款，普快硬座票价：56 × 7.5＝420.0（元）

手续费：2.0 元

应收票款：无票补收 350.0 元，加收 148.3 元，罚款：420.0 元，手续费：2.0 元

列车发售代用票一张。编制客运记录，收回乘车证，上交上级收入管理部门。

（四）发现误乘、坐过站的处理

旅客因误乘或坐过了站需送回时，列车长应编制客运记录交前方停车站。车站应在车票

背面注明"误乘"并加盖站名戳,指定最近列车免费返回。在免费送回区间,站车均应告之旅客不得自行中途下车。如中途下车,对往返乘车的免费区间,按返程所乘列车等级分别核收往返区间的票价,核收一次手续费。

(五)对旅客遗失物品的处理

对旅客的遗失物品应设法归还原主。如旅客已经下车,应编制客运记录,注明品名、件数等移交下车站。不能判明时,移交列车终点站。

旅客携带品的规定

五、动车组列车车次编排规定

为确保列车车次全路统一性及有关行车设备和信息系统正常运行,列车车次编排仅限于使用大写汉语拼音字母和阿拉伯数字,总位数原则上不得超过 7 位。旅客列车编用车次在全路范围不得重复,旅客列车车次由铁路总公司确定。季节性、特定时间段开行的动车组和全程客运机车牵引的临时旅客列车,可使用相应等级图定车次。

1. 高速动车组旅客列车 G1~G9998 ("G"读"高")

其中:跨局 G1~G5998,管内 G6001~G9998

2. 城际动车组旅客列车 C1~C9998 ("C"读"城")

其中:跨局 C1~C1998,管内 C2001~C9998

3. 动车组旅客列车 D1~D9998 ("D"读"动")

其中:跨局 D1~D3998

管内 D4001~D9998

4. 动车组检测车 DJ5501~DJ5598 ("DJ"读"动检")

列车运行方向原则上以开往北京方向为上行。枢纽地区的列车运行方向由铁路局规定。列车须按规定编定车次,上行列车编为双数,下行列车编为单数。在个别区间的列车,如按规定运行方向变更车次有困难时,可与规定方向不符。

 任务实施

分小组讨论高速铁路旅客运输各种条件,各小组派代表进行总结汇报,小组互评,教师点评。提高学生运用理论知识解决实际问题的能力。

任务2 客运站车无线交互系统和列车补票

 能力目标

1. 正确使用客运站车无线交互系统手持终端设备。
2. 正确使用列车移动补票机进行补票。

项目三 高速铁路动车组列车客运业务

知识目标

1. 掌握客运站车无线交互系统手持终端设备的操作方法。
2. 掌握列车移动补票机的操作方法。

相关知识

一、客运乘务人员随身携带仪器

列车配有票剪、补票机、客运站车信息无线交互系统手持终端和 GSM-R 通信设备；乘务人员配置具备录音功能的手持电台及音视频记录仪。列车长需随身携带列调对讲机、列车交互系统终端、客运对讲机、GSM-R、巡检仪、补票机等设备仪器。

1. 列调对讲机

列调对讲机主要用于动车组列车长与机械师、动车司机进行实时联络，以及与车站值班员进行站车联控，确保列车安全、平稳、有序地运行。列调对讲机使列车长可以及时收到车站、机务等人员的联控信息，如图 3-2-1 所示。

图 3-2-1 列调对讲机

2. 客运站车无线交互系统手持终端

列车长可以通过交互系统提前查看前方站客流情况、列车席位情况，同时具有电子票验证、在线补签、联网补票、数据传输等功能。站车交互系统，列车长可以在提高管理效率的同时为旅客提供更加便捷、人性化的服务，如图 3-2-2 所示。

3. 客运对讲机

客运对讲机有规定频道，通常仅有本段客运班组能够进行联系。除列车长外，乘务员每人皆有配备，列车长通过它可以及时传递信息、布置工作，有效应对了列车收讯信号弱的问题，保障列车与车站、司机等工作人员通讯畅通。为了给旅客提高安静舒适的乘车环境，工作人员使用对讲机时要佩戴耳机，以防干扰旅客，如图 3-2-3 所示。

图 3-2-2 交互系统手持终端

图 3-2-3 客运对讲机

4. GSM-R 通信设备

GSM-R 通信设备用于覆盖有 GSM-R 网络区段的地方，能够解决隧道、山区等移动网络信号差的地方而覆盖有 GSMR 网络区段。由于高铁线路通常覆盖 GSM-R 信号，遇突发事情时，列车长就可以通过 GSMR 手机与上级部门取得联系，如图 3-2-4 所示。

5. 音视频记录仪

列车长工作时佩戴的音视频记录仪可以规范并监督乘务员的作业标准，同时在处理列车突发事件时也可以全程收集影像资料，为后续工作提供有效证据，如图 3-2-5 所示。

图 3-2-4　GSM-R 通信设备　　　　图 3-2-5　音视频记录仪

6. 补票机

使用补票机可以为旅客办理本趟列车补票业务，比如延长、无票、变等、超高、越站等，如图 3-2-6 所示。

图 3-2-6　列车补票机

二、铁路客运站车无线交互系统终端设备使用

铁路客运站车无线交互系统由列车便携式移动终端和地面设备组成。列车便携式移动终端是配备双模无线通信手持终端，可以在 GSM 及 GSM-R 网络间切换；地面设备由在铁路总公司和铁科院设置的客票信息发布服务器、与 GSM 和 GSM-R 网络互联的信息交互平台 GPRS 接口服务器、路由器及防火墙等设备组成，客票信息发布服务器与既有客票信息系统互联。

为确保客票等信息系统的安全，GPRS 接口服务器通过路由器采用专线方式与中国移动的 GPRS 连接，与 GSM-R 的 GPRS 连接；GPRS 接口服务器通过客票安全系统及防火墙与信息发布服务器连接；信息发布服务器连接铁路总公司客票中心数据库。

列车便携式移动终端通过公用无线网（非公众网）经由信息交互平台，向客票信息发布服务器发送查询请求信息，客票信息发布服务器收到查询请求信息后，从客票系统获取该次列车席位等相关信息并反馈到列车便携式移动终端。

手持终端设备支持 GSM/GSM-R 无线网络，支持 GPRS 数据通信；运行于 Android 4.0 及以上版本的操作系统；显示屏为触摸屏，尺寸为 4.3 英寸以上；运行内存为 1GB 以上；可扩展存储空间为 4GB 以上；配备 500 万及以上像素摄像头等组件。

（一）软件安装

下载"客运站车.apk"安装包；卸载手机 SD 卡，装载到读卡器，连接电脑，在 SD 卡根目录下新建"客运站车"文件夹，将安装包拷贝到"客运站车"文件夹下；卸载读卡器上的 SD 卡装载到手机上；操作手机系统，在手机 SD 卡里找到安装包并点击进行安装，安装完成后手机屏幕上将出现如图 3-2-7 所示图标。

图 3-2-7　软件安装

（二）程序启动

启动程序前，请安装 SD 卡、专用的 GSM 或 GSM-R 卡，并确认本设备、SD 卡、GSM-R 卡信息已经注册。

点击【客运站车无线交互系统】图标（如图 3-2-8 所示），程序将启动（如图 3-2-9 所示），如果遇到系统权限提示请选择"始终允许"（存储数据、读取本机信息等）。

图 3-2-8　客运站车无线交互系统主界面　　　图 3-2-9　程序启动

程序启动成功后进入登录界面。

首次进入 App，可先点击系统设置，查看手机信息，根据本机信息进行注册，设置服务器信息、APN 等。

（三）系统设置

在登录界面上点击【系统设置】，进入界面如图 3-2-10 所示。

1. APN 设置

点击【APN 设置】，设置 APN。

采用中国移动网络时：2G 卡【名称】请设为方便识别的例如"kyzc"，【APN】设为"TDBKYZC"；4G 卡【名称】请设为方便识别的例如"kyzc4g"，【APN】设为"CMIOTTDBKYZC"。

采用 GSM-R 网络时：【名称】请设为方便识别的例如"gsmr",【APN】【用户名】和【密码】分别设为路局 GSM-R 发卡部门分配的接入点名称、PDP 用户名和密码（注意区分字母大小写、中英文标点），如图 3-2-11 所示。设置完毕后，即可返回 App 使用。

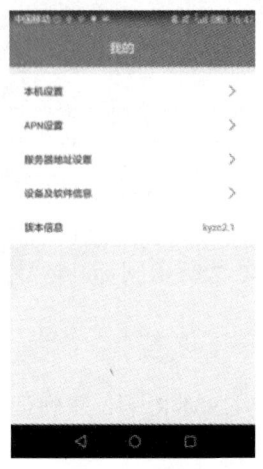 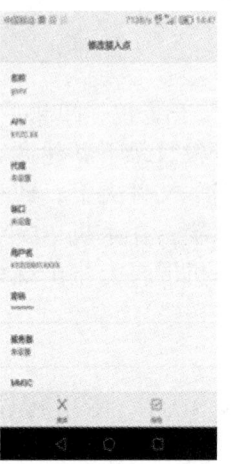

图 3-2-10　系统设置　　　图 3-2-11　APN 设置

2. 服务器地址设置

点击【服务器地址设置】，设置服务器地址。选择要设置的中心服务器，选择相应的中心，点击确认即立刻保存并重启服务，如图 3-2-12 所示（注意区分 GSM 和 GSM-R 中心以及对应的 APN）。

点击【修改】按钮，输入密码，验证成功后可点击各个参数分别修改，然后点击【保存】即立刻保存并重启服务。

3. 设备及软件信息

点击【设备及软件信息】，查看设备信息，如图 3-2-13 所示。申请注册时请注意查看此页信息，GSM-R 网络注意检查 IP 地址，如未显示 IP 地址，请检查 APN 设置及网络连接状况，IP 地址在 APN 正确设置且数据连接正常后才分配。

图 3-2-12　服务器地址设置　　　图 3-2-13　设备及软件信息

（四）相关功能及使用

1. 登 乘

（1）点击选择登乘日期，输入车次，选择路局，然后选择所属客运段，人员信息处输入姓名和电话号码，点击【登录】按钮即可进行登乘。

（2）非首次登录可点击车次右侧按钮，选择历史登录车次；点击人员信息右侧按钮，选择历史人员信息。

（3）登录成功后，系统将自动通过无线网络 APN 数据连接通道连接到服务器，进行设备验证、GSM-R 卡信息验证等安全操作后自动登录至站车系统后台服务，自动开始数据下载。

（4）如果本机时间与系统服务器时间差异过大，登录将不会成功，会提示修改本机时间之后再重新登录（注：修改本机时间需到手机系统应用【设置】中操作）。登乘操作界面如图 3-2-14 所示。

2. 数据下载

（1）登录成功后，将自动开始下载基础数据及当前时间内的业务数据。

（2）可以通过点击标题栏中【基础数据】【业务数据】按钮查看下载状况，或者直接划动页面切换查看。数据下载操作如图 3-2-15 所示。

如果点击未完成的下载数据项，可以进行手动下载数据，弹出提示框。登乘后如果本机时间和服务器时间不一致，可点击【调整本机时间】按钮进行时间设置。

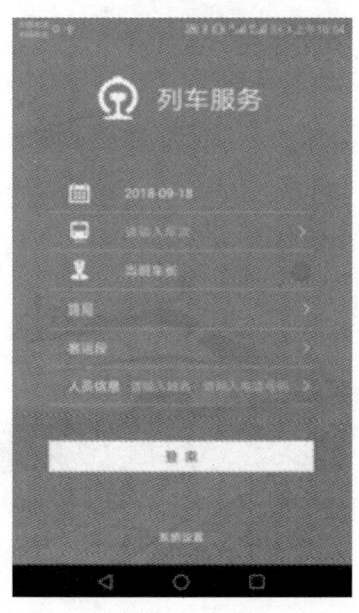

图 3-2-14　登乘

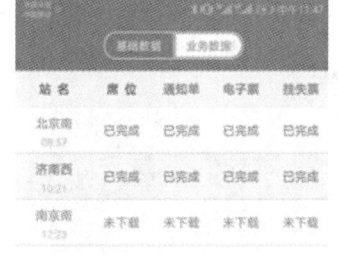

图 3-2-15　数据下载

3. 业务功能

点击底部【业务功能】按钮，显示业务功能。

（1）标题栏。

① 二维码扫描。

扫描车票二维码，识别车票信息，进行业务操作。扫描蓝牙证件识别器二维码，连接该蓝牙证件识别器，进行证件识读操作。

② 搜索。

点击搜索，进入搜索界面，未输入内容时，显示功能建议，用户可点击功能建议下方具体功能按钮，进行相关操作。

输入功能名称、拼音及拼音缩写、乘车人姓名、身份证号（可输入完整身份证号或身份证号后4位数以上进行查询）、手机号等进行查询，将会查出对应结果，点击查询结果将会跳转相应功能，如图3-2-16所示。

搜索功能将会保留搜索历史，点击搜索历史可快速重新搜索，点击【清除历史记录】按钮，将会清除历史搜索记录。

③ 蓝牙。

点击蓝牙，会弹出一个小的功能列表，目前包含蓝牙证件识别器和蓝牙补票机，选择后连接相应设备，进行业务操作，连接蓝牙设备后，图标下方显示已连接设备类型（补票机或证件识别），如图3-2-17所示。

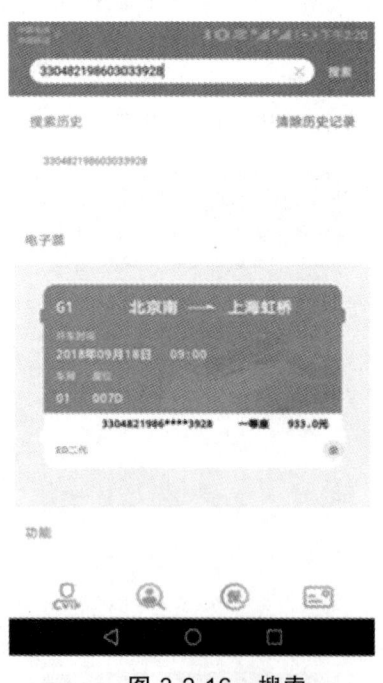

图 3-2-16　搜索

图 3-2-17　蓝牙设备

（2）主功能区。

主功能区包括席位统计、席位管理、信息查询和业务操作。

① 席位统计。

席位统计可查看【通知单】、【车内人数】、【密度表】的信息，如图3-2-18所示。可点击右上角快捷跳转【席位管理】功能。

图 3-2-18 席位统计

② 席位管理。

席位管理可查看【车厢定员】、【席别定员】的信息，可点击右上角按钮快捷跳转【席位统计】功能。车厢定员可点击数据行跳转对应车厢信息（可进行【登记】、【查看】等操作）。信息在查看状态下，可点击查看具体席位对应的车票信息，如图 3-2-19 所示（注：空闲席位不能登记，可切换到查看状态查看席位分段使用情况）。

③ 信息查询。

信息查询可点击信息查询的具体条目：包含【余票查询】【中铁银通卡查询】【席位置换查询】【联网电子票查询】【乘车证查询】【实名制查询】【保险查询】【中转查询】【会员信息查询】【重点人员查询】，如图 3-2-20 所示。

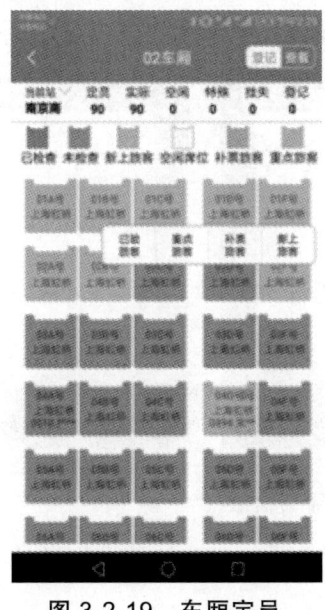

图 3-2-19 车厢定员

图 3-2-20 信息查询

④ 业务操作。

业务操作点击业务操作的具体条目：包含【车票补签】【客运记录-挂失票】【客运记录-

席位调整】【客运记录-空调故障】，如图 3-2-21 所示。

图 3-2-21　业务操作

（3）停靠站信息区。

① 首行显示担当车次信息和担当车长信息。

② 当停靠站信息正确下载后，将按站显示停靠站信息。过站显示为灰色；当前站带小箭头；未过站为蓝色。首站显示发车时间，终到站显示到站时间，其他站自上而下显示到站时间和发车时间。

③ 当正确下载席位数据后，点击停靠站将显示当前站乘降信息。

上下车总人数及按车厢显示上下车人数（首站只显示上车人数，末站只显示下车人数），其他站显示上下车人数，如图 3-2-22 所示。

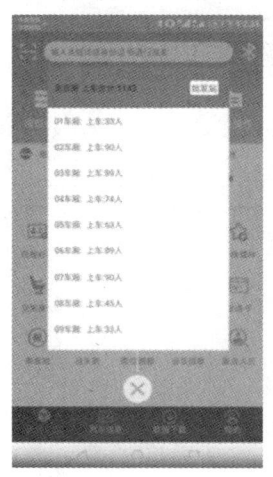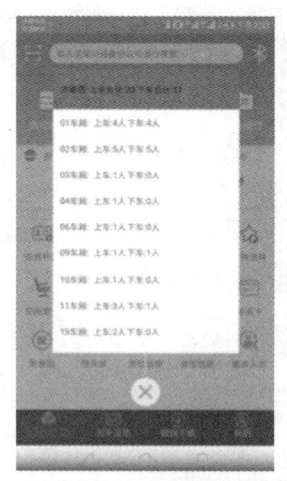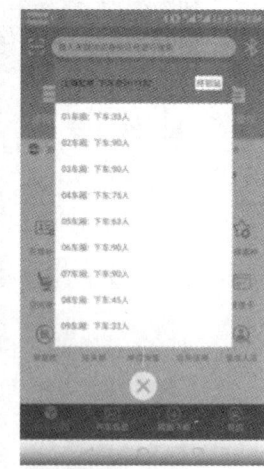

图 3-2-22　停靠站信息

（4）快捷按键区。

① 点击快捷按钮可直接跳转相应功能。

② 可对快捷键进行【编辑】，快捷键上限为 15 个。

长按快捷键区域将弹出提示框是否对快捷键进行编辑。或者当快捷键按钮少于 15 个时，将在最末位显示一个【定制】的按钮。点击也可跳转编辑快捷键按钮,如图 3-2-23 所示。

点击当前栏目中每个带红色删除按钮的项目可删除快捷键,拖动项目可变换项目的位置。

点击可选栏目中每个带蓝色添加按钮的项目,可将选中项目添加至当前栏目中。

点击右上角【保存】按钮保存修改后的快捷键。

4. 列车信息

(1)当停靠站信息下载完成后,将显示停靠站信息列表,表格可缩放进行查看。

(2)点击右上角【编辑】按钮进行车次调整,可根据选项调整时间,如图 3-2-24 所示。

图 3-2-23　快捷按键

图 3-2-24　列车信息

5. 我的信息区

包含 App 个人信息以及退出、退乘、系统设置等操作。

(1)信息区。

① 显示担当车长及其担当单位和担当车次信息。

② 点击此区域,将弹出用户退乘对话框,点击确定,执行退乘并退出到登录界面。

(2)操作区。

系统设置区域,点击可进行相应的设置。

(3)退出。

点击退出按钮后将退出 App,会保持登乘状态不变,如图 3-2-25 所示。

6. 信息查询

(1)余票查询。

查询本车次所选乘车日期、所选出发站、到达站内的余票信息。

选择【乘车日期】,【出发车站】,【到达车站】,点击【查询】按钮即会实时查询余票信息。查询结果如图 3-2-26 所示。未查询出结果或查询出错将会显示提示信息。

 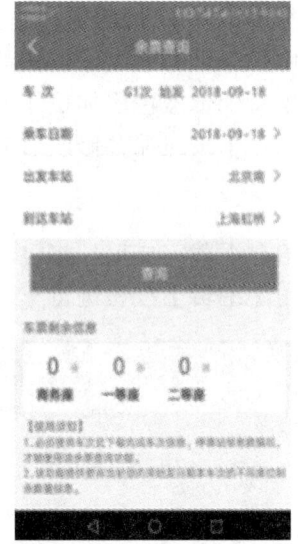

图 3-2-25　我的操作　　　图 3-2-26　余票查询

（2）中铁银通卡信息。

查询本车次的中铁银通卡用户信息。

① 选择根据登乘车次查询。

选择【乘车日期】,【乘车车站】,点击【查询】按钮即可进行实时进行查询。

② 选择根据银通卡号查询。

输入卡号后4位,选择【乘车日期】,【乘车车站】,点击【查询】按钮即可进行实时进行查询,查询结果如图 3-2-27 所示。列表显示中铁银通卡信息。也可点击【金卡】或【银卡】选卡项,显示视图信息。未查询出结果或查询出错将会显示提示信息。

（3）席位置换。

根据乘车车站查询本车次的席位置换信息。

① 选择【乘车车站】,点击【查询】按钮查询本车次的席位置换信息。

② 查询结果如图 3-2-28 所示,显示席位置换总数;根据原车厢、置换车厢分项显示置换席位信息。未查询出结果或查询出错将会显示提示信息。

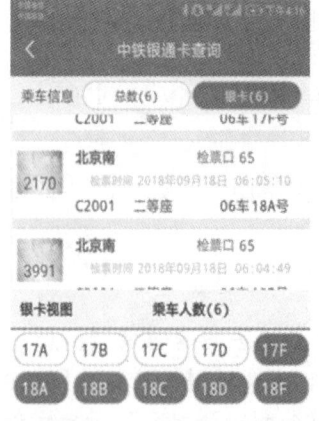 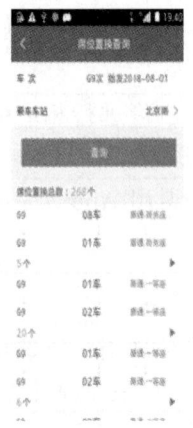

图 3-2-27　中铁银通卡查询　　　图 3-2-28　席位置换

（4）联网电子票。

根据证件号码查询本车次联网电子票信息。

① 输入【证件号码】，点击【查询】按钮查询本车次联网电子票信息。

② 查询结果如图 3-2-29 所示。未查询出结果或查询出错将会显示提示信息。

（5）乘车证查询。

根据证件类型及证件号码查询乘车证信息。

① 选择【证件类型】，输入【证件号码】，点击【查询】按钮查询用户乘车证信息。点击【×】按钮可直接清空证件号码。

② 查询结果如图 3-2-30 所示，上滑可显示全部查询结果。未查询出结果或查询出错将会显示提示信息。

图 3-2-29　联网电子票查询

图 3-2-30　乘车证查询

（6）实名制查询。

根据乘车日期、证件号码、始发车次查询实名制信息。

① 选择【乘车日期】，输入【证件号码】，点击【查询】按钮查询本车次的实名制信息。点击【×】按钮可直接清空证件号码。

② 查询结果如图 3-2-31 所示。未查询出结果或查询出错将会显示提示信息。

（7）保险查询。

根据乘车日期、证件类型、证件号码查询用户保险信息。

① 选择【乘车日期】，选择【证件类型】，输入【证件号码】，点击【查询】按钮查询该用户保险信息。点击【×】按钮可直接清空证件号码。

② 查询结果如图 3-2-32 所示。未查询出结果或查询出错将会显示提示信息。

 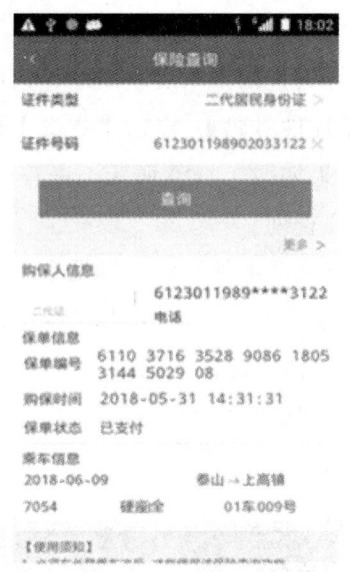

图 3-2-31　实名制查询　　　图 3-2-32　保险查询

在【联网电子票查询】【乘车证查询】【实名制查询】【乘意险查询】中点击【更多】按钮，可进入快捷查询区域。

（8）中转查询。

根据乘车日期、证件类型、证件号码查询用户保险信息。

① 选择【乘车日期】，选择【证件类型】，输入【证件号码】，点击【查询】按钮查询该用户中转信息。点击【×】按钮可直接清空证件号码。

② 查询结果如图 3-2-33 所示，显示换乘旅客总人数；及根据车厢分项显示具体人员换乘信息。未查询出结果或查询出错将会显示提示信息。

（9）会员信息查询。

根据始发日期、始发车次、乘车日期、证件类型及证件号码查询会员信息。

① 查询全部乘车信息。

选择【始发日期】，选择【乘车日期】，点击【乘车信息】按钮查询全部该车次的全部乘车人信息，查询结果根据车厢分项显示。未查询出结果或查询出错将会显示提示信息。

② 查询指定乘车人信息。

选择【始发日期】，选择【乘车日期】，选择【证件类型】，输入【证件号码】，点击【乘车信息】按钮查询该车次的该指定乘车人的乘车信息。未查询出结果或查询出错将会显示提示信息。

③ 查询会员信息。

选择【始发日期】，选择【乘车日期】，选择【证件类型】，输入【证件号码】，点击【会员信息】按钮查询该车次的该指定乘车人的会员信息。查询结果如图 3-2-34 所示。未查询出结果或查询出错将会显示提示信息。

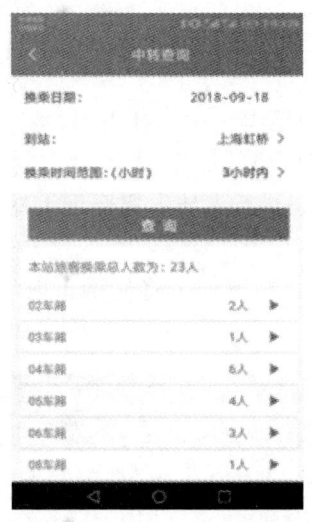

图 3-2-33　中转查询　　　图 3-2-34　会员信息查询

（10）重点人员。

① 根据始发日期、始发车次、人员类型查询重点人员信息。

② 查询结果如图 3-2-35 所示。未查询出结果或查询出错将会显示提示信息。

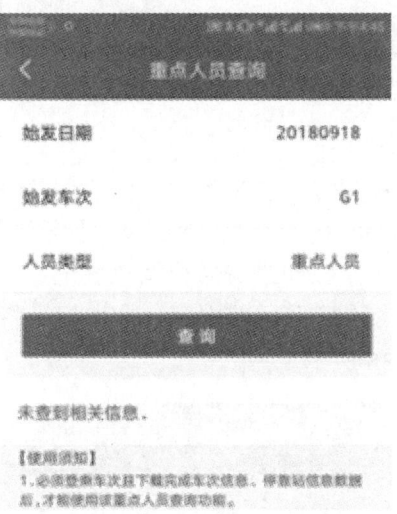

图 3-2-35　重点人员查询

（五）业务操作

1. 车票补签

（1）查询本车次乘客信息，若能查出乘客信息，可点击结果进行补签操作。

（2）选择【证件类型】，【乘车日期】，输入证件号码，点击【查询】按钮进行查询。如果能够查询出乘客信息，可在确认乘客信息后点击乘客信息进行补签操作，点击【确认补签】按钮确认进行补签，如图 3-2-36 所示。

2. 客运记录

（1）挂失票。

① 根据当前下载的挂失票数据显示内容。如果本车次有挂失票，将显示挂失票列表，点击挂失票进行登记，也可根据挂失记录进行登记取消的操作。

② 选择【挂失补类型】，点击需要挂失的车票进行【挂失票登记】。可选择车厢号快速搜索车票。

③ 点击右上角按钮 ■，查看已登记的内容，左滑记录将显示【取消登记】按钮，点击即可进行记录取消，如图 3-2-37 所示。

图 3-2-36　车票补签

图 3-2-37　挂失票

（2）席位调整。

对本车次的席别调整进行上报登记，也可根据席位调整登记记录进行登记取消的操作。

① 选择【车厢号】【故障区间】（起始站、到达站）【席别】（原席别、调整席别）【席位】，选择填写备注信息，点击【上报】按钮进行席位调整登记。

② 点击右上角按钮 ■，查看已登记的内容，左滑记录将显示【取消登记】按钮，点击即可进行记录取消，如图 3-2-38 所示。

图 3-2-38　席位调整

（3）空调故障。

对本车次的空调故障进行上报登记，也可根据空调故障登记记录进行登记取消的操作。

①选择【车厢号】【故障区间】（起始站、到达站）【席位】，选择填写备注信息，点击【上报】按钮进行空调故障登记。

②点击右上角按钮 ■，查看已登记的内容，左滑记录将显示【取消登记】按钮，点击即可进行记录取消，如图 3-2-39 所示。

项目三 高速铁路动车组列车客运业务

图 3-2-39 空调故障

(六) 异常处理

由于以下各种原因引起的重新启动并不会影响软件系统的使用。

(1) 出现网络异常引起应用软件挂起无法进行操作,请先在任务管理器中强制结束程序,然后重启程序。

(2) 其他异常操作引起应用软件挂起无法进行操作,请先在任务管理器中强制结束程序,然后重启程序。

(3) 出现电池没电引起的自动关机情况,更换电池后重启即可。

(4) 数据下载及界面操作状态将在关机前保存,程序重新启动后将自动进入主界面并恢复关机前的操作状态。

三、列车移动补票机操作

高铁列车(包括动车)检验车票方式是使用站车交互 PDA,根据车内客流情况确认就座旅客或座席剩余情况(客流虚弥区段重点核对就座人员;接近定员、定员及客流高峰时,重点核对空座及无座人员),各种车票不予加剪。

持用全年定期、临时定期、通勤、通学、购粮乘车证、定期就医乘车证的铁路乘车证人员需交验"四证":铁路乘车证(使用期限、乘车区间)、身份证、工作证、出差证明(或与铁路乘车证使用类别相配套的有关证明),认真核验有效证件。利用站车交互 PDA "乘车证查询"功能,输入身份证号或免票号对乘车证信息进行查验,无须签证;其他乘车证均经于始发站和返乘站予以剪口,列车内查验时也应打查验标记或签注。

发现伪造乘车证、违规使用乘车证行为,严格按有关规定办理。

列车移动补票机是旅客列车上配备的主要补票设备,能够处理各种情况下的票务手续。

(一) 移动补票机设备使用

1. 电池的使用

(1) 第一次使用补票机时,电池必须充满电。电池初次充电时,需在补票机上连续充电 12 h 以上。

(2) 日常电池最少充电 3 h 以上。

(3) 使用电池时遵照"耗尽→充满"原则,避免电量显示不准。由于未正确使用或长期闲置不使用,补票机电池可能出现显示电量与实际电量不符现象,此时可通过 1~3 次"耗尽→充满"操作来恢复正确的电量显示。

(4) 电池充电期间,AC 充电器上的 LED 指示器显示红光;当充电到电池容量的 80% 时,显示绿光;当电池充满或断开充电器连接时,LED 灯熄灭。

2. 移动补票机管理

（1）领取交接。

① 始发前 1~1.5 h，列车长（单乘时列车长派人）陪同列车值班员到收入地面接收站领取补票机，与领取票据同步进行。

② 检查、确认补票机电量是否充足，电量显示是否达到 100%。

③ 检查补票机内存储车次、班组信息等参数是否正确，发现错误应立即更正，并加以确认。

④ 检查补票机机内日期、时钟是否正确，若发现日期、时钟与实际不符，应立即更正，并加以确认。

⑤ 检查补票机内是否有残余存根，若有存根记录应立即清除，并加以确认。

⑥ 检查完好无误后，签字确认。

（2）使用管理。

① 使用前再次检查、确认出乘日期、车次、时间，检验机内参数设置是否正确。

② 装好票卷，确认票号，保证补票机内票号与票纸上票号一致。

③ 途中交接补票机与票据交接一并进行，由交者在《票据进款交接班簿》记事栏记载，正常情况只记载补票机号码和电量。

④ 接者确认接收的补票机号码无误后，按"补票作业前准备"流程确认补票机状态，检查参数、核对票号。

⑤ 确认无误后，签字接收补票机，开始正常作业。（有疑问时，退回交者进行校正；无法校正的，将现状补充记载于交接簿。停止使用应在交接簿上记明，锁入金柜，启用备机或手工票。）

⑥ 补票机按票据要求保管。折返站停留超过 2 h、备用机不用时段，均须锁入金柜保管，其余时间不得人机分离。

⑦ 列车移动补票机暂停补票作业时应退出主界面。

（3）终到交接。

① 一趟乘务终了，列车长（单乘时列车长派人）陪同列车值班员，于列车终到后 2 h 内到收入科地面值班室交验补票机，未使用的备机也必须同时交验。出乘过程中的异常情况说明一并递交。填写收入科地面值班室的补票机交接簿。

② 收入地面值班人员验看补票机状态，下载补票数据信息，与交款收据核对无误后，打印车移报告。对于补票机设备损坏等异常情况初步判断状况和原因。

3. 移动补票机身份卡的管理

（1）配置两张身份卡的分别由两人单独持有，不得一人持两张卡。

（2）如需调整票号时需由两名持卡人同时确认有效。

（3）补票作业时，身份卡必须从补票机内取出，不得带卡作业，因带卡作业造成的误打车票及身份卡损坏，由责任人自行赔偿，并纳入考核。

移动补票机正面及身份卡如图 3-2-40 所示。

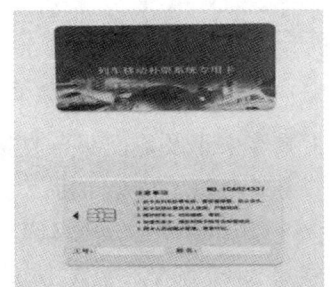

图 3-2-40　移动补票机正面及身份卡

（二）移动补票机系统登录

工号卡权限是补票操作、票号调整。稽查工号权限是除补票外所有权限。

1. 开　机

长按键 2 s 以上开机，出现如图 3-2-41 所示界面，在此界面下插入 IC 卡，等待 1 s 以上进入输入出发日期界面。

2. 输入出发日期

出发日期的年份是四位数字，月、日是两位数字，不足两位的前面补 0，如 2018 年 8 月 2 日输入为 20180802。

出发日期与始发车次从始发站开出的日期相一致，例如：始发车次 D1 于 2018 年 8 月 1 日从 A 站始发开往 D 站，只要这个车次没有到达终点站 D 站，不管中途站车次以及运行天数如何变化，出发日期始终保持不变；

图 3-2-41　移动补票电源开启显示

而当 D1 次到达终点站 D 站之后，换了始发车次 D2 次由 D 站开往 A 站时，出发日期才发生变化。

当运行天数超过一天时，出发日期保持不变，但是补票机里的系统时间已经发生了变化，此时输入出发日期 20180801 时，系统时间为 20180102，所以屏幕就会有"与系统时间不符是否继续？"的提示，此时按键跳过即可。

3. 选择车次

输入出发日期确认之后，就进入了选择车次界面，该界面一屏显示三个始发车次及各自的发到站，如一个班组担当的车次多于三个车次，可通过按键来向后或向前翻页。通过输入每个车次前面对应的数字来选择车次，如输入数字 1，就选择了 D1 次，到此系统登录完成。

4. 座席输入

座席输入有"临时输入"和"无座字样"两个参数，车上补硬座或软座票一般为无座，因此该项设置为"无座字样"，在功能设置界面按 2 进入"临时输入"界面，然后按或键就可在"无座字样"和"临时输入"之间切换。卧席输入参照座席输入操作。

(三)补票作业

1. 补票类型

(1)正常票:指乘客来不及地面买票直接上车补票的。该补票类别包括的事由有:客(特快卧)、丢失原票、无票加罚、孩免单卧。价格分为全价、半价(残、学、孩)。座别包括:新空硬座、新空软座、新空硬卧、新空软卧。

(2)变更座席:指旅客持有本车次车票,进行低档次座别变更为高档次座别的操作。该补票类别包括的常用补票事由有:补卧、变座、变卧、变铺、变座变卧、变座补卧等。价格可分为全价、半价(残、学、孩)。

(3)越站:旅客希望延长旅途。

(4)越站变席:旅客希望延长旅途并变更座席。该补票类别包括的补票事由有:越站补卧、越站变座变卧、越站变座补卧。

(5)减价不符:对持优惠票不符合减价条件的乘客补售车票。该补票类别包括的补票事由有:超高、减价不符、补差。

(6)越席:旅客现占用的座席与票面显示的座席不符。

(7)空调加快:单补起始站到终到站的空调、加快客票。

(8)非本车票:旅客持有的功能有效客票不能完全顶替所乘列车客票时补收的差价。

(9)公免签证:有恰当事由的铁路工作人员持有效证件免费乘车。

2. 补正常票

旅客持站台票上车,欲补一张德州东至北京南的二等座全票,操作如下:①无原票→②发站:德州东→③到站:北京南→④票种:全票→⑤席别:新空硬座→⑥事由:无票→⑦输入身份证号→⑧按绿键打票,如图3-2-42所示。

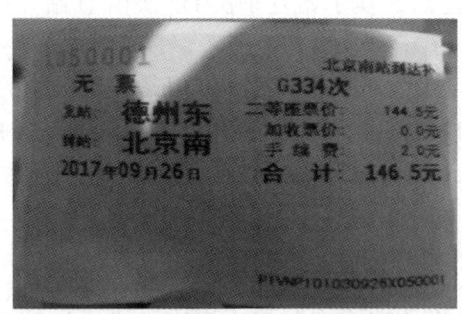

图 3-2-42 补正常票

3. 无票办理

沈阳北站开车验票时发现一名旅客持有一张本次列车哈尔滨至长春全价客票,欲天津站下车(加收长春至沈阳北应补票价50%),补票机办理方式如下:①无原票→②发站:长春→③到站:天津→④票种:全票→⑤席别:新空硬座→⑥事由:无票→⑦原到站:沈阳北→⑧输入身份证号→⑨按绿键打票。

4. 超高补卧办理

一名身高超 1.5 m 的儿童，持有一张本次列车哈尔滨至天津的半价小孩票，要求使用硬卧至天津，补票机办理方式如下：①本列票→②原票席别：新空硬座→③发站：哈尔滨→④到站：天津→⑤票种：小孩票→⑥席别：新空硬卧→⑦铺别：下铺→⑦事由：超高补卧→⑧输入原票号→⑨是否联网：否→⑩输入车厢号、席位号→按绿键打票。

5. 孩免单卧办理

一名身高不足 1.2 m 的儿童，要求单独使用哈尔滨至天津的卧铺，补票机办理方式如下：①无原票→②发站：哈尔滨→③到站：天津→④票种：小孩票→⑤席别：新空硬卧→⑥铺别：下铺→⑦事由：孩免单卧→⑧是否联网：否→⑩输入车厢号、席位号→按绿键打票。

四、列车联网补票

列车联网补票是指列车移动补票机通过站车交互系统与客票系统通信，实现列车在线申请席位的列车补票业务。列车始发后、终到前均可办理本次列车剩余席位的联网补票业务。

（一）列车联网补票使用的设备

Android 系统的站车终端通过蓝牙连接到补票机设备，设备包括站车交互设备、补票机和蓝牙模块（如果补票机自带蓝牙则不用外置蓝牙模块）。

Mobile 系统的站车终端通过串口线连接到补票机设备，设备包括站车交互设备、补票机、串口线。

（二）列车联网补票的操作步骤

补票机设备和站车无线交互手持终端设备均需在客票系统注册后才可开通在线补票功能。

补票机进行联网席位申请之前可以使用站车交互的余票查询功能查看各个席别的余票信息。

（1）补票机终端的登录始发日期和车次必须与站车系统登乘时的数据保持一致。列车始发后、终到前可办理本次列车剩余席位的联网在线补票业务，否则会提示"-20508 未开车不允许补票"或"-20509 已到终点站不允许补票"。

（2）补票机与 android 站车设备第一次连接时需要进行蓝牙配对。

（3）确认蓝牙和串口连接好后可以开始联网补票操作。

如果蓝牙未连好会出现如下提示信息：

① 按照正常补票流程输入补票类型、事由、票种、座别、证件类别、证件号码等信息之后，补票机提示"是否联网取席位"，不同的补票机厂商提示不一样，以补票机厂商的操作说明为准。

② 选择取票方式。支持三种取票方式：随机选取（这种方式申请到席位的概率最大）、指定铺别、指定车厢。

③ 选好取票方式之后，补票机通过站车无线交互设备发送申请。

④ 申请到席位后显示申请到的席位信息。

⑤ 和旅客确认后，按确认键向后台发送确认消息，确认成功后打印车票。

⑥ 如果旅客确认不要了，按取消键向后台发送取消消息，将申请到的席位返库。

如果申请到的席位补票机既不确认又没有取消，后台会在 10 min 后自动执行返库操作。

（三）未完成交易处理

在联网补票过程中可能会因为信号原因或补票机故障导致联网补票申请操作中断，再次进行联网补票时会提示"有未完成的交易"，此时需要在"未完成交易"里将申请到的席位返回客票系统票库。

五、列车补票移动支付

当前互联网+大数据广泛普及应用，网民对使用微信、支付宝等数字现金购票的愿望越来越强烈，列车上经常发生旅客无现金购票，希望微信、支付宝购票的情况。

（一）列车补票微信支付

列车补票微信支付简单来说就跟我们平时微信转账一样，需要有一个零钱包，铁路也需要一个单独的零钱包和账号。每次出乘时，到收入科进行登录账号、添加班组、绑定补票机、绑定个人微信号（绑定个人微信号是用来接收收款成功的通知）等简单操作后，就可以在列车上补票时为旅客提供微信扫码支付了。

1. 出乘流程

选择"班组管理"添加车队以及班组信息，找对应的班组后点击出乘，也可以点击查询快速找到。点击出乘后会弹出添加补票机的窗口，确认补票机信息无误后点击确认（默认选择各班组上一次使用的补票机），点击确认后弹出绑定二维码，补票员打开微信扫一扫完成与补票机的绑定后，微信上确认登录成功，如图 3-2-43 所示。

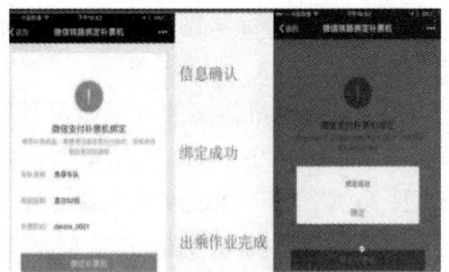

图 3-2-43　微信支付

2. 途中补票作业

向乘客出示二维码，输入补票金额，支付成功后回到出票界面，即可出票，如图 3-2-44 所示。

3. 退乘流程

找到需要退乘的班组信息，点击退乘。点击退乘后，弹出确认解绑补票机页面，确认无误后点击确定。

确认补票机后会弹出补票详情，确认信息无误首先打印结账交接单。完成结账交接单签字后，点击转账。

转账完成后打印转账凭证。完成转账凭证签字后，完成退乘，如图 3-2-45 所示。

图 3-2-44　微信补票

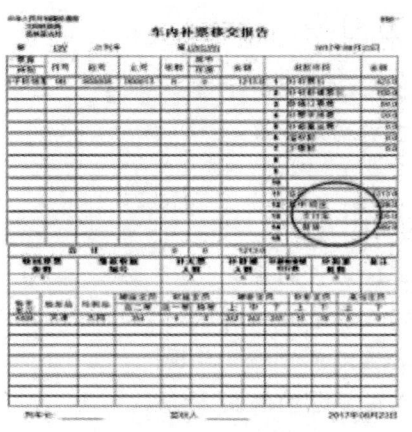

图 3-2-45　车移报告

（二）列车补票支付宝支付

出票之前选择支付宝支付方式，进入显示支付宝支付二维码界面，确认旅客支付成功后，根据界面提示，按相应的按键进行支付成功确认，确认成功以后，返回到出票界面，即可出票，如图 3-2-46 所示。

图 3-2-46　支付宝支付

任务实施

分小组讨论客运站车无线交互系统手持终端设备和列车移动补票机的操作方法，各小组派代表进行总结汇报，小组互评，教师点评。提高学生运用理论知识解决实际问题的能力。

任务3 编制客运记录和拍发电报

能力目标

1. 能够正确编制客运记录。
2. 能够正确拍发电报。

知识目标

1. 掌握客运记录的含义。
2. 掌握客运记录的编制原则。
3. 掌握客运记录的编制范围。
4. 掌握客运记录的编制方法。
5. 了解铁路电报含义和分级。
6. 了解列车电报拍发权限。
7. 了解列车电报拍发范围。

相关知识

一、客运记录

（一）客运记录的含义

客运记录是指在旅客或行李、包裹运输过程中，因特殊情况承运人与旅客、托运人、收货人之间需记载某种事项或车站与列车之间办理业务交接的文字凭证。客运记录不能作为乘车凭证，更不能代替车票乘车。

（二）客运记录作用

（1）客运记录是站车办理交接的依据；
（2）客运记录是运输事宜证实的材料；
（3）客运记录旅客到站办理退票的凭证；
（4）客运记录是意外伤害介绍到医院治疗的凭证；
（5）客运记录是受理有关票据（单据）的依据；
（6）客运记录是其他情况说明的证据。

（三）客运记录编制要求

客运记录的编制要求是：目的清楚，内容准确，语言简练，书写清楚；记录事由填写客运记录的主要内容的关键词语；记录文本填写受理站名、车次及有关部门。客运记录应有顺序编号，加盖编制人名章。

（四）客运记录编写的范围

（1）因铁路责任（甩车）造成旅客变更席别铺别，应退还票价差额，不收退票费。编制时说明变更原因、变更区间、旅客车票的姓名、身份证号码、发到站、票号。

（2）列车发现车站发售卧铺重号，列车无法安排时，可编制客运记录交旅客，作为旅客办理退票手续的凭证。

（3）发生车票误售、误购应退还票价时，列车应编制客运记录交旅客，作为乘车至正当到站要求退还票价差额的凭证。编制时要注明姓名、身份证号码、到站和旅客的实际的到站及从折返站至正当到站重新计算的车票有效期。

（4）旅客误乘列车或坐过了站，列车交前方停车站免费送回时。

（5）旅客丢失车票，另行购票或补票后又找到原票时，列车长应编制客运记录交旅客，作为在到站出站前向到站要求退还后补票价的依据。

（6）对无票乘车而又拒绝补票的旅客移交车站时，注明其无票及违章乘车区间。

（7）在列车上，旅客因病不能继续旅行或发现旅客死亡，列车长可编制客运记录交中途有医疗条件的车站处理。编制记录要注明旅客姓名、身份证号、年龄、性别、单位及携带品，如无同行人时会同乘警清点旅客车票、携带品一并交站。旅客因病需下车救治或死亡时，列车长应会同乘警收集参加救治医生和旅客的见证证言。

（8）因铁路责任，致使旅客在中途站办理退票，退还票价差额时。

（9）列车发现旅客携带国家禁止或限制运输的物品、危险品乘车时，应编制客运记录进行移交。

（10）旅客携带品超过规定范围，旅客无钱或拒绝补交运费，列车可编制客运记录移交旅客到站或换乘站处理。

（11）列车向查找站或列车终点站转送旅客遗失物品时，可编制客运记录进行交接。

（12）列车内发现无人护送的精神病旅客，列车可编制记录移交到站或换乘站处理。

（13）因意外伤害，导致旅客伤亡时，列车可编制客运记录移交有关车站处理。

（14）列车发现违章使用铁路乘车证，需上报路局收入部门处理时，列车可编制客运记录进行上报。

（15）列车接到行、包托运人要求在发站取消托运，将行、包运回发站时，列车可编制记录交前方站运回。

（16）列车接到发站行李误运、包裹变更的电报时，应编制客运记录，连同行李、包裹和运输报单，一并交前方营业站或运至新到站（需中转时，移交前方中转站继续运送），旅客在列车上要求变更时同样办理。

（17）列车上发现装载的行李、包裹品名不符或实际重量与票面记载的重量不符时，列车编制客运记录移交到站或前方停车站处理。

（18）列车对已装运的无票运输行李或包裹，应编制客运记录交到站处理。

（19）行李、包裹在运输途中发生事故，应编制客运记录移交到站处理。

（20）列车内发现旅客因误购、误售车票而误运行李时，如其托运的行李在本列车装运，应编制客运记录，交前方营业站或中转站向正当到站转运时。

（21）其他应与车站办理的交接事项。

（五）编写方法

（1）编号填在右上角，标明月份和顺号（如1月份第1张记录编号为0101）。

（2）事由栏：注明交接主要事项。

（3）受理单位：站名（或车次）。

（4）内容包括：

① 日期、车次；

② 运行区段、姓名、性别等；

③ 处理经过；

④ 落款（所属站、段、车次、列车长印章、日期）。

（六）编写客运记录的注意事项

（1）内容要符合铁路的规章制度。

（2）移交人员附带材料、人民币、证件、档案材料时，一定要在记录上注明。

（3）凡是交接的记录一定要接受人签字。

（4）记录存根要根据需要保存备查。

（5）客运记录保管期限为1年。

二、电子客运记录

电子客运记录是车站在办理退票、退差后客票系统生成的退票说明，列车只是使用站车交互系统向客票系统发送确认信息，进行电子客运记录登记。

（一）不需要开具纸质客运记录情况

列车遇下列情况不再需要开具纸质客运记录。

1. 列车晚点，影响旅客接续行程

因列车晚点，影响旅客接续行程时，列车不开具客运记录。

当列车晚点旅客无法换乘时，列车将不再开具"移交无法中转换乘旅客"的客运记录，同时也不需要电子客运记录，而是旅客下车后，直接去车站相关窗口，由车站通过客票系统查询列车晚点运行信息后，为旅客办理相关改签、退票手续。

2. 临时更换车体、空调故障

因临时更换车体、空调故障等原因旅客需到站退还票价差额或空调费时，不需开具纸质客运记录，使用站车交互系统终端"客运记录"功能的"席位调整"或"空调故障"模块，向客票系统发送确认退差信息。

列车上同一旅客同时发生退票价差、退空调费等情形时，分别按指定模块确认录入。

遇站车交互系统无信号、手持终端故障、登记失败时，应编制纸质客运记录，作为旅客到站办理退票的凭证。

客运记录退票说明见表 3-3-1。

表 3-3-1　客运记录退票说明

客 运 记 录（退票说明）					
车站：					
售票处：					
窗口号：	年　月　日	班次	售票员	第　页	共　页
客运记录（序号）					
类型：		客运记录录入时间：		办理时间：	
所属客运段：		列车长：		手机号：	
票号：		车次：		席位：	
车票票价：		应退票价：			
原因说明：		备注：			

（二）需开纸质客运记录情况

列车未查询到购票信息，按规定先办理补票，在旅客到站前核验席位使用正常的，需开具纸质客运记录，供车站核实信息办理相关手续。

以上情况需列车长与车站办理交接。

【例 3-3-1】××年×月×日，G107 次列车（北京南——上海虹桥，上海客运段担当乘务工作）徐州东站开车后（前方停车站滁州站），旅客梁××，身份证号 4222011987××× ×5763，持北京南站至济南西站的车票，08 车 09A 号，票号 F056794，找到列车长表示坐过了站，列车如何编制客运记录？

【解】列车长编制客运记录如图 3-3-1 所示。

　　　　××铁路局　　　　　　　　　　　客统 1
　　　　　客　运　记　录
　　　　　　　　　　　　　　　　　　　　第　　号

记录事由：移交越站乘车旅客

滁州站：

　　××年×月×日，G107 次列车徐州东站开车后（前方停车站），旅客梁××，身份证号 4222011987×××× 5763，持北京南站至济南西站的车票，08 车 09A 号，票号 F056794，找到列车长，称坐过了站，现移交您站，请按章办理。

　　　　　　　　　　　特此记录

注：① 站、车需要编制纪录时均使用。　　站
　　② 本记录不能作为乘车凭证。　　　　段　　编制单位　　　印
　　　　　　　　　　　　　　　　　　　　站
　　　　　　　　　　　　　　　　　　　　段　　签收人员　　　印
　　　　　　　　　　　　　　　　　　　　年　　月　　日编制

图 3-3-1　移交越站乘车旅客客运记录样例

【例3-3-2】××年×月×日，××次列车××站开车后，在×号车厢发现该送站人员×××，身份证号码××××××，未下车，但拒绝补票，列车如何编制客运记录？

【解】列车长编制客运记录如图3-3-2所示。

【例3-3-3】××年×月×日，××次列车××站开车后，发现旅客×××，身份证号码××××××，持当日××次××站至××站的车票，票号××××××，误乘本趟列车，列车如何编制客运记录？

【解】列车长编制客运记录如图3-3-3所示。

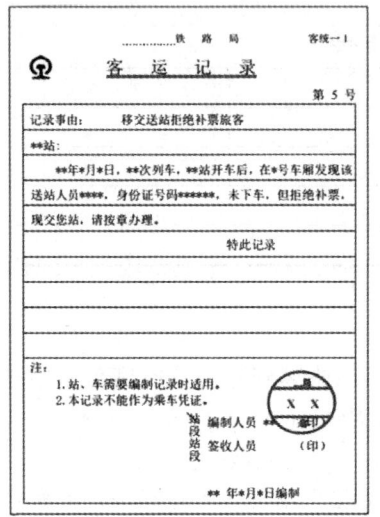 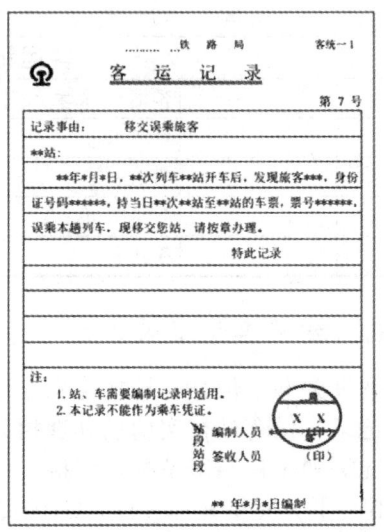

图 3-3-2　移交送站拒绝补票旅客客运记录样例　　图 3-3-3　移交误乘旅客客运记录样例

【例3-3-4】××年×月×日，××次列车到达××站时，车站客运值班员通知列车长，××站来电话称一名旅客在××站下车时将一个黑色提包遗失在×车×号（铺）下，请列车协助查找，找到后将物品移交到××站，返还旅客下车站，列车如何编制客运记录？

【解】列车长编制客运记录如图3-3-4所示。

图 3-3-4　移交旅客遗失物品客运记录样例

三、铁路电报

铁路电报是处理生产业务的通信工具,是办理紧急事务的公文的表现形式。铁路电报为铁路内部业务使用,列车运行中发生临时紧急情况需通知有关部门,或本次列车不能解决需请示立即支援或汇报领导时,均可拍发铁路电报。

（一）铁路电报分类

1. 特急电报

特急电报（T）指非常紧急的命令、指示,处理重大、大事故、人身伤亡事故、重大事故及敌情的电报。

2. 急 报

急报（J）指铁路总公司、部属公司、铁路局的紧急命令、指示,时间紧迫的会议通知,列车改点、变更到站和收货人、车辆甩挂、超限货物运行及行车设备施工、停用、开通、限速的电报、国际公务电报及其他时间紧迫的电报。

3. 限时电报

限时电报（X）指限定时间到达的电报。根据需要与可能由用户与电报所商定,在附注栏内填记送交收电单位的时间,如限时 8:30 应写为"XS8:30"。

4. 列车电报

列车电报（L）指处理列车业务必须在列车到达以前或在列车到达当时送交用户的电报。

5. 银行汇款电报

银行汇款电报（K）指银行办理铁路汇款业务,按急报处理。

6. 普通电报

普通电报（P）指上述 5 类以外的电报。

列车电报发报权限为出差和执行各项乘务工作的负责人员,旅客列车列车长（加盖列车长名章）和执行各项列车乘务工作的负责人员。执行列车乘务工作的负责人,在同一区段内不得重复拍发同一内容的电报。临时列车乘务工作负责人拍发电报时,应写明经由区间,并在附注栏内注明本次列车在发报站的开车时间。

（二）列车电报发报范围

（1）因误售、误购车票而误运行李,行李又未在本列车装运,列车通知原到站向正当到站转运时。

（2）列车超员,通知有关部门和前方停车站采取控制客流措施时。

（3）列车行包满载,通知前方有关停车营业站停止装运行包时。

（4）遇有特殊情况,列车途中发生餐料不足、电冰箱故障,通知前方列车（客运）段补充餐料、协助加冰时。

（5）列车在中途站因车辆故障甩车或空调车故障不能修复，需通知前方各停车站并汇报有关上级部门时。

（6）列车广播设备中途发生故障，通知前方广播工区派人前来处理时。

（7）专运等列车在中途站临时需要补燃料，通知前方客运段补充时。

（8）列车运行中因发生意外伤害，招致旅客重伤或死亡，应立即向有关铁路局、车务段拍发事故速报时。

（9）列车发生或发现重大行包事故后，应立即向铁路总公司和有关铁路局拍发事故速报。

（10）站、车之间办理行李、包裹交接，接受方未按规定签收，但双方对装卸的件数、包装等情况产生异议，向当事站拍发电报声明。

（11）列车内发生运输收入现金、客票票据丢失、被盗和短少等事故，向路局收入部门和公安部门报案，通知有关单位协助查扣时。

（12）列车发生爆炸、火灾及重大刑事案件等突发事件，须迅速报告上级部门处理时。

（13）列车上发生旅客食物中毒，向所属铁路局或前方铁路疾控所报告时。

（14）遇其他紧急情况，需要迅速报告时。

下列情况不能拍发电报。

（1）处理个人私事。

（2）已经有电文的重复通知。

（3）挑战书、应战书、倡议书、感谢信。

（4）公用乘车证丢失声明的电报。

（5）由于工作不协调，互相申告（执行列车乘务工作的负责人，在列车运行中向上级领导汇报列车运行中发生的问题不在此限）的电报。

（6）报捷、祝贺、吊唁（铁路局及以上单位或负责人不在此限）的电报。

（7）推销产品、书刊及广告类的电报。

（三）铁路电报的拟稿要求

（1）主送单位的确定：具体受理单位、责任单位。不论单位大小，应写于收报单位的最前列。

（2）抄送单位的确定：协助催办、督促、仲裁的单位。按上下级部门依次排列，最后是本单位。

（3）发报必须使用电报纸，简明扼要，通俗易懂，字迹清楚，措辞得当，标点符号正确。使用简练的语言，表达明确的意思。除主抄送单位，电文内容一般不超过500字。左上角有收、抄报单位，右下角有发报单位、日期、名章。电报编制一式两份（一份交站转报，一份签收留存）。

（4）列车长的电报只能发至本局和外局有关单位，电文涉及的事项必须是工作范围的内容，电文反映的情况要真实，列车电报一般交有电报所得车站签收。

（四）电报的交接

（1）列车电报一般交有电报所的车站拍发。对所担当的列车各站是否是电报所，列车长要做到心中有数。

（2）特殊情况可委托无电报所的车站代转。

（3）电报编制一式两份，一份交站，一份签收留存。

（4）电报发出后应设法索取电报号码。

（五）抄送范围

抄送范围根据不同情况而定，一般情况下，局管内的事不抄报到总公司；涉及两局以上的事，应根据情况抄报有关局业务处。

涉及治安问题，要主送公安派出所、公安处、公安局；涉及路风问题，应抄送各级路风办；涉及铁路乘车证问题，应抄送劳资、财务部门；涉及行车安全问题，应抄送各级安监室；涉及急性传染病时，应主送疾病预防控制中心及卫生主管部门；遇到涉外问题时，应抄送公安和外事部门；遇列车超员、行李车满载、超载运输、急性传染病时应传送客调。

（六）电报模板

1. 列车超员

列车超员时通过有关部门和前方停车站采取控制客流措施。

主送：应停售、停剪的车站。

抄送：局客运处、客调、担当列车段；跨局时抄铁路总公司运输局客运营销处、调度处（客调）。

电文中应注明列车实际定员、车内实际人数、超员率。

2. 空调发生故障不能修复

列车在中途站因空调发生故障不能修复影响旅客使用时，通知有关站为旅客退票，并报告列车所属路局客运处、收入稽查处。

主送：列车前方有旅客退票的车站。

抄送：有关路局客运处、收入稽查处、客调列车所属局车辆处、车辆段、本段。

电文中应注明发生客调故障客车种类、车号及区间。

3. 少收票价

经车站或列车核实属车站少收票价，应补收票价差额，并发电报通知误售车票的车站及收入稽查处。

主送：误售车票的车站。

抄送：路局收入稽查处。

4. 列车中途站因车辆发生故障甩车

列车中途站因车辆发生故障甩车时，应通知前方各停车站并汇报有关上级部门。

主送：前方各停车站。

抄送：有关路局客运处、车辆处、客调及列车所属局车辆段、担当乘车列车（客运）段电文中应注明甩车原因、摘下的客车种类、车号以及对各停车站组织客流的要求等。

5. 列车广播设备中途发生故障

列车广播设备中途发生故障，通知前方广播工区派员前来处理。

收报单位：前方站广播工区。

抄送：有关路局客运处、列车广播设备所属通信段和列车广播所属广播工区。

电文中应注明广播车的位置，如能确认故障部位应注明。

6. 列车途中餐料不足

遇有特殊情况，列车途中发生餐料不足，通知前方列车（客运）段补充餐料。

主送：前方客运段或列车段。

抄送：有关路局客运处、列车所属列车段。

电文应注明所需餐料的品名、数量，发报时机应保证收报段有备料时间。

7. 列车上有病人或旅客受伤

列车上有病人或旅客受伤需前方站送医、送药。

主送：为前方有条件的车站。

抄送：为有关路局客运处、客调、列车所属段。

电文中应注明实际需求。

8. 列车内发生运输收入现金、客票票据丢失、被盗和短少等事故

列车内发生运输收入现金、客票票据丢失、被盗和短少等事故，向铁路局收入检查室和公安部门报案，通知有关单位协助查扣。

主送：发生事故有关区段各停车站、驻站公安派出所。

抄送：有关路局客运处、公安局、客调，列车所属路局收入稽查处、客运段、乘警队。

电文中应注明发生事故时间、地点、区间，丢失（被盗和短少）现金款额或票据名称、数量及起至号码。

9. 旅客意外伤害

发生旅客意外伤害（跳车、坠车、烫伤、挤伤等）应立即会同公安人员积极检查旅客伤害程度，采取抢救措施，收集旁证、物证，检查旅客车票及携带品移交车站继续抢救，并立即向上级部门拍发电报。

主送：接收受伤者、死亡者的车站及派出所。

抄送：本局、事故所在局客运处，客调、公安局、事故所在站、车务段（中间站）担当列车段和乘警队（如涉及车辆应抄送车辆处、车辆段）。

10. 发生食物中毒、疫情

主送：直接处理的防疫站及有关车站。

抄送：（铁路总公司运输局）事故发生局和本局客运处、劳卫处、客调、担当列车段。

电文内容：① 事故种类；② 旅客发病日期、时间、车次；③ 旅客发病地点；④ 患者人数、餐饮食物名称等。发现疫情应告知疫情。

11. 列车发生刑事案件

主送：与案件有关的车站及派出所。

抄送：铁路总公司公安局、运输局、有关路局公安局、客运处、列车担当客运段、乘警队。

电文内容：① 事故种类；② 案件发生日期、时间、车次；③ 案件发生地点、车站、区间里程；④ 被害人的姓名、性别、年龄、地址或单位、身份证号码、车票自站至站、票号、同行人情况；⑤ 案情概况、线索及抢救情况。

【例3-3-5】××年×月×日G7598次列车（无锡东—宁波），8节编组，无锡东站开车后，车厢内旅客共计789人，旅客列车严重超员，列车如何拍发铁路电报？

【解】拍发电报样例如图3-3-5所示。

铁路电报

电报统-1

发报所	电报号码	组 数	等 级	日 期	时 分	附 注

主送：上海虹桥站至宁波站G7598次各停车站

抄送：上海铁路局客运处、客调、南京客运段

××年×月×日G7598次列车，无锡东站开车后，车厢内旅客共计789人，超出规定人数，为确保行车及人身安全，望上述各站见电后停止剪售车票（固定票额除外）。

G7598次列车长于镇江南站
××年×月×日

（上局 XXX 南客）

抄收时分号

图3-3-5 超员电报

【例3-3-6】××年××月××日，G129次列车（北京南—上海虹桥，上海铁路局上海客运段担当乘务工作）济南西站开车后，旅客张××，身份证号2105221968×××6789，持北京南站至上海虹桥站的高铁车票，06车08A号二等座，票号Y069346，不慎烫伤，伤势

较重，旅客要求下车治疗，列车如何拍发铁路电报？

【解】拍发电报样例如图 3-3-6 所示。

铁路电报

电报统-1

发报所	电报号码	组 数	等 级	日 期	时 分	附 注

主送：徐州东站

抄送：济南西、北京铁路局客运处、上海客运段

××年×月×日，G129 次列车济南西站开车后，旅客张××，身份证号 2105221968××××6789，持北京南站至上海虹桥站的高铁车票，06 车 08A 号二等座，票号 Y069346，在为同行儿子张×，男，3 岁，泡面时，不慎将面碰倒，造成其子大腿内侧烫伤，伤势较重，旅客要求下车治疗，列车编制了 XX 号客运记录将旅客移交德州东站，特此电告。

G129 次列车长于徐州东站
××年×月×日

抄收时分号

图 3-3-6　旅客伤害电报

任务实施

分小组讨论、运用该任务相关知识，熟练编制客运记录和拍发电报。各小组派代表进行总结汇报，小组互评，教师点评。做到教、学、做一体化，提高学生运用理论知识解决实际问题的能力。

复习思考题

1. 确定客运运价里程的方法是什么？
2. 动车组公布票价如何规定？
3. 车票实名制有效身份证件包括哪些？
4. 动车组乘车凭证包括哪些？

5. 旅客免费携带品包括哪些规定？
6. 站车无线交互系统的车票补签如何操作？
7. 站车无线交互系统的客运记录中席位调整如何操作？
8. 站车无线交互系统的客运记录中空调故障如何操作？
9. 补票机中的补票类型分为哪几类？
10. 使用补票机进行变更座别的操作步骤是什么？
11. 使用补票机办理减价不符的操作步骤是什么？
12. 使用补票机办理越站变席的操作步骤是什么？
13. 客运记录的作用是什么？
14. 客运记录的编制要求有哪些？
15. 遇哪些情况需编制客运记录？
16. 编制铁路电报的要求有哪些？
17. 遇哪些情况需编制、拍发铁路电报？

项目四　高速铁路客运乘务工作

 项目描述

本项目主要介绍了动车组列车运用计划，动车组列车长和客运乘务员的作业流程和作业标准以及动车组列车上的高铁快件作业。通过本项目的学习，能够按照规章和作业标准完成高速铁路动车组的客运乘务工作。

任务1　动车组列车运用计划

 能力目标

1. 能够了解动车组运用计划组成。
2. 能够按照乘务运用计划出乘。

 知识目标

1. 了解旅客列车开行方案编制的基本原则。
2. 了解旅客列车开行方案的影响因素。
3. 了解列车运行图。
4. 掌握动车交路段要求。

 相关知识

一、高速铁路区间通过能力

（一）区段通过能力

运输设备、行车组织方式共同作用、相互影响，最终形成区段通过能力。通过能力一般要通过区段表现出来。区段通过能力可以定义为在单位时间内（通常是一昼夜）某一区段所能通过的最大行车量。区段通过能力是制订运输计划，新建、改建铁路线路和装备运输设备的重要依据和指标。

（二）区间通过能力

区间通过能力是指铁路区段的每一区间在一定的行车组织条件下，一昼夜最多能通过的列车数量（列数或对数）。区段通常由多个区间组成，一般可分别通过每一区间来研究列车对区间的占用，从中找出列车运行最困难的区间，并把这一区间作为整个区段通过能力的标准区间。

（三）区间通过能力的影响因素

区段通过能力是区间通过能力的整体反映。区段内中间站的数量及各区间的距离即区间大小的不均衡性、列车在各站的追踪、到达和出发间隔时分、列车在各站的起停车附加时分、列车运行速度、列车对数和旅客列车的分布结构等是通过能力计算时应当考虑的因素。区间通过能力主要受下列因素的影响。

1. 区间内的正线数目

双线、三线或四线区间的通过能力将大于单线区间的通过能力。

2. 区间长度

当列车运行速度一定时，区间长度的大小对区间的通过能力往往起着决定性的影响。

3. 线路平纵断面

当列车重量一定时，线路的坡度和曲线半径的不同将影响列车的运行速度，进而影响列车占用区间的时间。

4. 牵引机车类型

各类机车在牵引性能、构造速度、计算速度、制动等方面存在差别，因此，各种不同类型的机车牵引一定重量的列车在同一区间运行时，将有不同的速度，从而产生不同的运行时间。

5. 信、联、闭设备

各种类型的信、联、闭设备的性能、操纵方式、办理作业时间各不相同，从而影响区间通过能力的大小。

6. "天窗"设置

使用大型机械进行线路整修，以及电气化铁道的供电设备需要停电进行维修时，需要在列车运行图上设置固定的施工"天窗"，这对区间通过能力的影响很大，如图4-1-1所示。

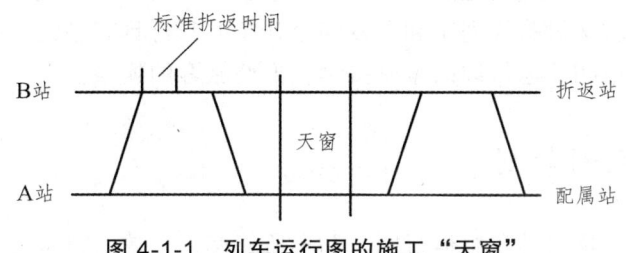

图 4-1-1　列车运行图的施工"天窗"

7. 行车组织方式

行车组织方式具体体现为列车运行图的类型。平行运行图能保证最充分地利用区段通过能力，并作为研究各种类型运行图性质和规律的基础。

计算区间通过能力所需要考虑的时间因素主要有：列车区间运行时间和起停车附加时间、列车技术作业停站时间、车站间隔时间、追踪列车间隔时间、施工"天窗"时间等。这些因素也是列车运行图的主要影响因素。

二、高速铁路运行图

在运输生产过程中，列车运行是一个很复杂的环节，它要利用多种铁路技术设备，要求各部门、各工种、各项作业之间互相协调配合，才能保证行车安全和提高运输效率。

列车运行图是铁路组织运输生产和运输产品供应的综合计划，是铁路运输生产联结社会生活的纽带。它规定各次列车占用区间的顺序、列车在每个车站的到达或通过的时刻、列车在区间的运行时间、列车在车站的停站时间以及机车交路等，是全路生产组织运行的基础。

列车运行图是一个生产计划，规定了线路、站场、动车组等设备的运用，使得运输生产活动有条不紊地进行。

动车组列车运行图是动车组运用工作的主要依据。为确保运行图正常实施，编图时须充分考虑动车组的车型、数量、主要技术参数、检修作业标准以及动车所的检修、存放、整备能力等因素，如图 4-1-2 所示。

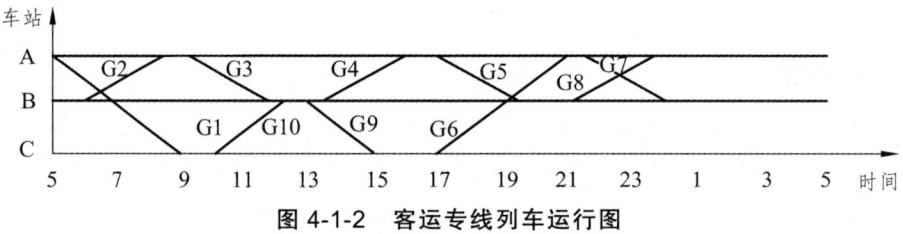

图 4-1-2　客运专线列车运行图

高速铁路列车运行图的编制工作是全路列车运行图编制工作的一部分，由中国铁路总公司统一组织编制。高速铁路列车运行图严格遵守各种间隔时间标准和规章制度；适应高速铁路客流特点，最大限度满足旅客出行的需要，尽可能按时段、服务频率安排列车运行。

高速铁路列车运行图应尽可能考虑客流高峰需求，列车开行数量具有与时段相关的波动性和规律性；列车开行数量受动车组数量和运用方式的制约，应尽可能提高动车组的上线率；对于跨线列车和本线高速列车，需要明确优先原则和列车等级；跨线列车运行线布局方案应尽可能考虑高速铁路客运专线的通过能力，并为本线列车的开行创造条件；高速铁路客运专线综合维修天窗设置方案对跨线列车和夕发朝至列车的开行具有制约作用；高速铁路客运专线运行图的编制要考虑相关运行线的紧密接续，方便旅客的换乘。

三、动车组运用计划

动车（客车）段应依据动车组运行图，动车所检修、存放、整备能力，检修标准等，科学编制动车组运用计划，提高运用率，合理使用动车组，最大限度地疏解高级检修密集到期；科学编排动车组乘务计划，合理安排值乘交路，严禁超劳。

（一）动车组运用计划的含义

动车组运用计划是根据给定的列车运行图、有关动车组检修修程的法律规定以及检修基地条件等，对动车组在什么时间、哪个车站、担当哪次列车，在什么时间、哪个车站、进行哪种类型的检修等做出具体安排，以确保运用状态良好的动车组实现列车运行图。

1. 动车交路段

动车交路段是指将某些运行线按照接续标准形成一列动车组一天运用内容（包括检修），如图 4-1-3 所示。

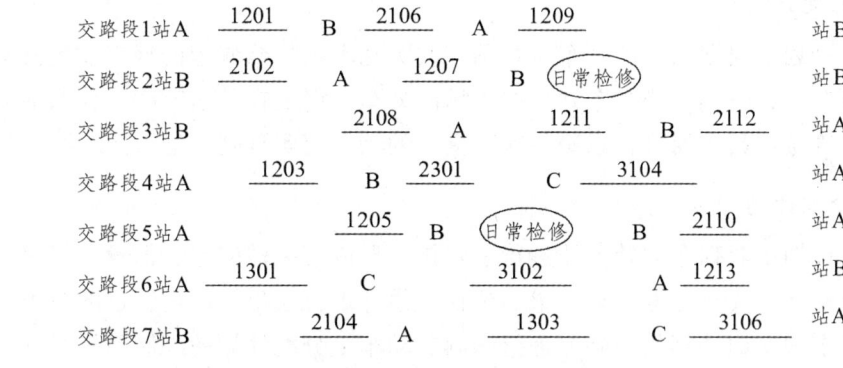

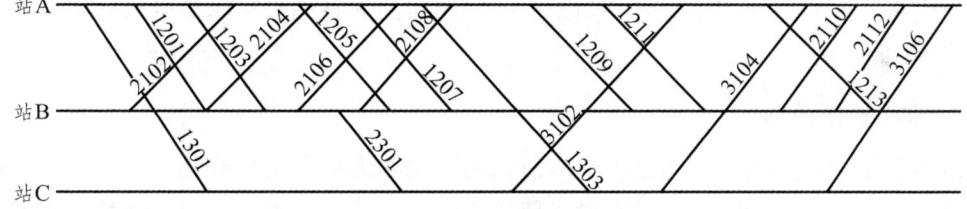

图 4-1-3　动车交路段示意图

在图 4-1-3 中，每一行称为一个交路段，它规定了一个动车组一天的运用内容，每条横线上面的数字为列车车次。例如，某天动车组 1 按交路段 1 的计划运行，其过程是：首先从车站 A 担当 1201 次列车运行到车站 B，在车站停留一段时间之后，从车站 B 担当列车 2106 次运行到车站 A，最后作为 1209 次列车运行到车站 B，夜里在车站 B 驻留。

第 2 天，按交路段 2 的计划运行，担当完 1207 次列车任务后，在车站 B（或相连的维修基地）进行日常检修；检修完毕后，第 3 天，按交路段 3 的计划运用；然后按交路段 4、5、6、7 的计划运用，当按交路段 7 运用完以后，再按交路段 1 的计划运用。

在动车组 1 按交路段 1 计划运用时，其他的动车组也按照同样的规则按交路段 2、3、…、7 的计划运用。可见，按照动车组运用计划完成运行图，需要 7 个动车组。交路段 1~7 构成整体运用计划。一般对应同一运行图，可以编制出许多不同的动车组运用方案。

2. 动车组交路

动车组交路是由一个或以上可用交路段按照接续规则满足定检和定修要求连接形成一组动车组一个一级修周期内运用的内容。

（二）动车组的运用计划组成

动车组的运用计划主要由动车组周转计划、动车组分配计划和动车组检修计划组成。动车组周转计划主要规定了按什么顺序担当列车，但并不规定具体的动车组；分配计划指定具体的动车组担当周转计划中的具体交路，保证每个交路有质量良好的动车组完成；检修计划规定了动车组在基地检修的时间、内容、检修线等具体内容，供动车组基地检修使用。

1. 动车组周转计划

动车组周转计划是根据给定的列车运行图、有关动车组检修修程的规定及检修基地的条件等，对动车组在什么时刻、哪个车站、担当哪次列车，以及在什么时间、什么地点、进行哪种类型的检修等做出具体安排，以确保状态良好的动车组实现列车运行图。

2. 动车组分配计划

动车组周转计划中对列车周转接续进行了安排，形成了周转交路，但没有指定具体的动车组。动车组分配计划要充分考虑动车组的位置、累计走行公里、已进行过的各类检修情况等条件，在模拟未来使用计划的基础上进行编制。动车组分配计划的编制结果必须以适当的形式表现出来，并明确动车组编号、初始位置、担当的交路编号、运用后的驻留位置、运用后的状态等内容。

3. 动车组检修计划

根据动车组的检修地点、检修项目等所做的计划称为动车组检修计划。动车组检修计划根据交路计划、车辆分配计划、动车设备履历、修程、修制、动车走行统计数据和列车故障情况、检修基地的作业能力等实际情况编制。动车组检修计划的主要依据为：动车组检修的长期规划、检修基地的检修能力、动车组的实际状态。动车组检修计划的编制结果必须以适当的形式表现出来，并明确动车组编号、检修项目、检修地点、检修时间等内容。

（三）动车组运用计划的编制

在编制动车组运用计划时，考虑到列车运行图结构及动车组的检修体制，动车组运用计划必须符合以下运用规则：任意一列车车次必须有且仅有一列动车组担当运输任务；动车组的日常运转必须与列车运行图一致；动车组达到修程规定，必须到相应的检修场所检修，并保证一定的检修时间；动车组在进行列车接续的时候需要进行一定的整备作业，动车组所担当列车运行线之间的接续必须满足整备时间标准。动车组本身比较昂贵，检修费用较高因此一般采用下面几个指标评价动车组运用计划：使用的动车组数、定期检修次数和日常检修次数。

1. 动车组运用基本计划编制

列车运行基本计划编制完成后，需要编制相应的动车组运用基本计划。中国铁路总公司下达编制基本计划的命令后，相应的计划编制部门（调度所）根据列车运行基本计划，按照动车组信息、动车组修程、修制、检修地点、检修能力限制条件等要求，编制动车组运用基本计划。

2. 动车组运用实施计划编制

动车组运用基本计划编制完成后，高速铁路客运专线调度所计划编制人员根据相应的列车运行实施计划，动车组运用基本计划，动车组修程、修制要求，检修地点、检修能力等信息，负责编制管辖范围内的动车组运用实施计划，包括动车组周转接续实施计划、动车组分配实施计划和动车组检修实施计划。

四、动车组运用管理

（一）固定区段运用方式

固定区段运用方式是指动车组在给定的线路上运行并且其运行区段固定。动车组从动车段出来担当某个区段列车运输任务，除因到达修程规定时才检修入段外，其余每次返回动车段所在站时，只在车站进行整备作业，如图 4-1-4 所示。

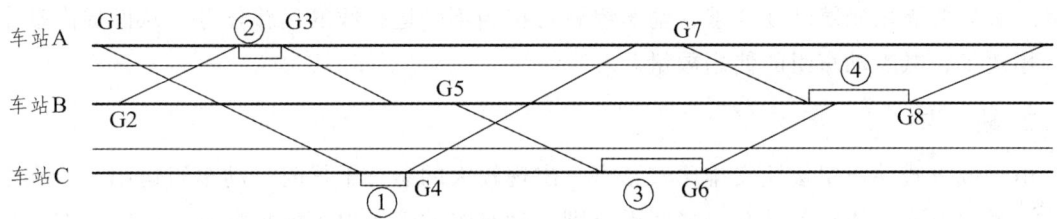

图 4-1-4　固定区段使用动车组

在图 4-1-4 所示的列车运行图中，动车组①只能担当 A-C 区段的列车，不能接续该线路其他区段的列车。

1. 优　点

固定运行区段的使用方式有利于动车组的管理，可根据客流变化采用不同的车辆编组方案，动车组的运用组织比较简单。

2. 缺　点

固定运行区段的使用方式不利于高速动车组的检修，不利于提高动车组运用效率，无法节省动车组的使用数量。

（1）在动车组检修期间需要有一定量的备用车组来代替，则备用动车组数量较大且利用率不高。

（2）由于动车组维修技术复杂，设备昂贵，只能集中于维修中心进行维修，对与维修中心不相邻的区段，需要维修的动车组必须专程送检，事后又需专程回送。

（二）不固定区段运用方式

不固定区段运用是指动车组完成一次列车任务后,下一次所担当列车的运行区段无限制,如图 4-1-5 所示。

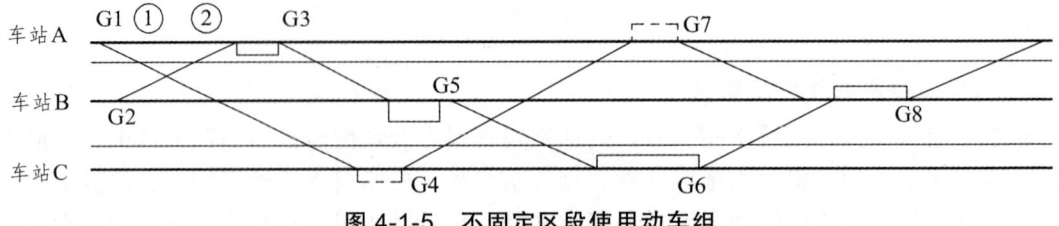

图 4-1-5　不固定区段使用动车组

当全区段运行图方案给定如图 4-1-5 所示,担当运行线 G3 到达 B 站的动车组完成整备技术作业后可担当运行线 G5 继续运行,而不是固定担当 A—B 区段的列车运行,这种可挂线运行区段不固定的方式即为动车组不固定区段运用方式。

1. 优　点

（1）动车组可在任意区段运行,在使用过程中根据其运行状态,可以对必须进行维修作业的动车组预先安排其运行区段,即安排一条终到维修中心的运行线,使其通过维修中心得到及时维修,这样能比较灵活地解决运行与维修的配合问题。

（2）只要满足接续时间要求,动车组就可担当不同运行线的运输任务,从而提高动车组的使用效率,减少动车组的使用数量。

2. 缺　点

由于该方式动车组接续安排比较紧密,出现较大的运行干扰时,动车组运用将受到较大影响。另一方面,假定各动车组之间无差别,动车组的编组也不能根据不同区段的客流特点而加以改变,因而也可能造成输送能力的虚糜和浪费。

通过图 4-1-4 和图 4-1-5 两种不同运用方式勾画的动车组交路,可知动车组按固定区段运用方式需要 4 组动车组完成列车运行任务,而按不固定区段运用则只需要 2 组就能完成列车接续任务。所以不固定区段运用方式有利于提高动车组使用效率,减少动车组数量,是比较合理的动车组使用方式。

（三）客运专线动车组运用方式

1. 本线循环套用方式

本线循环套用方式指本线列车固定区段使用。动车组从动车段出来担当某个区段列车运输任务,除因达到修程规定时才检修入段外,其余每次返回动车段所在站时,只在车站进行整备作业。如图 4-1-6 所示,动车组①从 A 站所在动车组段出来只担当 AB 区段列车,担当 G2 跨线列车的动车组②不与本线列车接续,到达完成检修整备作业后,担当跨线列车 G1。

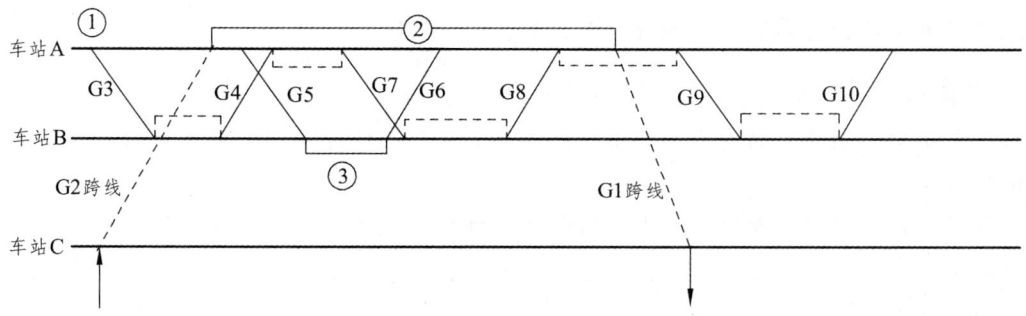

图 4-1-6　本线循环套用动车组交路示意图

本线循环套用方式组织方法简单，但是不利于充分使用动车组，造成动车组空闲可能性比较大，也不利于节省动车组数量。对于区段内有大量径路相同且到发时刻均衡的客运专线，采用动车组本线循环套用方式有利。

2. 长短套用方式

长短套用方式指动车组运用采用长短交路结合方式，动车组担当一次长途列车后并不立即折返，接着担当若干次短途列车后再担当长途列车达到定检公里进段检修，但动车组担当的长短途列车都是属于动车组所归属的部门开行的列车。

如图 4-1-7 所示，担当长途跨线列车 G2 的动车组②达到 A 站完整备作业后不入段，直接担当短途列车 G5，到达 B 站后担当 G6，回到 A 站进行检修作业后担当长途跨线列车 G1。

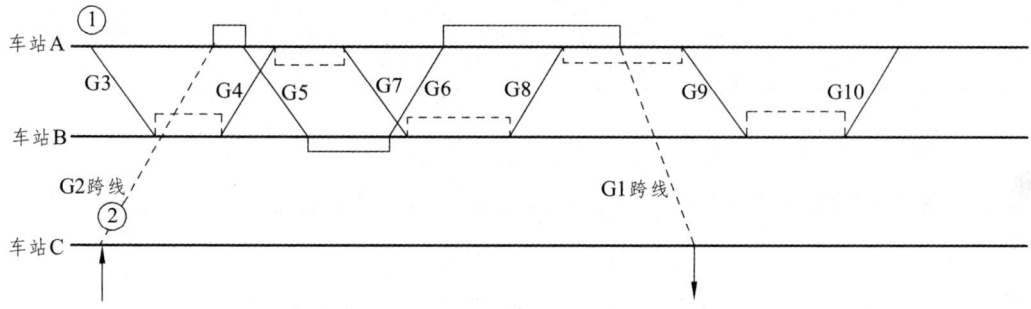

图 4-1-7　长短套用动车组交路示意图

长短套用方式能够有效衔接就近的列车接续，减少动车组等待时间，对于节省动车组数量有利。采用长短套用方式方案完成相同列车运行任务需要 2 组车底，比本线循环套用方式节省 1 组车底。

五、乘务员运用计划

（一）乘务运用计划的基本概念

乘务运用计划是动车组乘务员（组）的综合乘务计划，也就是根据给定的列车运行图、乘务员乘务规程、乘务基地条件等，对乘务员（组）在什么时间、什么地点出乘，在什么时刻、担当哪次列车，以及在什么时间、什么地点退乘等做出具体安排，以确保列车开行计划的实现。

乘务计划主要分为乘务日计划及月度计划。

1. 乘务日计划

日计划由全体乘务交路构成,表示完成一日的运行图任务需要的乘务员数量及各乘务员担当的乘务交路。

乘务交路就是一个乘务员(组)一日的工作计划,每一行是一个乘务交路,每条线段上的字符表示车次。

2. 乘务月度计划

月度计划描述各乘务员(组)在指定月度中担当的乘务交路及休息计划,见表4-1-1。

表4-1-1 各乘务员(组)在指定月度中各日担当的乘务交路及休息计划

日期乘务员	1	2	3	…	…	…	N
1	交路1	交路2	交路3	休息	休息	…	交路N
2	交路2	交路3	休息	休息	:	交路N	交路1
3	交路3	休息	休息	:	交路N	交路1	交路2
:	休息	休息	:	交路N	交路1	交路2	交路3
:	休息	:	交路N	交路1	交路2	交路3	休息
:	:	:	:	:	:	:	:
N	交路N	交路1	交路2	交路3	休息	休息	:

(二)乘务运用计划的编制

动车组采用不固定区段使用的方式,在乘务范围内,只要满足乘务规则,乘务员可以担当任意列车的乘务任务。

任务实施

分小组运用该任务相关知识进行讨论,能够了解动车组运用计划组成,能够按照乘务运用计划出乘,落实现场作业主要环节,各小组派代表进行总结汇报,小组互评,教师点评。做到教、学、做一体化,提高学生运用理论知识解决实际问题的能力。

任务2 动车组列车始发客运作业

能力目标

1. 能够按标准完成列车长的始发客运作业。
2. 能够按标准完成客运乘务员的始发客运作业。

项目四 高速铁路客运乘务工作

知识目标

1. 掌握动车组列车设备设施要求。
2. 掌握动车组列车服务备品要求。
3. 掌握动车组列车出库车容卫生标准。
4. 掌握乘务人员仪容着装要求。
5. 掌握列车长始发准备作业流程及标准。
6. 掌握列车长开车后作业流程及标准。
7. 掌握客运乘务员始发准备作业流程及标准。
8. 掌握客运乘务员开车后作业流程及标准。

相关知识

一、动车组列车乘务工作基础管理

（一）动车组列车乘务组的组成

1. 乘务组组成

动车组列车乘务组由客运乘务人员、随车机械师、司机、公安乘警（安全员）、随车保洁和餐饮服务人员组成。乘务人员必须在列车长的统一领导下（除行车救援指挥外），分工负责，各司其职，共同做好旅客服务工作。

（1）动车组列车司机工作职责。

① 开车前司机要选定机车综合无线通信设备通信模式和运行线路，机车综合无线通信设备、GSM-R 手持终端按规定注册列车车次，并确认正确。装备列车运行监控装置的动车组列车还应按规定输入监控装置有关数据。

② 遵守列车运行图规定的运行时刻和各项允许及限制速度，彻底瞭望，确认信号，认真执行呼唤应答制度，严格按信号显示要求行车，确保列车安全正点。遇有信号显示不明或危及行车和人身安全时，应立即采取减速或停车措施。

③ 机车信号、机车综合无线通信设备、列车运行监控装置、列控车载设备必须全程运转，严禁擅自关机、隔离。

④ 起动稳，加速快，精心操纵，停车准确，按规定鸣笛。

⑤ 注意操纵台各种仪表及车载信息监控装置的显示。

⑥ 正常情况在列车运行方向最前端司机室操纵，非操纵端司机室门、窗及各操纵开关、手柄均应置于断开或锁闭位。关闭非操纵端司机室机车综合无线通信设备电源。

⑦ 动车组列车停车后，必须使列车保持制动状态。更换动车组司机（同向换乘除外）或司机室操纵端、使用紧急制动停车、重联或解编后再开车前，必须进行相关试验。

⑧ 等会列车时，不准关闭辅助电源装置，并应按规定显示列车标志。

⑨ 向列车有关乘务人员传达列车调度员的有关命令、指示。

169

⑩将列车运行中发生的问题及使用紧急制动装置的情况，及时报告列车调度员。

（2）随车机械师工作职责。

随车机械师应按技术作业过程的规定检查动车组；在列车运行途中，应监控动车组设备技术状态，及时处理车辆故障，经处置确认无法正常运行时，通知司机选择维持运行或停车。随车机械师应配备 GSM-R 手持终端和无线对讲设备及响墩、火炬、短路铜线、信号旗（灯）等防护用品（只在仅运行动车组列车的线路上运行时可不配备响墩、火炬），在值乘中还应做到：

① 列车发生紧急制动停车后，联系司机，检查车辆技术状态，可继续运行时通知司机开车。

② 向司机通报使用紧急制动装置的情况，并协助司机处理有关行车事宜。

2. 人员配备

客运乘务组根据交路实际需要采用轮乘或包乘制。客运乘务组由 1 名列车长和 2 名列车员组成，动车组重联时，按两个乘务组配备。编组 16 辆的动车组按 1 名列车长和 4 名列车员配备。对运行时间较长的动车组可适当增加客运乘务人员。

（二）动车组列车乘务人员素质

（1）身体健康，五官端正，持有效健康证明。

（2）具备高中（职高、中专）及以上文化程度，保洁人员可适当调整。

（3）持有效上岗证，经过岗前安全、技术业务培训合格。从事餐饮服务的人员有卫生知识培训合格证明。广播员有一定编写水平，经过广播业务、技术培训合格。

（4）列车长从事列车乘务工作满 2 年。列车值班员从事列车乘务工作满 1 年。列车长、商务座、软卧列车员能够使用简单英语。

（5）熟练使用本岗位相关设备设施，熟知本岗位业务知识和职责，掌握担当列车沿途停站和时刻，以及上水、吸污、垃圾投放等作业情况。熟悉本岗位相关应急处置流程，具备应对突发事件能力。

（三）动车组列车乘务工作基础管理

（1）管理制度健全，有考核，有记载。定期分析安全和服务质量状况，有针对性具体整改措施。

（2）按规定配置业务资料，内容修改及时、正确。除携带铁路电报、客运记录外，车上不携带其他纸质资料台账。

（3）各工种在列车长的领导下，按岗位责任各负其责，相互协作，落实作业标准，有监督，有检查，有考核。

（4）业务办理符合规定，票据、台账、报表填写规范、内容准确、完整清晰。配备保险柜，营运进款结算准确，票据、现金及时入柜加锁，到站按规定解款。

（5）客运乘务人员配备统一乘务箱（包），集中定位摆放；洗漱用具、茶杯等定位摆放。

（6）库内保洁作业纳入动车所一体化作业管理，动车所满足一体化吸污、保洁等整备作业条件。

（7）备品柜、储藏柜按车辆设计功能使用，备品定位摆放。单独配置的备品柜与车身固定，并与车内环境相协调。

（8）定期开展职业技能培训，培训内容适应岗位要求，评判准确。

二、动车组列车始发客运作业规范

（一）安全秩序规范

1. 安全管理制度

坚持"安全第一，预防为主"的原则。防火防爆、人身安全、食品安全、现金票据、结合部等安全管理制度健全有效。

2. 设备检查

出、入动车所前，由车辆、客运人员对上部服务设施状态进行检查，办理一次性交接。

3. 安全设施设备配置

各车厢灭火器、紧急制动阀（手柄或按钮）、烟雾报警器、应急照明灯、防火隔断门、紧急门锁、紧急破窗锤、气密窗、厕所紧急呼叫按钮及车门防护网（带）、应急梯、紧急用渡板、应急灯（手电筒）、扩音器等安全设施设备配置齐全，作用良好，定位放置。乘务人员知位置、知性能、会使用。紧急制动阀、紧急开门按钮、紧急破窗锤、灭火器无破封。

4. 餐车厨房电器使用

餐车配置的微波炉、电烤箱、咖啡机等厨房电器符合规定数量、规格和额定功率，规范使用，使用中有人监管，用后清洁，餐车离人断电。

5. 车门管理

（1）开启车门。

列车到站停稳后，司机或随车机械师开启车门，并监控车门开启状态。开车前，列车长（重联时为运行方向前组列车长）接到车站与客运有关的作业完毕通知后，按规定通知司机或随车机械师关闭车门。

动车组列车车门具备集中控制和手动控制两种，有的车型车门集中控制按钮设置在司机操作台上，有的设置在随车机械师乘务室内。因此，规定了统一由列车长确认旅客上下完毕后，对车门集中控制按钮设置在司机操作台上的动车组，列车长应通知司机关闭车门，列车进站停车时，司机按长、短编动车组在规定的停车位置标停车，确认列车停稳、对准停车位置后开启车门；对车门集中控制按钮设置在随车机械师乘务室内的动车组，列车长应通知随车机械师关闭车门，列车到站停稳后，由随车机械师开启车门。如自动开关门装置故障或特殊情况需单独开关车门时，由司机通知列车工作人员手动开关车门。

（2）动车组列车停车位置标。

在有动车组列车客运作业的车站应设置动车组列车停车位置标（如图 4-2-1 所示），设置位置由铁路局规定。该标志为表面采用反光材料的蓝底白字牌，写有"动车组停车位置"。对于 8 辆编组及 16 辆编组的动车组停车位置不同，应分别写"8 辆动车组停车位置""16 辆动车组停车位置"。

图 4-2-1　动车组列车停车位置标

（3）餐车上货门。

餐车上货门仅供餐车售货人员在始发站、折返站补充商品、餐料时使用，无旅客乘降。餐售人员上货完毕后，立即锁闭并与随车机械师共同确认锁闭状态；无上货门的动车组应在临近餐车的指定车门上货，上货时不得干扰旅客乘降。

（4）列车始发车门检查。

始发前 5 min，列车长和安全员从 5（13）车分别巡视（采集视频）检查车门至机后和尾部，列车员、乘服员复检立岗车门及相邻车门。

6. 安全标志设置

安全标志设置齐全、规范，符合标准。采用广播、视频、图形标志、服务指南等方式，宣传安全常识和车辆设备设施的使用方法，提示旅客遵守安全乘车规定。

7. 乘务人员人身安全

乘务人员进出车站和动车所（客技站）时走指定通道，通过线路时走天桥、人行地道，走平交道时做到"一停二看三通过"，不横越线路，不钻车底，不跨越车钩，不与运行中的机车车辆抢行。进出车站时集体列队。

乘务人员在接班前应充分休息，保持精力充沛，不在班前、班中、折返站饮酒。

（二）设备设施规范要求

1. 车辆设备设施齐全，符合动车组出所质量标准

（1）乘务员室、监控室、多功能室、洗脸间、厕所、电气控制柜、备品柜、储藏柜、清洁柜、衣帽柜、大件行李存放处、软卧会客室等不挪作他用或改变用途。多功能室用于照顾重点旅客。

（2）车辆外观整洁，内外部油漆无剥落、褪色、流坠；车内顶棚不漏水，内外墙板及车内地板无破损、无塌陷、不鼓泡；渡板及各部位压条、压板、螺栓不松动、无翘起；脚蹬安装牢固，无腐蚀破损；手把杆无破损、松动。各部位金属部件无锈蚀。

（3）广播、空调、电茶炉、饮水机、照明灯具、电子显示屏、电视机、车载视频监控终端、控制面板、电源插座、车门、端门、儿童票标高线、地板、车窗、翻板、站台补偿器、窗帘、座椅、脚蹬、小桌板、靠背网兜、茶桌、座席号牌、衣帽钩、行李架、垃圾箱、洗手盆、水龙头、梳妆台、面镜、便器、洗手液盒、一次性坐便垫盒、卫生纸盒、擦手纸盒、婴儿护理台、镜框、洗脸间门帘、干手器、商务座车小吧台、呼唤应答器、阅读灯、软卧车铺位号牌、包房号牌、卧铺栏杆、扶手、呼叫按钮、沙发、报刊栏、餐车侧门、餐桌、吧台、冰箱、展示柜、微波炉、电烤箱、售货车等服务设备设施齐全，作用良好，正常使用，外观整洁，故障、破损及时修复。

2. **车内各种服务图形标志型号一致，位置统一，安装牢固，齐全醒目，符合规定**

（1）车门处。

车门处贴有禁止吸烟、小心夹手、禁止倚靠、儿童购票标准等小提示，如图4-2-2所示。

（2）车厢内。

车厢通过台外端门框旁设儿童票标高线。儿童票标高线宽10 mm、长100 mm，距地板面分别为1.2 m和1.5 m，以上缘为限，距内端门框约100 mm，如图4-2-3所示。

图4-2-2　车门处服务图形标志

图4-2-3　儿童票标高线

通道处贴有电茶炉、废物箱等标识。电茶炉设在车厢的两端，列车运行中车厢会晃动，接开水时请不要接得太满，以免烫伤。垃圾箱设在车厢的两端，请将垃圾分类扔进垃圾箱和废物箱。盥洗室贴有洗手液、感应出水、卫生纸和非饮用水等标识。客室处贴有座位号、电源插座、禁止放置重物、座椅控制、应急锤及逃生说明等标识。卫生间贴有冲水按钮、卫生纸、感应出水、洗手液、便座垫以及废物箱等标识，卫生间内不能吸烟，如图4-2-4所示。

图4-2-4　提示标识

3. **电子显示屏显示**

车厢外部的电子显示屏显示列车运行区间、车次、车厢顺号等信息，车内电子显示屏显示列车运行区间、车次、车厢顺号、停站、运行速度、温度、中国铁路客户服务中心客户服务电话（区号+电话号码）、安全提示等信息，显示及时、准确，如图4-2-6所示。

图 4-2-5 电子显示屏显示

4. 乘务人员配置

列车配有票剪、补票机、站车客运信息无线交互系统手持终端和 GSM-R 通信设备；乘务人员配置具备录音功能的手持电台及音频记录仪。设备电量充足，作用良好。站车客运信息无线交互系统手持终端在始发前登录，途中及时更新信息。

（三）服务备品使用规范

（1）服务备品、材料等符合国家环保规定，质量符合要求，色调与车内环境相协调。

（2）服务备品齐全，干净整洁，定位摆放。布制、易耗备品备用充足，保证使用。布制备品按规定的时间使用和换洗，有启用时间（年、月）标志。

布制备品使用年限和换洗期限见表 4-2-1。

表 4-2-1 布制备品使用年限和换洗期限

序号	品名	布制备品使用年限（单位：年）					布制备品换洗期限				
		软卧	商务座	特、一等座	二等座	餐车	软卧	商务座	特、一等座	二等座	餐车
1	被套	0.5					1 客				
2	床单	0.5					1 客				
3	枕套	0.5					1 客				
4	包裹套	1					180 天				
5	茶几布	1					单程				
6	卧铺套	2					30 天				
7	靠背套	2					30 天				
8	座席套			2	2	2			180 天	180 天	180 天
9	棉被	1									
10	垫毯	3									
11	枕芯	1									
12	头枕片			0.25	0.25				一个交路	一个交路	
13	头枕（套）			1					30 天		
14	靠垫		1				30 天				
15	防寒毯		2				1 客				
备注	动车组列车座席套在换洗期限内污损的，应及时换洗。										

① 软卧车（含高级软卧车）服务备品。

软卧车（含高级软卧车）包房内有被套、被芯、枕套、枕芯、床单、垫毯、卧铺套、靠背套、茶几布、一次性拖鞋、衣架、不锈钢果皮盘、带盖垃圾桶、热水瓶、面巾纸盒及服务指南、免费读物；备有托盘、热水瓶和一次性硬质塑料水杯。

② 软卧代座车服务备品。

软卧代座车包房内有卧铺套、靠背套、不锈钢果皮盘；包房门框上原铺位号牌处有座席号牌，备有热水瓶和一次性硬质塑料水杯。

③ 商务座车服务备品。

商务座车提供小毛巾，就餐时提供餐巾纸、牙签；有耳塞、靠垫、鞋套、一次性拖鞋、清洁袋和专项服务项目单、服务指南、免费读物；备有防寒毯、耳机、眼罩、托盘、热水瓶和一次性硬质塑料水杯。

④ 特、一、二等座车服务备品。

特、一、二等座车有清洁袋、免费读物和服务指南，放置在座椅靠背袋内或其他指定位置；有座椅套、头枕片，特、一等座车座椅有头枕；电茶炉配有纸杯架的，有一次性纸杯；乘务组备有热水瓶、耳塞和一次性硬质塑料水杯。

⑤ 餐车服务备品。

餐车有座椅套、售货车、托盘、热水瓶、一次性硬质塑料水杯；备有餐巾纸、牙签。

⑥ 洗脸间服务备品。

洗脸间有洗手液、擦手纸（或干手器）。

⑦ 厕所服务备品。

厕所内有芳香盒和水溶性好的卫生纸、擦手纸，坐便器有一次性坐便垫圈，小便池内放置芳香球。

（3）贴身卧具备品。

贴身卧具（被套、床单、枕套）和头枕片干燥、清洁、平整，无污渍、无破损，已使用与未使用的折叠整齐，分别装袋保管；卧具袋防水、耐磨、干净、无破损；贴身卧具与其他布质备品分类洗涤；洗涤、存储、装运及更换不落地、无污染。

（4）非贴身卧具备品。

卧车垫毯、被芯、枕芯等非贴身卧具备品干燥、清洁，无污渍、无破损，定期晾晒；被芯、枕芯先加装包裹套，再使用被套、枕套；包裹套定期清洗，保持干燥整洁。

（5）布制备品定位存放。

布制备品定位存放在储物（藏）柜内；无储物（藏）柜或储物（藏）柜容量不足的，软卧车定位放置在3、7、11号卧铺下。

（6）清扫工具定位存放。

厕所专用清扫工具与车内清扫工具分开定位存放在清洁柜内；无清洁柜的定位隐蔽存放。商务座、特等座、一等座车厢客室内不存放清洁工具。清扫工具、清洁剂材质符合规定。

"复兴号"400AF动车组2、3、6、7车厢配备洁具柜，其中2号车、7号车为带拖把池的洁具柜，水池设置较低，可用于涮洗拖把，存放清洁用品，如图4-2-6所示。

 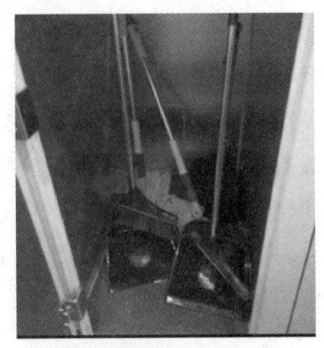

图 4-2-6　清扫工具定位存放

（7）清洁袋质地、规格符合规定，具有防水、承重性能。

（8）每标准编组车底配备 2 辆垃圾小推车，垃圾小推车、垃圾箱（桶）内用垃圾袋，垃圾袋符合国家标准，印有使用单位标志，与垃圾箱（桶）规格匹配，厚度不小于 0.025 mm。

（四）环境卫生出库标准

（1）车厢内外各部位整洁，窗明几净，四壁无尘，物见本色。

① 外车皮、站台补偿器内外、窗门框及玻璃、扶手干净、无污渍。

② 花板（顶棚）、板壁、边角、地板、连接处、灯罩、座椅（铺位）、空调口、通风口、电茶炉、靠背袋网兜内等部位清洁卫生，无尘无垢无杂物。

③ 热水瓶、果皮盘、垃圾箱（桶）、洗脸间内外洁净。

④ 餐车橱、柜、箱干净无异味，分类标志清晰，商品、餐、饮品和备品等分类定位放置。

⑤ 厕所无积便、积垢、异味，地面干净无杂物，污物箱内污物排尽。

（2）深度保洁结合检修计划安排在白天作业，范围包括车厢天花板、板壁、遮阳板（窗帘）、灯罩、连接处、车梯、商务座椅表面、座椅（铺位）缝隙、座椅扶手及旋转器卡槽、小桌板、脚踏板、暖气罩缝隙、洗手液盒、车厢边角，以及电茶炉、饮水机内部。

（3）布制品、消耗品和保洁工具等服务备品配备齐全，定位放置，定型统一。

① 卧具叠放整齐，摆放统一，床单、头枕片、座席套、茶几布等铺设平整，干净整洁。

② 清洁袋、洗手液、卫生纸、擦手纸、一次性坐便垫圈、服务指南、免费读物、商务座专项服务等备品补足配齐，定位放置。服务指南中含有旅行须知、乘车安全须知、本车型的设备设施介绍、主要停靠站公交信息、铁路 12306 手机客户端和微信公众号二维码及本趟列车销售的商品价目表、菜单。

③ 垃圾小推车等保洁工具及售货车等备品定位放置，不影响旅客使用空间。

（4）可旋转式座椅转向列车运行方向。

（5）定期进行"消、杀、灭"，蚊、蝇、蟑螂等病媒昆虫指数及鼠密度符合国家规定。

（五）文明服务规范

1. 仪容整洁，着装统一，整齐规范

（1）头发干净整齐、颜色自然，不理奇异发型、不剃光头。男性两侧鬓角不得超过耳垂底部，后部不长于衬衣领，不遮盖眉毛、耳朵，不烫发，不留胡须；女性发不过肩，刘海长不遮眉，短发不短于 7 cm。

（2）面部、双手保持清洁，身体外露部位无文身。指甲修剪整齐，长度不超过指尖 2 mm，不染彩色指甲。

（3）女性淡妆上岗，唇线与口红的颜色一致；眉毛修剪整齐，眉笔和眼线为黑色或深棕色；眼影的颜色与制服一致；使用清香、淡雅型香水。工作中保持妆容美观，端庄大方。补妆及时，在洗手间或乘务间进行。不浓妆艳抹。

（4）乘务组换装统一，衣扣拉链整齐。着裙装时，丝袜统一，无破损。系领带时，衬衣束在裙子或裤子内。外露的皮带为黑色。佩戴的外露饰物款式简洁，限手表一只、戒指一枚，女性还可佩戴发夹、发箍或头花及一副直径不超过 3 mm 的耳钉。不歪戴帽子，不挽袖子和卷裤脚，不敞胸露怀，不赤足穿鞋，不穿尖头鞋、拖鞋、露趾鞋，鞋的颜色为深色系，鞋跟高度不超过 3.5 cm，跟径不小于 3.5 cm。

（5）佩戴职务标志，胸章牌（长方形职务标志）戴于左胸口袋上方正中，下边沿距口袋 1 厘米处（无口袋的戴于相应位置），包含单位、姓名、职务、工号等内容。臂章佩戴在上衣左袖肩下四指处。按规定应佩戴制帽的工作人员，在执行职务时戴上制帽，帽徽在制帽折沿上方正中。除列车长外，其他客运乘务人员在车厢内作业时可不戴制帽。

2. 表情自然，态度和蔼，用语文明，举止得体，庄重大方

① 使用普通话，表达准确，口齿清晰。服务语言表达规范、准确，使用"请""您好""谢谢""对不起""再见"等服务用语。对旅客、货主称呼恰当，统称为"旅客们""各位旅客""旅客朋友"，单独称为"先生""女士""小朋友""同志"等。

② 旅客问讯时，面向旅客站立（工作人员办理业务时除外），目视旅客，有问必答，回答准确，解释耐心。遇有失误时，向旅客表示歉意。对旅客的配合与支持，表示感谢。

③ 坐立、行走姿态端正，步伐适中，轻重适宜。在旅客多的地方，先示意后通行；与旅客走对面时，要主动侧身面向旅客让行，不与旅客抢行。列队出（退）勤（乘）时，按规定线路行走，步伐一致，箱（包）在同一侧。

④ 立岗姿势规范，精神饱满。站立时，挺胸收腹，两肩平衡，身体自然挺直，双臂自然下垂，手指并拢贴于裤线上，脚跟靠拢，脚尖略向外张呈"V"字形。女性可双手四指并拢，交叉相握，右手叠放在左手之上，自然垂于腹前；左脚靠在右脚内侧，夹角为 45°呈"丁"字形。

⑤ 列车进出站时，在车门口立岗，面向站台致注目礼，以列车进入站台开始，开出站台为止。办理交接时行举手礼，右手五指并拢平展，向内上方举手至帽檐右侧边沿，小臂形成 45°角。

3. 温度适宜，环境舒适

（1）通风系统作用良好，车内空气清新，质量符合国家标准。始发前对车厢进行预冷、预热，空调温度调节适宜，体感舒适，原则上保持冬季 18 ℃～20 ℃，夏季 26 ℃～28 ℃。

（2）车内照明符合规定。夜间运行（22:00—7:00）时，座车照明开关置于半灯位；始发、终到站和客流量大的停站，以及列车途经地区与北京时间存在时差时自行调整。

视频系统性能良好，使用正常，始发前开启系统播放节目，播放内容符合规定并定期更新。

4. 动车组列车给水

当日第一趟车始发时应辆辆满水。必须提前上岗（列车停留的到发线不邻靠正线的，客车给水人员应提前下股道到线间指定位置接车，具体时间由铁路运输企业自定），检查给水设备，清理股道中的障碍物和闲杂人员，做好给水准备工作。紧邻高铁（客专）正线且无隔离的到发线不得安排上水作业。

（1）接车。在规定地点目迎列车进站，列车停稳，迅速作业。

（2）给水。人定岗、岗定栓、栓定车，落实岗位职责。

（3）整理。作业完毕，做到水阀关闭，水管拔下、摆放整齐。

（4）报告。作业完毕后，通过对讲机向客运值班员（客运员、站务员）报告："××次上水作业完毕。"，客运值班员（客运员、站务员）应答："××次上水作业完毕，客运值班员（客运员、站务员）明白"。

给水站未给水时应向列车说明情况，列车在上报月度上水数据备注栏内注明。方案安排给水，但长期不能给水且难以解决的，站车应报上级协调解决。

5. 电源插座

公共区域的电源插座保证符合标示范围的旅行必需的小型电器正常使用。

6. 旅客运输服务信息

通过图形符号、电子显示、广播、视频、服务指南等方式宣传旅客运输服务信息，引导旅客自助服务。

7. 根据旅客乘坐列车等级和席别提供相应服务

（1）商务座车服务。

商务座车配有专职人员，主动介绍专项服务项目，提供饮品、餐食、小食品、小毛巾、耳塞等服务。饮品有茶水、饮料，品种不少于6种，茶水全程供应。

逢供餐时间的，免费供应餐食。供餐时间为：早餐8：00以前，正餐11:30—13:00、17:30—19:00。

正餐以冷链为主，配用速溶汤，分量适中，可另行配备面点、菜品、佐餐料包等，品种不少于3种，配有清真餐食，定期调整。

选用非油炸类点心、蜜饯类、坚果类等无壳、无核、无皮、无骨的休闲小食品，品种不少于6种，独立小包装。

（2）"G"字头跨局动车组特、一等座车提供饮品、小食品、送水等服务。

8. 重点旅客服务

重点关注，优先照顾，保障重点旅客服务。按规范设置无障碍厕所、座椅、专用座席等设施设备，作用良好。

对重点旅客做到"三知三有"（知座席、知到站、知困难，有登记、有服务、有交接）；

为有需求的特殊重点旅客联系到站提供担架、轮椅等辅助器具，及时办理站车交接。

9. 动车组列车始发站站车客运业务交接

（1）铁路客运办理站车交接时礼仪要求。

客运值班员在站车交接、接受检查时行举手礼；列车长在站车交接、接受检查时行举手礼；列车员在列车进出站时，面向站台致注目礼。

（2）动车组列车始发站办理站车交接内容。

动车组列车长办理站车交接，短编组动车组列车在4、5号车厢之间；长编组动车组列车在8、9号车厢之间；重联动车组列车在列车运行方向前组第7、8位车厢之间。与车站客运值班员办理交接，查看列车服务信息系统手持移动终端显示信息，掌握详细的售票情况，做到交接清楚，掌握重点；列车员在与列车长所在位置相对应的列车另一端，引导旅客，做到引导有序，重点旅客妥善安排。

① 站车办理使用辅助工具的特殊重点旅客交接。

始发站对进入本站候车区域内以及到达本站的重点旅客要进行重点照顾，协助旅客办理进出站、候车、乘降、行包托运等业务。对确需帮助重点照顾（需使用担架、轮椅等辅助工具）的旅客，旅客乘车站要填写"特殊重点旅客服务交接簿"，与列车办理交接，做好交接记录。

"特殊重点旅客服务交接簿"使用纸张大小为32开，车站为三联无碳复写，列车为两联无碳复写，颜色统一为发站联白底黑字、列车联粉底黑字、到站联黄底黑字。

"特殊重点旅客服务交接簿"填记要完整，字迹要清晰，明确专人，按局顺、日期保管，保存一年备查。

② 车站办理有人护送的精神病旅客交接。

发现有人护送的精神病旅客，应通知列车长，并协助护送人员防止发生意外。列车对有人护送的精神病旅客，乘务员应向护送人员介绍安全注意事项，并予以协助。

三、动车组列车始发客运作业流程及标准

（一）列车长始发作业流程及标准

1. 列车长岗位职责

（1）服从车队指挥，完成上级布置的各项任务。

（2）组织召开乘务组出、退乘会。

（3）进行上部设备设施检查，全面掌握列车上部设施情况。

（4）组织列车广播工作。

（5）负责验收保洁工作质量。

（6）负责监督检查列车餐饮供应工作质量。

（7）负责协调和处理列车运行中的相关工作，督促乘务人员按照标准作业，做好与车站的交接工作，确保服务质量和旅客安全。

（8）收集旅客对服务工作的意见，受理旅客投诉，帮助旅客解决困难。

（9）负责应急情况下的处置和指挥，并及时向调度和上级报告。

（10）负责客运乘务组在乘务中及入寓期间的"两纪"管理。

（11）客运信息的反馈和日常乘务工作信息记录汇总并提出改进建议。

2. 出乘作业

（1）组织召开出乘会，传达文件命令、电报，总结上趟乘务工作，布置本趟乘务任务。收缴列车员烟火，检查列车员仪容仪表、标志、证件，如图 4-2-7 所示。

图 4-2-7　出乘作业

（2）检查电报、客运记录、便携式补票机、防盗防抢箱、站车客运信息无线交互系统手持终端、GSM-R 手持终端、手持电台、急救药箱（盒）等乘务备品，确认设备状态良好，电量充足。

3. 接车作业

（1）列队整齐按规定线路行走，步伐一致，箱（包）在同一侧，列车长在队伍尾部。按接车时间到达站台指定地点接车，如图 4-2-8 所示。

图 4-2-8　接车作业

（2）接车后，票据入柜加锁，重设金柜密码，备品定位摆放，调整担当车次，登录站车客运信息无线交互系统，注册 GSM-R 手持终端。与质检员（交班列车长）办理业务交接，做到交接清楚全面，如图 4-2-9 所示。

图 4-2-9　接车后

（3）检查列车设备设施情况，对《动车组固定服务设施状态检查记录》中记载的问题进行确认，对新出现的设备故障及时通知随车机械师进行处理，无法修复时做好记载，与随车机械师签字确认，如图4-2-10所示。

图 4-2-10　检查列车设备设施

（4）检查应急备品状态；检查列车出库卫生保洁质量及易耗品、清扫工具定位情况；确认列车满水情况，督促列车员安装视频监控设备。

（5）检查餐售等人员着装、证件、手机收缴情况，收缴烟火，统一保管并做好登记。布置趟班重点工作，检查商品摆放、快件堆码等情况。

（6）与商务、特、一等座车厢的列车员确认商务、特、一等座饮品、休闲食品和专项服务备品领取数量，与餐车长签字交接。

（7）在立岗位置与车站指定高铁快件交接人员按装载清单办理交接，如图4-2-11所示。

图 4-2-11　高铁快件交接

4. 开车前作业

（1）与司机对时后，立即与列车员对时，做到时间准确一致。

（2）检查列车员、餐售人员作业执标情况，了解餐车饮食品配备数量。车站检票时，在指定车门处面向旅客放行方向立岗，迎接旅客上车，与车站办理业务交接。

（3）开车前，提示兼职广播员播放广播、监听音量及内容。

（4）开车前，列车长接到车站与客运有关的作业完毕通知和乘务员乘降完毕汇报后，按规定通知司机或随车机械师关闭车门（重联时，后组列车长确认本组作业完毕后，向前组列车长报告）。

（5）遇动车组初起叫停等特殊情况时，及时采取措施，妥善处理。

5. 开车后作业

（1）确认视频、广播、电子屏的播放及显示内容准确、音量适中、播放及时。

（2）未配备乘警的，由列车长兼职行使列车安全员职责。加强车厢巡视，提示旅客保管好携带的贵重物品，防止各类案（事）件的发生；及时掌握车内治安动态，积极调解旅客矛盾纠纷，对调解和处理不了的，要立即报告公安指挥中心，并先行固定提取相关证据。

（3）加强安全宣传，落实岗位防火责任制。提示旅客遵守安全乘车规定，及时制止可能损坏车辆设施和影响安全的行为。加强"危险品"查堵，落实动车组列车禁烟制度，及时检查卫生间、通过台等重点部位，发现吸烟行为的旅客及时制止，按规定移交公安部门依法处理。未配备乘警的，会同随车机械师对灭火器、安全锤等防火、安全设备进行检查，发现问题及时报告公安部门。

（4）检查车门、翻板、各柜门锁闭状态；检查行李架、衣帽钩、大件物品摆放及商品、高铁快件堆码情况；巡视电茶炉、卫生间等部位，做到设备良好，通道畅通，卫生整洁，备品充足，温度适宜。

（5）检查车厢视频监控设备的安装开启及电量情况。

（6）掌握车内旅客动态，积极做好服务工作，耐心解答问询，落实"首问首诉"负责制，积极响应旅客诉求，遇有重点旅客主动提供帮助。

动车组列车长始发作业流程及标准见表4-2-2。

表4-2-2 动车组列车长始发作业流程及标准

程序	项目	作业内容	质量标准
出乘作业	出乘报到	提前30 min出乘，听取车队传达重点工作、文电、命令	按时出乘，文电、命令准确掌握，签字确认
	领取票据	请领票据、补票机、站车交互终端、GSM-R手持终端	设备状态良好，票据充足
	出乘准备	检查乘务人员的上岗证、健康证、红十字救护证；检查对讲机、耳机，进行通话试验	证件齐全有效，对讲机电量充足、通话正常
	检查仪容	精神饱满，服装整洁，妆容美观，职务标志佩戴一致	佩戴职务标志，胸章牌戴于左胸口袋上方正中，下边沿距口袋1 cm处（无口袋的戴于相应位置）。菱形臂章佩戴在上衣左袖肩下四指处
	出乘点名	出乘室组织列队出乘	点名，听取车队传达文电、命令
	出乘会议	召开出乘会，布置趟车工作，传达文件命令，进行业务抽问	命令传达准确，明确趟车重点工作
	列队接车	按规定线路行走，列队接车。	统一列队，步伐一致，箱（包）在同一侧。站台立岗接车，位置统一

续表

程序	项目	作业内容	质量标准
始发站作业	备品交接	站台指定位置与配送人员办理清洁备品、服务备品交接	签字交接,记录清楚
	列队登车	列车停稳后,组织乘务人员列队上车	停稳上车,动作迅速,不磕不碰
	存放票据	保险柜存放票机、票据	入柜存放,密码打乱
	备品定位	备品、乘务箱包、大衣定位放置	标准统一、定位存放
	全面巡视	全面巡视,组织乘务人员按分工区域,对应急备品、服务设施、车内卫生、书刊及商务、一等座专项备品、食品配送进行检查;对自动广播系统进行测试	车内整洁、设备良好、备品齐全、广播系统状态良好,准备工作到位
	卫生鉴定	与保洁人员办理交接,在《出库保洁清洁验收簿》上打分签字	车厢各部位干净、光亮、无杂物、无水迹,杂志、清洁袋摆放规范
	通话试验	与随车机械师、司机、乘警、乘务人员进行通话试验,并校对时间;GSM-R手持终端进行注册	核对时间准确无误,通信正常
	组织乘降	对讲机通知乘务人员整理人容着装,在指定车厢车内立岗,与车站客运值班员办理交接	立岗规范,及时掌握重点旅客乘车信息
	接收信息	列车始发前 10 min 开启站车交互终端	按规定接收,对旅客乘车情况做到心中有数
	广播提醒	开车前 5 min 通告,宣传安全注意事项,提醒送站客人下车	及时提示、用语规范
	通知关门	开车前,列车长(重联时为运行方向前组列车长)确认站方开车铃声结束、旅客乘降、高铁快件和餐车物品装卸完毕后,通知司机或随车机械师关闭车门	旅客乘降完毕,乘务员逐车汇报,落实呼喊应答制度,用语规范、清晰、准确
开车作业	立岗出站	面向站台,车门立岗出站	行注目礼、站姿规范
	全面巡视	全列巡视,检查各岗位人员作业落实情况,掌握、安置重点旅客	及时巡视、掌握重点、落实标准
	安全宣传	开车后播放欢迎词、安全提示及禁烟宣传。遇有自动语音播报故障,采取人工口播	广播及时,用语规范,音量适中
	核对票证	查验车票,打检标记,核对挂失补,掌握旅客人数、去向,对乘车条件不符或无票人员,按章办理	认真核对、按章办理

6. 发车作业联控

（1）"一监听"：监听车站确认列车旅客乘降、上水、吸污和高铁快运、餐车物品装卸作业完毕的联控。

（2）"二确认"：重联时后组列车长通过客运对讲机向前组列车长联控确认后组的旅客乘降情况。

（3）"三联控"：开车前列车长接车站与客运有关的作业完毕通知，重联确认后组乘降后，按规定联控司机关闭车门。

7. 作业完毕联系用语

（1）站车客运作业完毕联系用语。

车站客运值班员（或指定的胜任人员）确认列车旅客乘降、上水、吸污和高铁快运、餐车物品装卸作业完毕后，使用无线对讲设备通知列车长与客运有关的作业完毕。

客运值班员呼叫列车长："××次××站客运作业完毕"。

列车长应答："××次客运作业完毕，列车长明白"。

（2）后组列车长确认本组旅客乘降完毕后，报告前组列车长联系用语

重联动车组关闭车门时，由后组列车长确认本组旅客乘降完毕后，报告前组列车长。

后组列车长呼叫前组列车长："×××次后列上下完毕。"

前组列车长应答："明白"。

（3）列车长确认旅客上下完毕后，通知司机关闭车门联系用语。

动车组在始发站，客运乘务员上车前，应将车门保持关闭状态。车站放行旅客前，司机（按钮不在司机操作台上的由随车机械师）根据列车长的通知开门。列车工作人员不得擅自开关车门。列车长确认旅客上下完毕后，通知司机关闭车门。

列车长："××次司机，我是列车长，请开启车门"。

司机："××次司机明白"。

列车长："××次司机，旅客乘降完毕，请关闭车门"。

司机："××次司机明白"。

（二）客运乘务员始发作业流程及标准

1. 客运乘务员岗位职责

（1）在列车长的领导下，认真执行铁路安全生产及旅客运输的规章制度，履行岗位职责，落实作业标准和服务规范。

（2）负责对责任车厢与服务旅客直接相关的客运服务设备设施的使用、卫生保洁质量的监督检查。发现突发问题、设备故障，及时报告列车长。

（3）及时巡视车厢，耐心解答旅客问询，帮助解决旅客困难，做好旅客安全、服务工作。

（4）配合列车长做好列车人工、临时广播工作。

（5）协助列车长做好非正常情况下的应急处置。拒绝违章指挥，制止他人违章作业。

（6）完成列车长交办的其他工作。

2. 出乘作业

（1）按时参加出乘会，接受上级命令、指示，趟班乘务任务明确，主动上交烟火、手机。

（2）整理仪容仪表，着装规范整齐，备品、证件携带齐全、设备状态良好。

（3）列队到派班室点名，接受派班员命令、指示及业务考试。

3. 接车作业

（1）列队整齐按规定线路行走，步伐一致，箱（包）在同一侧，始发前 30 min（站台交接时，进站前 15 min）到达站台指定地点接车。

（2）接车后，乘务备品定位摆放，安装开启视频监控设备，检查设备设施、卫生质量及易耗品、清扫工具定位情况，检查上水情况。发现问题及时报告列车长。

（3）负责商务、特、一等座车厢的列车员与餐售人员清点商务、特、一等座饮品、休闲食品及专项服务备品数量，检查定置摆放情况，并向列车长报告。

（4）在高铁快件办理站检查车站装卸人员装卸、码放作业，确认施封、外包装及件数，并向列车长报告。

（5）广播员检查、调整担当车次。

4. 开车前作业

（1）列车长对时，做到时间准确一致。

（2）站检票时，在分工车厢，引导重点旅客就座、协助安放行李物品。

（3）开车前，兼职广播员播放广播，乘务人员监控广播、电子屏、视频播放及显示，发现异常及时报告列车长。

（4）开车前 5 min，到指定车门处立岗。

（5）开车前，确认旅客乘降、高铁快件和餐车物品装卸完毕后报告列车长。

（6）遇特殊情况时，立即向列车长汇报，采取措施，妥善处理。

5. 开车后作业

（1）职广播员播放广播，乘务人员监控广播、电子屏、视频播放及显示，发现异常及时报告列车长。

（2）加强安全宣传，落实岗位防火责任制。提示旅客遵守安全乘车规定，及时制止可能损坏车辆设施和影响安全的行为。加强"危险品"查堵，落实动车组列车禁烟制度，及时检查卫生间、通过台等重点部位，发现吸烟行为的旅客及时劝阻并报告。

（3）检查车门、翻板、各柜门锁闭状态发现故障及时报告列车长；整理行李架、衣帽钩、大件物品摆放，检查商品摆放、高铁快件堆码、施封、外包装及件数等情况，清理电茶炉、卫生间等部位。做到设备良好，通道畅通，卫生整洁，备品充足，温度适宜。

（4）掌握车内旅客动态，积极做好服务工作，耐心解答问询，落实"首问首诉"负责制，积极响应旅客诉求，遇有重点旅客主动提供帮助。

动车组客运乘务员始发作业流程及标准见表 4-2-3。

表 4-2-3　动车组客运乘务员始发作业流程及标准

程序	项目	作业内容	质量标准
出乘作业	出乘报到	按规定时间出乘	按时出乘，不迟到
	出乘准备	携带上岗证、健康证、红十字救护证，检查对讲机、耳机	证件齐全有效，对讲机电量充足、通话正常
	整理仪容	整理仪容着装、佩戴职务标志	精神饱满、服装整洁、妆容美观、职务标志佩戴一致
	出乘点名	出乘室列队出乘	列车长点名，听取值班干部传达文电、命令
	出乘会议	听取列车长传达有关事项，记录重点工作，掌握当趟服务重点	做好记录、业务回答准确、服务重点清楚
	手机收取	手机统一上交	统一上交，做好登记
	列队接车	按规定线路行走，列队接车	统一列队，步伐一致，箱（包）在同一侧。站台立岗接车，位置统一
始发站作业	备品交接	清洁、专项服务备品（托盘、水壶、防寒毯、耳机、眼罩等）齐全；免费赠品（小食品、饮料、茶）配置到位，并于配送人员办理交接签字	清洁、专项备品、免费赠品齐全
	列队登车	列车停稳后，列队上车	停稳上车，动作迅速，不磕不碰
	全面巡视	按分工区域对应急备品、服务设备、卫生、书刊进行检查，短缺及时汇报列车长；检查商务座广播关闭情况	车内整洁、设备良好、备品齐全，准备工作到位
	备品定位	商务座赠品、服务、清洁备品定位摆放，专用小推车摆放整齐	定位摆放
	通话试验	与列车长进行通话试验，并校对时间	核对时间准确，对讲机通话正常
	立岗接运	整理仪容着装，在车门处立岗，致欢迎词，关闭商务座和一等座、二等座车之间的感应隔离门	姿势规范、手势、用语标准、帮扶重点
	动态巡视	巡视车厢，掌握重点，安置行李	及时引导、帮扶重点，行李安置到位
	确认乘降	确认旅客乘降完毕，依次汇报列车长	汇报及时、用语规范
开车作业	立岗出站	面向站台，车门立岗出站	行注目礼、站姿规范
	巡视车厢	列车前进方向，面向旅客巡视所负责车厢，安置重点旅客；并做好安全宣传；将商务座和一等座、二等座车的隔离门调整至感应档	全面巡视、掌握重点、落实标准。安全宣传用语规范，音量适中
	调整车容	调整车容，疏导通道、风挡、残疾旅客专区的行李物品	行李架稳妥牢固，衣帽钩、小桌板无重物，通道、风挡不堵塞
	核对票证	查验车票，打剪标记，对乘车条件不符或无票人员及时通知列车长	认真核对、按章处理
	专项服务	为商务座旅客提供小毛巾、免费饮品、小食品、书刊报纸等	做好免费发放品的登记

（三）动车组餐车长始发作业流程及标准

1. 动车组餐车长岗位职责

（1）在列车长的领导下开展好餐饮服务工作。

（2）负责餐饮商品供应，督促餐服员按标准作业，满足需求，保证饮食安全。

（3）规范操作电器设备。

（4）负责按时向乘务人员供餐。

（5）负责途中餐吧车内卫生。

（6）落实首问首诉负责制，及时受理旅客的求助、问询、意见或投诉，做好解释及汇报工作。

（7）负责在列车长的指挥下，实施列车应急预案。

（8）完成列车长交办的其他工作。

2. 出乘作业

（1）车长按照规定时间请领票据，预测客流餐饮需求，提报请领计划，菜单公示牌插页品类与实物相符。保证盒饭和预包装饮用水高中低档分层分类配备，不同价位盒饭不少于三种。

（2）车长主动上缴烟火、收缴手机，统一保管。整理仪容仪表，着装、标志规范整齐，备品、证件携带齐全，设备、设施状态良好。

（3）度室点名，接受命令、指示及应知应会业务试问。按时出乘，命令、指示记录准确、无遗漏，乘务任务明确、回答准确。

（4）车长出乘前使用PDA餐饮核算管理终端机（以下简称"PDA终端机"）下载数据信息、核对库存。

3. 接车作业

（1）列队整齐按规定线路行走，步伐一致，箱（包）在同一侧，餐车长在队伍尾部，始发前40 min（车体到达站台前15 min）在站台指定地点接车，向列车长请示趟重点工作，主动上交烟火。

（2）车长与搬运人员办理商品交接，使用餐车上货门时，作业完毕后，餐车长立即锁闭上货门，与机械师共同确认；使用旅客乘降门上货时，应在临近指定车门上货、礼让旅客，不干扰旅客乘降。

4. 开车前作业

（1）搬运商品时，轻拿轻放、码放整齐、大不压小、重不压轻、定位摆放、不堵通道。

（2）定位摆放商品、货物、个人物品及售货车，规范摆放展示柜、售货车内物品，按规定储存冷链食品，检查销售的商品质价相符，明码标价，一货一签，提供发票。

（3）配送商务、特、一等座饮品、休闲食品及专项服务备品到指定车厢定位摆放，与列车员办理交接，并与列车长确认。

5. 开车后作业

（1）检查设备设施情况，发现故障及时通知机械师到场处理，对不能立即修复的设备问题报告列车长。

（2）做好商品销售准备工作，展示柜、售货车品种丰富，摆放整齐、价签无遗漏，包装无破损。

（3）与商务、特、一等座车列车员共同发放饮品、休闲食品。

动车组餐车长始发作业流程及标准见表4-2-4。

表 4-2-4　动车组餐车长始发作业流程及标准

程序	项目	作业内容	质量标准
出乘作业	出乘报到	提前1/h出乘	按时出乘，不迟到
	领取票据	请领票据、单据、发票	票据齐全充足
	出乘准备	检查服务员上岗证、健康证、对讲机	证件齐全有效，对讲机电量充足、通话正常
	整理仪容	整理仪容着装、佩戴职务标志	精神饱满，服装整洁，妆容美观，职务标志佩戴一致。胸章牌（长方形职务标志）戴于左胸口袋上方正中
	出乘会议	听取列车长传达有关事项，记录重点工作	做好笔记、业务回答准确
	列队接车	按规定安全行走线路列队接车	统一列队，按规定线路行走，步伐一致，箱（包）在同一侧，站台立岗接车，位置统一
始发站作业	列队登车	列车停稳后，列队上车	停稳上车，动作迅速，不磕不碰
	商品交接	与配送人员办理商品交接，餐车上货门仅供餐车售货人员补充商品、餐料时使用，杜绝旅客乘降	当面交接，记录清楚，双方签字
	存放票据	票据存入金柜	及时入柜，打乱密码
	商品定位	售货车、陈列柜、备品柜商品定位摆放。餐车橱、柜、箱干净无异味，分类标志清晰、定位放置	码放合理、美观。商品柜、冰箱、吧台、橱柜不随意放置私人物品（乘务员随乘携带的餐食等定位存放）。餐食、商品在餐车储藏柜、冰箱内定位放置，不占用旅客使用空间
	设备检查	接通电源查看微波炉、咖啡机、电茶炉、冰箱、保温柜使用状态，发现问题通知列车长和机械师修复	微波炉、电茶炉、冰箱、保温柜使用状态正常
	卫生鉴定	水池、地面、四壁、微波炉、咖啡机、冰箱、储存柜内外全面检查	各部位干净、光亮、无杂物、无水迹
	餐吧整容	卫生整洁，展示柜布置美观，铺放台布、靠背纱、摆花瓶、纸巾盒，悬挂价目表、卫生许可证。厨房保持清洁，各用具定位摆放。售货车内外清洁，定位放置，有制动装置和防撞胶条	做到整洁优雅，规范统一。商品、售货车等不堵通道，不占用旅客使用空间
	准备作业	准备票款、商品、预热食品。餐车销售的饮食品质价相符，明码标价，一货一签，价签有"CRH"标志，提供发票。餐车、车厢明显位置、售货车、服务指南内有商品价目表和菜单	不出售无生产单位、生产日期、保质期和过期、变质，以及口香糖、方便面等严重影响列车环境卫生的食品。超过保质期限的食品单独存放、回收销毁。2元预包装饮用水和15元盒饭不断供
	整理仪容	整理仪容着装，做好放行准备	头饰、胸卡佩戴规范；服务人员戴口罩、手套；女性穿围裙

(四)动车组乘服员岗位职责

(1)在列车长领导下,按照分工,负责本车厢的清扫工作,做到垃圾收取及时,地面随脏随扫,厕所及时冲刷、无异味。

(2)负责车厢内保洁备品的配置、定位、补充及更换。

(3)协助乘务员做好旅客服务工作。

(4)落实首问首诉负责制,受理旅客的求助、问询、意见或投诉,及时向列车长反馈信息。

(5)在列车长的领导下,实施车内各类紧急情况的处置。

(6)完成列车长交办的其他工作。

动车组乘服员始发作业流程及标准见表4-2-5。

表4-2-5 动车组乘服员始发作业流程及标准

程序	项目	作业内容	质量标准
出乘作业	出乘报到	提前1 h出乘	按时出乘,不迟到
	整理仪容	整理仪容着装,佩戴职务标志	精神饱满,服装整洁,妆容美观,职务标志佩戴一致
	出乘会议	听取列车长传达有关事项,记录重点工作	做好记录、业务回答准确
	检查备品	检查随身清洁备品、工具	备品齐全,工具清洁无渍,位置放置统一
	列队接车	按规定线路行走,列队接车	统一列队,步伐一致,箱(包)在同一侧,站台立岗接车,位置统一
始发站作业	列队登车	列车停稳后,列队上车	停稳上车,动作迅速,不磕不碰
	备品定位	乘务箱包定位放置,按照分工区域对车厢清洁备品进行定位	定位统一、放置整齐、补充到位
	全面巡视	按分工区域对车厢内的清洁备品、服务备品、卫生、书刊的摆放、配置进行检查	备品齐全,定位良好,书刊、清洁袋发放到位,发现短缺,及时补充
	卫生清理	检查分工区域车厢卫生整备情况,按标做好接运卫生整备	窗明地净、四壁无尘、不锈钢件抛光,洗手台、厕所无水渍,照面镜光亮
	立岗接运	整理仪容着装,规定位置立岗	姿势规范、手势标准、帮扶重点、引导准确
开车作业	立岗出站	面向站台,车门立岗出站	行注目礼、站姿规范、出站离岗
	车厢保洁	分工区域内的车厢通道的撤擦,电茶炉、洗手台、厕所、照面镜的清洁,垃圾收取	地面清洁无水渍,台面干燥,照面镜、电茶炉光亮无渍,垃圾收取使用小推车
	调整车容	调整车容,疏导通道、风挡、残疾旅客专区的行李物品	行李架稳妥牢固,衣帽钩、小桌板无重物,通道、风挡不堵塞
	备品定位	保洁作业完毕,工具、备品小推车定位放置	定位规范、摆放整齐、隐蔽存放、刹车放置

任务实施

分小组运用该任务相关知识进行角色扮演,模拟动车组列车始发客运作业情景进行训练,落实现场作业主要环节,各小组派代表进行总结汇报,小组互评,教师点评。做到教、学、做一体化,提高学生运用理论知识解决实际问题的能力。

任务3 动车组列车途中客运作业

 能力目标

1. 能够按标准完成列车长的途中客运作业。
2. 能够按标准完成客运乘务员的途中客运作业。

 知识目标

1. 掌握运行中列车长作业流程及标准。
2. 掌握中途停车列车长作业流程及标准。
3. 掌握运行中客运乘务员作业流程及标准。
4. 掌握中途停车客运乘务员作业流程及标准。

 相关知识

一、动车组列车途中客运作业规范

（一）安全秩序规范

1. 安全使用电源,正确使用电器设备

电器元件安装牢固,接线及插座无松动,按钮开关、指示灯作用良好;不乱接电源和增加电器设备,不超过允许负载。配电室（箱）、电气控制柜锁闭,无堆放物品。不用水冲刷车内地板、连接处和车内电器设备。

2. 车门管理

列车到站停稳后,司机或随车机械师开启车门,并监控车门开启状态。开车前,列车长（重联时为运行方向前组列车长）接到车站与客运有关的作业完毕通知后,按规定通知司机或随车机械师关闭车门。

动车组列车停靠低站台时,到站前乘务人员提前锁闭辅助板指示锁并打开翻板,开车后及时将翻板及辅助板指示锁复位。

列车运行中,车门、气密窗锁闭状态良好。定期巡视,保持通道畅通。发现车门未锁闭或锁闭状态不良时,指派专人看守,并及时通知随车机械师处理。

3. 安全宣传和防范

运行中做好安全宣传和防范，车内秩序、环境良好，无闲杂人员随车叫卖、捡拾、讨要。发现可能损坏车辆设施和影响安全、文明的行为及时制止。

4. 禁烟宣传

全列各处所禁止吸烟，加强禁烟宣传，发现吸烟行为及时劝阻，并由公安机关依法查处。

5. 行李存放

行李架、大件行李存放处物品摆放平稳、牢固、整齐。大件行李放在大件行李存放处，不占用席（铺）位，不堵塞通道。锐器、易碎品、杆状物品及重物等放在座（铺）位下面或大件行李存放处。衣帽钩限挂衣帽、服饰等轻质物品。使用小桌板不超过承重范围。

6. 旅客携带品检查

发现旅客携带品可疑及无人认领的物品时，配备乘警（或列车安全员，下同）的列车通知乘警到场处理；未配备乘警的由列车长按规定处理，对危险品做好登记、保管及现场处置，并交前方停车站（公安部门）处理。

7. 关注异常旅客

发现行为、神情异常的旅客时重点关注，配备乘警的列车通知乘警到场处理；未配备乘警的由列车长按规定处理，情形严重时交列车运行前方停车站处理。

发生旅客伤病时提供协助，通过广播寻求医护人员帮助；情形严重的要报告客调。

（二）环境卫生途中标准

1. 途中保洁

途中保洁使用垃圾小推车和专用工具适时保洁，保持整洁卫生，旅客下车后及时恢复车容。
（1）各处所地面墩扫及时，干燥、干净；台面、桌面、面镜擦抹及时，干净、无水渍。
（2）洗脸（手）池、电茶炉沥水盘清理、擦抹及时，无污渍，无残渣，无堵塞，无积水；垃圾车、垃圾箱（桶）、清洁袋、靠背袋网兜、果皮盘清理及时，无残渣；厕所畅通无污物，无异味，按规定吸污。
（3）餐车餐桌、吧台、工作台、微波炉及各橱、箱、柜内保持洁净。

2. 及时补充备品

清洁袋、洗手液、卫生纸、擦手纸、一次性坐便垫圈等备品补充及时；卧具污染更换及时。

3. 垃圾定点投放

垃圾装袋、封口、无渗漏，定位放置，在指定站定点投放；不向车外扫倒垃圾、抛扔杂物。

（三）文明服务规范

1. 清理卫生

清理卫生时，清扫工具不触碰旅客及携带物品。挪动旅客物品时，征得旅客同意。需要踩踏座席、铺位时，戴鞋套或使用垫布。占用洗脸间洗漱时，礼让旅客。清洁厕所时，作业人员戴保洁专用手套。

运行途中，厕所吸污时或未供电时锁闭厕所，其他时间不锁厕所。厕所锁闭时，为特殊情况急需使用厕所的旅客提供方便。

2. 夜间作业

夜间作业、行走、交谈、开关门要轻。进包房先敲门，离开时应倒退出包房。

3. 定时定点分批用乘务餐

不高声喧哗、嬉笑打闹、勾肩搭背，定时定点分批用乘务餐，其他时段不在旅客面前进食、吸烟、剔牙或出现其他不文明、不礼貌的动作，不对旅客评头论足，接班前和工作中不食用异味食品。餐车对旅客供餐时，不在餐车逗留、闲谈、占用座席、陪客人就餐。

（四）用水供应

1. 用水供应

保证饮用水供应，途中上水站按规定上水，乘务员熟知本线路补水站，及时督促补水。运行途中为有需求的重点旅客提供送水服务，售货车配热水瓶，利用售货时为有需求的旅客提供补水服务。

2. 动车组列车途中给水

（1）单程运行时间 10~14 h 的，途中安排重点车厢补水 1 次。16 辆编组的，优先安排紧邻餐吧车的前部 2 辆、后部 2 辆车厢补水；8 辆编组及重联的，每组优先安排紧邻餐吧车的前部 1 辆、后部 1 辆车厢补水；部分车型紧邻餐吧车车厢没有厕所的，向邻近车厢顺延。

（2）单程运行时间在 14 h 以上的，途中（运行 7 h 前后）安排 1 次全列满水。

（3）车底连续套跑 10 h 以上的，中间（运行 6 h 前后）安排 1 次折返站全列满水。

（4）在给水站停时 8 min 及以上时，辆辆满水；停时 6~8 min，辆辆补水；停时 4~5 min，重点车厢补水；停时 3 min 及以下的，不安排给水作业。

（五）广播视频管理规范

1. 广播常播内容录音化

广播时应使用普通话，经停少数民族自治地区车站的列车可根据需要增加当地通用的民族语言播音，过港列车可增加粤语播音，直通列车可增加英语播报客运作业信息。

2. 广播语音要求

广播语音清晰，音量适宜，用语准确，不干扰旅客正常休息。自动广播系统播报正确。使用车载电话广播时做到普通话播报、音量适宜、吐字清楚、语速适中、无停顿、无错字。

尊重民族习俗和宗教信仰。经停少数民族自治地区车站的列车可按规定在图形标志增加当地通用的民族语言文字，可根据需要增加当地通用的民族语言播音。

3. 广播、视频内容要求

视频系统性能良好，使用正常，始发前开启系统播放节目，播放内容符合规定并定期更新。

广播、视频内容以方便旅行生活为主,介绍宣传安全常识和车辆设备设施的使用方法,提示旅客遵守安全乘车规定,播报前方停站、到站信息、便捷换乘等内容,可适当插播文艺娱乐、文明礼仪、沿线风光、民俗风情、餐食供应、广告等节目。

4. 列车服务信息录制规定

列车服务信息由客运乘务担当单位负责按规定录制,报路局(客运处)审批后执行;影音播放系统播放的内容由铁路总公司影音中心制作,铁路总公司宣传部审批。动车组音视频信息由动车段负责录入。

(六)动车组列车途中站车客运业务交接

1. 车门检查作业联控

(1)始发前5 min,列车长和安全员从5(13)车分别巡视(采集视频)检查车门至机后和尾部,列车员、乘服员复检立岗车门及相邻车门。

(2)途中停站时,列车长协同车站做好旅客的乘降组织,旅客乘降完毕,提示列车员、乘服员检查立岗车门及相邻车门,安全员站台对无人立岗车门重点巡视,做到全覆盖,列车长加强督促,集中精力做好乘降及站车、车机联控。

2. 动车组列车途中站车交接

动车组途中停站,列车长与车站客运值班员办理交接,做到交接清楚、手续完备。

(1)列车到达给水站前站车交接。

① 列车到站前1~2 min,安排给水的车厢乘务员应通过水压表、水位计、液位仪核实水箱水量,在"沿途给水情况记录簿"填写水量刻度数,为迅速办理站车交接做好准备。

② 列车到达给水站后,列车长指定人员检查车站给水管连接客车车厢数量,在给水方案中确定的交接车厢处填写《客车给水交接单》,并与车站给水人员办理签字确认交接手续。

③ 站车给水交接工作要求。

列车担当单位、给水车站给水工作人员实行每天24 h值班,必要时做好值班电话记录。

给水站给水后发现列车无人检查签认或不予签认,列车发现给水站无人给水或给水不符合规定,以及其他站或车无法解决的问题时,均应及时向铁路局客运处反映。

遇列车严重缺水等特殊情况,列车应提前电话通知给水站,内容包括车次、缺水车厢号、缺水程度等,给水站应提前组织给水人员按规定重点保证给水。

给水站未给水应向列车说明情况,列车在"客车给水交接单"中注明。

安排给水的车站长期不能给水且难以解决的,站车应报上级协调解决。

(2)列车严重超员时站车交接。

① 列车长应千方百计与车站客运值班员、运转值班员、运转车长取得联系,组织乘务员与车站工作人员紧密配合、大力宣传,积极组织旅客安全乘降,并要设安全门,指定专人顶岗,注意旅客乘降情况,照顾流动人员和重点旅客上车,发现危及行车和人身安全时要采取果断措施。

② 列车长应及时拍发超员电报,主送应停售、停检的车站,抄送本铁路局和有关铁路局客运处、客运段及车辆配属段。电报一式两份,交发报站客运值班员签收后各持一份。

（3）发现误购车票旅客要求乘车至正当到站时站车交接。

① 误售误购车票，在发站应换发新票；如旅客要求乘车至正当到站时，则应编制客运记录交列车，由列车按规定处理车票。

② 列车发现误购车票旅客能够乘本车至正当到站，应补收票价时，换发代用票，补收票价差额；应退还票价时，编制客运记录交旅客，作为正当到站要求退还已收票价与正当票从差额的凭证，并与正当到站客运值班员办理交接，补退票价差额均不收取手续费或退票费。

（4）旅客因误售、误购、误乘或坐过站时需送回时站车交接。

旅客因误售、误购、误乘或坐过了站需送回时，列车长应编制客运记录交前方停车站。车站应在车票背面注明"误乘"并加盖站名戳，指定最近列车免费返回。在免费送回区间，站车均应告之旅客不得自行中途下车。如中途下车，对往返乘车的免费区间，按返程所乘列车等级分别核收往返区间的票价，核收一次手续。客运记录一式两份，交客运值班员签收后各持一份。

（5）列车发现无票乘车或违章乘车拒绝补票人员时办理交接。

对无票或违章乘车而又拒绝补票的人，列车长可责令其下车，并应编制客运记录一式两份，移交县、市所在地车站或三等以上车站处理，旅客的到站近于上述移交站时，应交到站处理，编制的客运记录应注明无票乘车的区间。客运记录一式两份，交客运值班员签收后各持一份。

车站对列车移交或本站发现的上述人员应追补应收和加收的票款，核收手续费。

（6）旅客丢失车票另行补票后，又找到原票需退款时办理站车交接。

旅客丢失车票另行补票后又找到原票时，列车长应编制客运记录，连同原票和后补车票一并交给旅客，作为旅客在到站出站前退还后补车票的依据。列车长与车站办理交接时，车站不得拒绝。处理站在办理时，填写退票报告，并核收退票费，列车长编制的客运记录随退票报告联一并上报。

二、动车组列车途中客运作业流程及标准

动车组车票查验按"以站保车"的原则，落实实名制查验制度。运行时间超过 2 h 的，始发后全面验票 1 次，途中对上车旅客进行验票；运行时间不足 2 h 的，组织对车内旅客按 20%比例进行实名制抽验。验票时列车长会同乘警严格验证，对票、证、人不一致的，按无票处理。

（一）动车组列车长途中作业流程及标准

动车组列车运行中，列车长不向添乘领导汇报工作。

1. 途中作业

（1）据站车客运信息无线交互系统提供的乘车席位信息，核对空余座位及乘车人数，检查列车员席位核对执行情况，办理实名制补票、挂失补及电子票等业务，处理违章态度和蔼，执行规章熟练准确，减少对旅客的干扰。

（2）检查列车员作业情况。规范作业行为，发现问题及时纠正、考核。

（3）检查餐售作业情况。规范电器设备管理，使用中不离开操作区域，离人及时断电。微波炉、电烤箱内油垢"一餐一清"，立式保温柜、冰箱内随时清理；食品、商品符合食品安全要求，报废商品规范管理；规范商品摆放，不堵塞通道；规范售货行为，及时找零、提供发票，不得频繁进入车厢、高声叫卖。发现问题及时纠正、考核。

（4）检查动态卫生情况。检查清洁车作用良好、定位停放，督促列车员加强电茶炉、卫生间、门头等重点部位保洁，易耗品、卫生间补充（冲）及时。检查小桌板、座椅面、地面上杂物清理、卫生随脏随扫。跟踪检查卫生质量问题，准确考核。

（5）督促乘务人员对满溢垃圾袋及时更换，系紧扎严，防止液体外漏，放于非乘降车门侧，不得放在车厢连接处或车门翻板上。在垃圾投放站指定位置投放。

（6）加强设备设施检查，做好爱车宣传，发现故障及时通知机械师到场处理，对不能立即修复的设备问题，及时填记《动车组固定服务设施状态检查记录》。

（7）运行途中巡视、检查高铁快件集装件码放、外包装、施封等状况，发现异常及时妥善处理。

（8）行途中确认视频、广播、电子屏的播放及显示内容准确、音量适中、播报及时。逢用餐时间播放用餐广播。遇自动播报故障时，及时人工广播或人工宣传，到站前提示列车员宣传到位、到指定车门处引导。

（9）站前巡视车厢，到指定车门位置立岗，加强宣传引导。在有上水、吸污作业的车站到站前，组织列车员对车厢用水情况进行统计，有严重缺水或污物箱满溢的，提前与前方站联系。

（10）遇有列车晚点时，向司机了解晚点原因，及时上报晚点情况，统一口径向旅客做好解释和安抚工作，掌握中转换乘旅客情况。

（11）运行中遇有突发情况时，立即通报相关人员，启动应急预案，按各自岗位职责分工妥善处理，逐级汇报，涉及有关行车问题时，及时向司机报告，听从司机的统一指挥。

2. 站停作业

（1）中途站停时，在指定位置立岗，监控旅客乘降情况，与车站办理交接。督促乘务人员对在车门处逗留和吸烟的旅客加强安全提示，避免漏乘。

（2）在垃圾投放站，督促乘务人员及时将垃圾袋投放在指定位置。

（3）开车前，接到车站与客运有关的作业完毕通知和乘务员乘降完毕汇报后，按规定通知司机或随车机械师关闭车门（重联时，后组列车长确认本组作业完毕后，向前组列车长报告）。

（4）做好站车交接工作。

（5）途站有上水、吸污作业时，列车长得到车站客运人员上水、吸污作业，旅客乘降等作业完毕的通知后，按规定发车，做到联控用语准确。中途上水站开车后，确认车内水量，做好记录。

（6）高铁快件办理站，监督押运人员组织高铁快件快速装卸，与押运人员办理交接。

（7）遇动车组初起叫停等特殊情况时，及时采取措施，妥善处理。

动车组列车长途中作业流程及标准见表 4-3-1。

表 4-3-1　动车组列车长途中作业流程及标准

程序	项目	作业内容	质量标准
途中作业	巡视车厢	检查车容、保洁卫生、喷淋落实、餐吧售货、商务车、一等座车专项服务及重点旅客落实情况	及时巡视、落实标准、掌握重点、妥善处置
	安全宣传	中途站每站开车广播禁烟，运行途中每 30 min 宣传一次	禁烟宣传到位
	备品补充	补充清洁备品、服务备品及商务、特、一等座车小食品	及时足量、保证使用
	检查考核	对"两违"或脱标减项问题及时纠正和考核	责任明确、奖罚分明
	办理补票	根据站车交互终端通知乘务员核对上车旅客席位	认真核对、按章处理
	站前检查	到站前对保洁卫生质量、服务备品补充情况进行检查	地面无杂物，厕所无污物，洗脸间无水渍，清洁袋、洗手液、手纸、擦手纸补充及时
	广播提醒	自动语音播报故障时，督促列车员于到站前 3 min 口播到站和安全提示	广播及时准确，用语规范，音量适中
	帮扶重点	提醒、帮扶重点旅客	掌握重点、提前组织
	站车交接	与车站值班员办理交接，遇移交特殊重点旅客时，列车长提前通知车站到相应车厢办理交接，填写《特殊重点旅客交接登记簿》	有记录、有交接、有签字。办理交接时行举手礼
	组织乘降	组织旅客合理分流有序乘降，遇有车门故障，及时组织旅客自其他车门下车，并立即通知机械师进行处置	前下后上，宣传、帮扶到位
	确认关门	确认旅客乘降完毕后，及时通知司机或随车机械师关闭车门	准确掌握乘降情况，及时关门

3. 途中作业联系用语

（1）办理客运业务的中间站。

列车进站停车时，司机按动车组停车位置标停车，确认列车停稳、对准停车位置后开启车门；列车长确认旅客上下完毕后，通知司机关闭车门。按钮不在司机操作台上的，列车到站停稳后，由随车机械师开启车门；旅客上下完毕后由列车长通知随车机械师关闭车门。如自动开关门装置故障或特殊情况需单独开关车门时，由司机通知列车工作人员手动开关车门。

列车长："××次司机，旅客乘降完毕，请关闭车门"。

司机："××次司机明白"。

司机未听清列车长关门通知时，应主动联控列车长。

司机："×××次车长，是否关闭车门"。

列车长："×××次司机，可以关闭车门"。

（2）动车组营业站停车未对准动车组停车位置标且开放车门。

① 司机通知列车长。

司机应使用手持电台通知列车长。随后立即报告列车调度员。联系用语如下：

司机："×××次列车长，列车未对上停车标，车门已开放"。

列车长："×××次司机，旅客正在乘降，请勿起动"。

司机："×××次司机明白"。

② 车站客运值班员或列车长主动发现。

车站客运值班员或列车长主动发现后，使用手持电台通知司机。司机立即报告列车调度员。联系用语如下：

车站客运值班员或列车长："×××次司机，列车未完全停靠站台，旅客正在乘降，请勿起动"。

司机："×××次司机明白"。

③ 站车停止旅客乘降后。

站车停止旅客乘降后，车站客运值班员或列车长使用手持电台通知司机。司机立即报告列车调度员。联系用语如下：

车站客运值班员或列车长："×××次司机，列车已停止乘降，请关闭车门，对标停车"。

司机："×××次司机明白"。

（3）动车组营业站滞留期间临时开门。

① 临时开门。

动车组营业站滞留期间临时开门时，列车长使用手持电台通知机械师和司机。司机并立即报告列车调度员或车站值班员。联系用语如下：

列车长："×××次机械师、司机，需开启×车×位车门"。

机械师："×××次机械师明白"。

司机："×××次司机明白"。

② 相关作业完毕后。

相关作业完毕后，列车长使用手持电台通知机械师和司机，司机并立即报告列车调度员或车站值班员。联系用语如下：

列车长："×××次机械师、司机，×车×位车门已关闭"。

机械师："×××次机械师明白"。

司机："×××次司机明白"。

（二）客运乘务员途中作业流程及标准

1. 途中作业

（1）对席位，统计乘车人数，对持电子票旅客乘车信息进行核实，发现挂失补或乘车条件不符的人员，及时引导，并报告列车长。

（2）加强车内整容，对空余座位的小桌板、遮光帘（幕）、杂志、座椅扶手、脚蹬等及时复位；及时清理座席面上的杂物；对行李架、衣帽钩、大件行李存放处及时整理，保持通道畅通。

（3）加强安全宣传，及时劝阻儿童在车厢内跑动、坐在小桌板上或运行中在座席上站立。加强"危险品"查堵，落实动车组列车禁烟制度，及时检查卫生间、通过台等重点部位，发现吸烟行为的旅客立即劝阻，并及时报告。

（4）兼职广播员播放广播，乘务人员监控广播、电子屏、视频播放及显示，发现异常及时报告列车长。

（5）主动为商务座旅客介绍商务座设备设施，免费提供餐食、饮品、休闲食品和专项服务备品；为特、一等座旅客免费提供饮品和休闲食品。

（6）加强爱车宣传，及时制止旅客车厢内大声喧哗、脚搭桌板、穿鞋躺在座席上等不文明乘车行为。

（7）宣传旅行常识，主动向旅客介绍设备设施使用方法，对使用轮椅的旅客引导至专用区（有安全带时应使用安全带固定）。

（8）监控餐售行为。及时制止餐售人员频繁进入车厢及高声叫卖，发现问题及时报告列车长。

（9）随时清理卫生间，无便迹、无异味；重点监控电茶炉，无杂物、无水渍；及时更换、补充清洁袋、卫生纸、擦手纸等服务备品；及时清理小桌板、座椅面（网兜）；地面卫生随脏随扫，无杂物；拖布洗净拧干、地面无水迹。不得戴胶皮手套或手持垃圾袋进入客室内作业。电茶炉、手把杆、垃圾箱投掷门等白钢部件擦拭光亮。对满溢垃圾袋及时更换，系紧扎严，防止液体外漏，放于非乘降车门侧，不得放在车厢连接处或车门翻板上。在垃圾投放站指定位置投放。

（10）到站前，到指定车门位置立岗，加强宣传引导。

（11）上水站到站前、后对车厢水位进行检查确认并报告列车长。

（12）遇有列车晚点，要坚守岗位，统一口径向旅客做好解释和安抚工作。列车晚点时间较长时，掌握特殊重点旅客服务需求，对中转换乘的旅客进行统计，及时报告列车长。

（13）运行中遇有突发情况时，立即报告列车长听从指挥，按照岗位职责分工，妥善处理。

2．站停作业

（1）中途站停时，监控旅客乘降情况，对在车门处逗留和吸烟的旅客加强安全提示，避免漏乘。

（2）在垃圾投放站指定位置投放垃圾袋。

（3）确认旅客乘降、高铁快件和餐车物品装卸完毕后，及时报告列车长。

（4）遇特殊情况时，立即汇报、采取措施，妥善处理。

动车组客运乘务员途中作业流程及标准见表4-3-2。

表 4-3-2　动车组客运乘务员途中作业流程及标准

程序	项目	作业内容	质量标准
途中作业	巡视车厢	定时巡视车厢（30 min 巡视一次），调整车容、安置重点、检查喷淋制度落实情况	落实标准、掌握重点，随时关注服务呼叫显示器和旅客动态，做到有需求有服务，无需求勤巡视
	安全宣传	中途每站开车广播禁烟宣传，运行途中每 30 min 宣传一次	禁烟宣传到位
	备品补充	清洁备品、服务备品、小食品、饮品及时补充。做好中途站上车旅客的专项服务	及时补充、保证使用
	赠餐服务	逢供餐时间，免费供应餐食。早餐 8:00 前、正餐 11:30—13:00，17:30—19:00	及时提供、做好用餐登记
	核对席位	根据列车长提供席位信息，核对空余座位，重点旅客妥善安排。发现乘车条件不符的人员，通知列车长处理	认真核对、按章处理、补票到位；重点旅客有登记、有服务
	站前清理	检查并协助保洁员清理车内卫生	地面无杂物，厕所无污物，洗脸间无水渍，清洁袋、洗手液、手纸、擦手纸补充及时，垃圾袋扎口定点投放
	帮扶重点	提醒、帮扶重点旅客	掌握重点、提前组织
中途站作业	车门立岗	中途站在车内立岗迎接旅客	姿势规范、手势、用语标准、帮扶重点
	投放垃圾	督促保洁人员投放垃圾	垃圾装袋、定点投放
	组织乘降	在规定车门口立岗，组织旅客合理分流有序乘降，遇有车门故障，及时组织旅客自其他车门下车，并立即通知列车长、随车机械师进行处置	前下后上，宣传、帮扶到位。
	立岗出站	面向站台，车门立岗出站	行注目礼、站姿规范

（三）动车组餐车长途中作业流程及标准

（1）全面做好商品销售工作，吧台全程实行站立服务。始发后 10 min、终到前 20 min 和途中到站前、开车后 5 min 内不进入车厢内流动售货。

（2）餐车长使用 PDA 终端机实时录入吧台销售商品、盒饭信息。售货车销售商品需提前录入。

（3）在餐车或进入车厢推介、销售时，向旅客提供图文并茂的价目表，供旅客自主选择。进入车厢流动售货，频次适当、轻推慢走，遇有旅客通行主动避让，采用问询售卖方式，声音适中，不得高声叫卖，出售商品及时找零、提供发票。对旅客用过的餐盒及时回收。

（4）提供电话、流动订餐及送餐服务。订餐广播播放后，及时到车厢提供订餐服务，送餐准确、及时。

（5）随时整理、补充展示柜、售货车商品。补充售货车商品时，需将商品录入 PDA 终端机。对超过保质期限、包装破损、变质的商品、超过食用期限的自制食品和冷、热链餐食粘贴"报废"标识,,定置单独存放，回收销毁。

（6）客流较大站与商务、特、一等座车列车员共同发放饮品、休闲食品。数量不足时及时补充。

（7）检查餐车防火安全、掌握餐车设施使用及应急处理方法，规范使用微波炉、电烤箱、咖啡机、保温柜等厨房电器，使用中不离开操作区域，离人及时断电。微波炉、电烤箱"一餐一清"，保温柜、冰箱随时清理，做到无油垢、无污迹。

（8）随时清理餐车卫生，物品定置摆放，餐台、吧台做到"一客一清"。对满溢垃圾袋及时更换，系紧扎严，防止液体外漏，放于非乘降车门侧，不得放在车厢连接处或车门翻板上。在垃圾投放站指定位置投放。

（9）对餐车广播、视频进行监听（看），发现问题及时报告列车长。

（10）根据商品销售情况，途中、折返站及时补货，保证高、中、低不同价位的预包装饮用水、盒饭不少于3种，备有清真餐食。在途中补货后，使用PDA终端机下载途中补货信息。

（11）运行中遇有突发情况时，听从列车长指挥，按各自岗位职责分工，妥善处理，逐级汇报。

动车组餐车长途中作业流程及标准见表4-3-3。

表4-3-3 动车组餐车长途中作业流程及标准

程序	项目	作业内容	质量标准
途中作业	立岗出站	列车开车铃声响时，组织餐服员按标准站姿，定位立岗出站	行注目礼，直至列车出站台
	餐吧服务	根据需求，推荐餐食、茶点，宣传特色产品，做好客饭、乘务餐加热，餐车配置的微波炉、电烤箱、咖啡机规范使用，使用中不离开操作区域，用后及时断电、清洁	主动热情、唱收唱付。服务人员戴口罩、手套；女性穿围裙。无变相卖座及只收费不服务；乘务餐签字确认。15元盒饭及2元矿泉水满足供应
	补充商品	循环销售、及时补充商品	确保供应，满足需求
	卫生清理	餐车餐桌、吧台、工作台、微波炉及各橱、箱、柜内保持洁净。全面检查，及时弥补	各部位干净、光亮、无杂物、无水迹
	现金保管	现金及时入柜保管	账款相符，现金入柜
	通告到站	到站前做好通告	报站准确，提醒到位
	帮扶重点	协助重点旅客或行动不便旅客提前做好下车准备	帮扶到位
中途站作业	投放垃圾	按照指定的垃圾投放站投放垃圾	垃圾袋扎口定点投放
	避让旅客	中途停站时，在车厢服务的餐服员应及时站在风挡不开门的一侧，避让上下车旅客	不得堵塞通道，保证旅客上下

（四）动车组乘服员途中作业流程及标准

动车组乘服员途中作业流程及标准见表 4-3-4。

表 4-3-4 动车组乘服员途中作业流程及标准

程序	项目	作业内容	质量标准
途中作业	巡视车厢	定时巡视车厢，调整车容、补充备品，30 min 喷淋制度落实	落实标准、及时喷淋、规范签字
	重点保洁	地面杂物清理，台面水渍擦拭，厕所卫生清理，垃圾收取、投放	随脏随扫、台面干燥、厕所清洁无异味，冲刷及时，垃圾收取及时，规范投放
	备品补充	清洁备品、服务备品补充	及时补充、保证使用

 任务实施

分小组运用该任务相关知识进行角色扮演，模拟动车组列车途中作业情景进行训练，落实现场作业主要环节，各小组派代表进行总结汇报，小组互评，教师点评。做到教、学、做一体化，提高学生运用理论知识解决实际问题的能力。

任务 4 动车组列车终到客运作业

 能力目标

1. 能够按标准完成列车长终到客运作业。
2. 能够按标准完成客运乘务员终到客运作业。

 知识目标

1. 掌握终到车容卫生标准。
2. 掌握到站折返车容卫生标准。
3. 掌握终到前列车长作业流程及标准。
4. 掌握终到后列车长作业流程及标准。
5. 掌握退乘阶段列车长作业内容。
6. 掌握终到前客运乘务员作业流程及标准。
7. 掌握终到后客运乘务员作业流程及标准。
8. 掌握退乘阶段客运乘务员作业内容。

高速铁路
动车乘务实务

相关知识

一、动车组列车终到整备规范

（一）终到标准

终到站时车内无垃圾、污水、粪便、异味。垃圾装袋、封口、无渗漏，到站定点投放。

（二）到站立即折返标准

（1）站台侧车外皮、门框、车窗干净，无污物、无积尘。
（2）车内地面清洁，行李架、大件行李存放处、扶手及座椅（铺位）、窗台上和靠背网兜内干净整洁；垃圾箱（桶）内无垃圾，无异味。
（3）热水瓶、果皮盘内外洁净，垃圾箱（桶）、洗脸间四周洁净。
（4）餐车橱、柜、箱干净无异味，分类标志清晰，商品、餐、饮品和备品等分类定位放置。
（5）洗脸间、厕所面镜洁净，洗脸（手）池、便器无污物、无异味。电茶炉沥水盘洁净。
（6）布制品、消耗品和保洁工具等服务备品配备齐全，定位放置，定型统一。
① 卧具叠放整齐，摆放统一，床单、头枕片、座席套、茶几布等铺设平整，干净整洁。
② 清洁袋、洗手液、卫生纸、擦手纸、一次性坐便垫圈、服务指南、免费读物、商务座专项服务等备品补足配齐，定位放置。
③ 保洁工具、售货车等备品定位放置，不影响旅客使用空间。
（7）可旋转式座椅转向列车运行方向。

二、动车组列车终到站车客运业务交接

1. 终到车门检查作业

旅客下车完毕，列车长提示列车员、乘服员检查立岗车门及相邻车门，并对全列车门及隐蔽部位进行巡视检查，交接确认后通知司机客运作业完毕。

2. 动车组列车终到站车交接

动车组列车到达终点站，列车长在规定位置与车站客运值班员办理重点旅客、遗失物品等业务交接，做到交接清楚，手续完备。

（1）列车严重晚点，影响旅客后续乘车。

由于列车晚点影响旅客后续乘车时，列车长应编制客运记录一式两份，注明列车图定运行时刻、晚点时分、旅客所持联程票接续乘车时刻等事项，与车站值班员签认交接后，交旅客办理改签、退款手续。

（2）列车接到寻找旅客遗失物品通知并找到物品。

列车接到寻找旅客遗失物品通知并找到物品时，应与查找站取得联系，同时编制客运记录一式两份，与客运值班员签认交接后各持一份。记录详细注明品名、件数等移交列车前方停车站，记录中须注明转送查找站。

（3）重点旅客服务交接。

到达站要按照客调通知或列车移交的重点旅客，认真及时地做好旅客出站、救助等协助工作，对处理情况做好记录。

三、动车组列车终到客运作业流程及标准

（一）动车组列车长终到作业流程及标准

1. 终到前作业

（1）全面巡视车厢，检查防火安全、设备设施状态、全面卫生清理。检查列车员使用清洁车收取垃圾、垃圾袋撤换及空余座位小桌板、遮光帘（幕）收起复位等情况。提醒旅客整理好随身携带物品，做好下车准备。

（2）检查餐售到站前作业，餐台、后厨、前厅卫生全面清理，按规定时间收取商品、货物，与餐车长核对饮品、休闲食品使用数量，签字确认。

（3）填记表报簿册，审核票据、清点票款。

（4）到站前监控广播、电子屏、视频播放及显示，确保内容准确、音量适中、播放及时。

（5）当车底入库时，终到前将服务设施故障问题填写在《动车组固定服务设施状态检查记录》内，与机械师签字确认；客运班组交接班时，对《动车组固定服务设施状态检查记录》中记载的问题与接班列车长做好交接。

（6）到站前，巡视车厢，到指定车门位置立岗，加强宣传引导。

2. 终到（折返）作业

（1）列车到站停稳后，提示兼职广播员播放广播，监听音量。在指定车门处立岗，与车站办理业务交接。

（2）旅客下车完毕后，对车厢进行全面巡视，检查终到卫生，发现旅客遗失物品及时交车站处理。

（3）在立岗位置与车站指定高铁快件交接人员按装载清单办理交接。

（4）检查折返卫生质量和备品补充情况，协助车内整容，按标准进行考核。

（5）确认折返站列车上水情况，做好记录。

（6）终到后，督促列车员回收视频监控设备。

3. 退乘作业

（1）组织列车员收取剩余易耗品，整理乘务备品，清洁工具定位，确认齐全与客运质检员（接班列车长）办理业务交接。交接事项清楚、手续完备。

（2）恢复金柜初始设置密码，由专人护送（配备乘警的，由乘警护送）到规定地点解款。

（3）按规定线路退乘，组织乘务班组召开退乘会，点评趟班工作，返还烟火、手机。列车补票、通信等设备，相关备品、表簿按规定交接。

（4）公寓保休时，按照规定线路统一列队行走，遵守待乘纪律，外出执行请假制度，坚持两人以上同去同归。折返出乘前组织召开出乘会，收缴烟火、手机。

4. 终到作业联系用语

动车组列车到达终到站后,列车长确认旅客下车完毕,客运、随车保洁、餐服人员终到作业结束后,通知司机(按钮不在司机操作台上的通知随车机械师)关闭车门。

列车长:"××次司机,请关闭车门"。

司机:"××次司机明白"。

动车组列车长终到作业流程及标准见表4-4-1。

表4-4-1 动车组列车长终到作业流程及标准

程序	项目	作业内容	质量标准
折返站作业	办理交接	与客运值班员办理交接(一是移交重点旅客,二是移交旅客遗失品;三是办理其他业务)	有记录、有交接、有签字
	全面巡视	旅客下车完毕,全列巡视,检查有无旅客遗失品	遗失品及时交站处理
	卫生恢复	督促保洁旋转座椅,尽快恢复车内卫生,填写《折返保洁质量鉴定表》	严格鉴定,落实考核
	备品定位	清洁备品、服务备品、食品及时补充、定位	及时足量,确保使用
	放行准备	通过对讲机布置返程工作重点,放行前5 min,通知乘务人员整理仪容,放行准备	工作明确,重点突出
入住公寓	通知关门	站台集合,对讲机通知司机或随车机械师关闭车门	队列整齐,及时关门
	列队出站	组织乘务人员列队按规定行走线路出站,统一乘坐接送车入住公寓	列队整齐,不得中途离队
	入住公寓	入寓后及时将票据、票机、票款入柜锁闭。	票据、现金及时入柜,打乱密码;遵守公寓管理制度,严禁外出
	趟车小结	点评当日工作,宣布考核,布置次日乘务工作重点	任务布置清楚,总结简明
	叫班起床	按时起床、整理仪容着装,列队乘坐接送车(或随车底)上站接车	开车前40 min必须到达站台接车
终到作业	全面检查	终到站前30 min全面巡视车厢,检查乘务人员作业落实情况	车内卫生清理彻底,洗面间干净无水渍,厕所无杂物
	整理备品	统计剩余清洁、服务备品、小食品数量,装入整理箱	统计准确,归类装箱
	审核票据	终到站前审核票据,清点票款,填写《客运乘务工作日志》;核对商务座、一等座免费小食品发放情况	票据无差错,小食品发放数量准确,与统计人数相符
	办理交接	在指定位置与车站客运值班员办理交接。	交接及时,事项清楚、签收认真。
	全面巡视	旅客下车完毕后,全列巡视,检查设备设施使用状况及有无旅客遗失品	设备设施使用正常,遗失品按规定与车站办理交接
	通知关门	站台列队集合,对讲机通知司机或随车机械师关闭车门	关门及时,队列整齐
终到退乘作业	移交备品	剩余备品与多经配送人员办理交接。	交接认真,签字确认
	列队退乘	组织乘务人员按规定线路行走退乘。	严格按规定线路行走,列队整齐
	护送交款	到指定地点交款	乘警护送
	终到退乘	到车队汇报趟乘务工作,与票据室办理票据交接	表报填写准确,票据交接清楚,签字确认

动车组列车长趟车作业流程如图 4-4-1 所示。

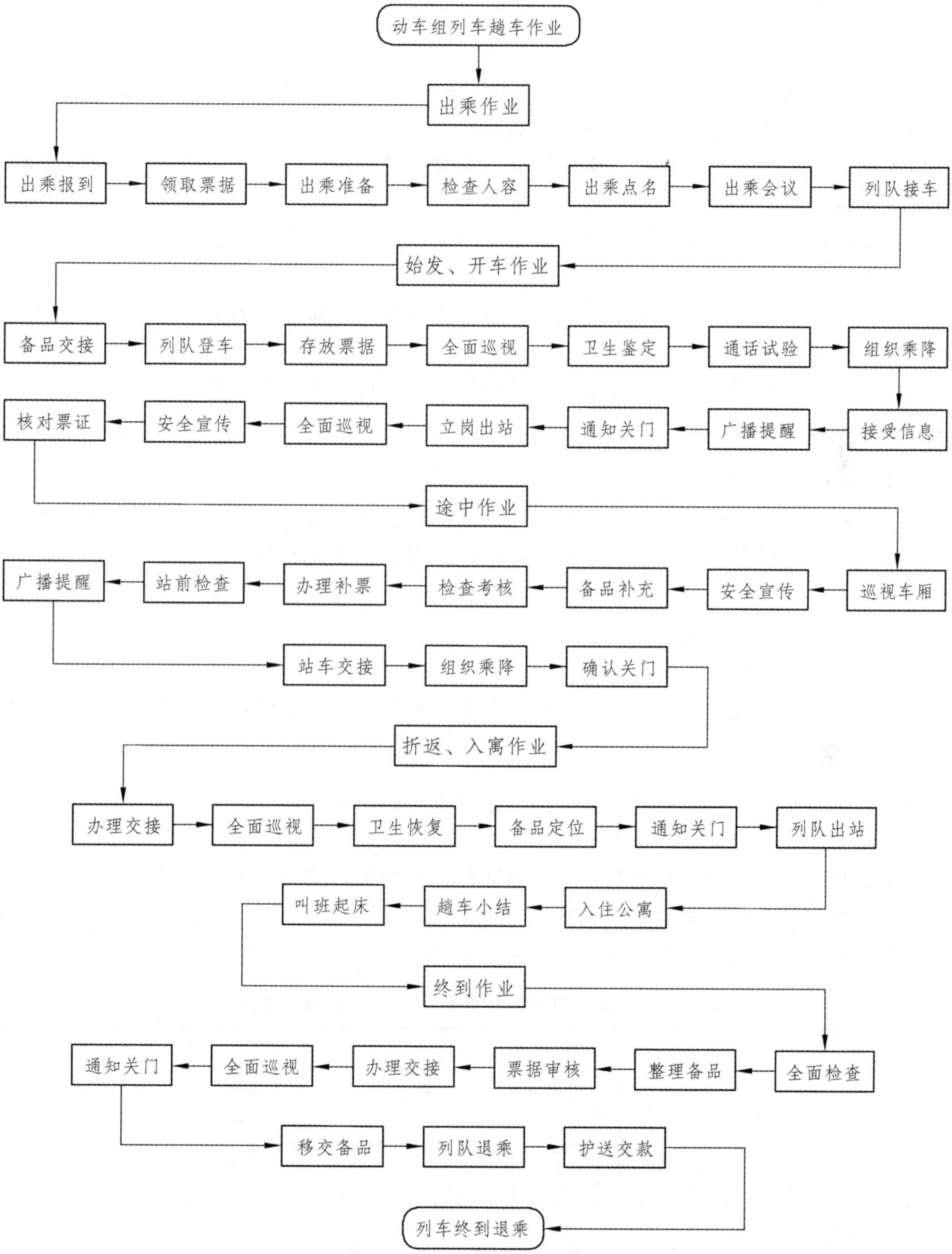

图 4-4-1　动车组列车长趟车作业流程

(二)客运乘务员终到作业流程及标准

1. 终到前作业

(1)全面巡视车厢,检查防火安全、设备设施状态。对空余座位遮光帘(幕)、小桌板、座椅(扶手)和脚蹬等进行复位。

(2)全面清理卫生,清理小桌板、座椅面、地面上杂物,对电茶炉、卫生间、通过台进行全面擦拭,无污渍、无水迹,白钢部件光亮。

(3)使用清洁车收取垃圾,对满溢垃圾袋及时更换,系紧扎严,在垃圾投放站指定位置投放。垃圾袋损坏时要及时套袋,防止外漏。

(4)兼职广播员播放广播,乘务人员监控广播、电子屏、视频播放及显示,发现异常及时报告列车长。

(5)负责商务、特、一等座车的列车员与餐售人员清点饮品、休闲食品和专项服务备品数量,并向列车长报告。

(6)到站前,提醒旅客整理好随身携带物品,帮助特殊重点旅客提前到车厢门口处做好下车准备,到指定车门位置立岗。

2. 终到(折返)作业

(1)列车到站停稳后,兼职广播员播放广播,乘务人员监控广播、电子屏、视频播放及显示,发现异常及时报告列车长。在指定车门处立岗,组织旅客下车。

(2)旅客下车完毕后,巡视车厢,全面清理卫生,整理车容,补充(回收)易耗品。发现旅客遗失物品及时报告列车长。

(3)在垃圾投放站指定位置投放垃圾。

(4)折返站协助保洁员旋转座椅方向,对车厢水位进行检查确认并报告列车长。

3. 退乘作业

(1)收取剩余易耗品,整理乘务备品,确认齐全,下车列队。

(2)按规定线路退乘,参加退乘会。

(3)公寓保休时,遵守待乘纪律,外出执行请假制度,坚持两人以上同去同归。折返出乘前参加出乘会,主动上交烟火、手机。

动车组客运乘务员终到作业流程及标准见表 4-4-2。

表 4-4-2　动车组客运乘务员终到作业流程及标准

程序	项目	作业内容	质量标准
折返站作业	全面巡视	旅客下车完毕,巡视车厢,检查设备设施及有无旅客遗失品	自上而下,检查仔细,遗失品及时交列车长处理
	卫生恢复	督促保洁旋转座椅;恢复卫生	座椅旋转到位,卫生恢复迅速
	备品补充	清洁、服务备品、小食品及时补充、定位	补充到位,确保使用
	放行准备	听取列车长返程重点工作安排;在车站放行前 5 min,整理着装,做好放行准备	接受任务清楚,准备工作充分

续表

程序	项目	作业内容	质量标准
入住公寓	列队出站	站台集合，列队按规定行走线路出站，统一乘坐接送车入住公寓	列队整齐，不得中途离队
	入住公寓	入住公寓	遵守公寓管理制度，严禁外出。需用餐时，在列车长组织下按规定时间集体用餐
	趟车小结	听取列车长趟车工作点评	认真记录、做好总结
	叫班起床	按时起床、整理仪容着装，列队乘坐接送车上站接车	开车前40 min必须到达站台接车
终到作业	全面检查	终到站前30 min 全面巡视车厢，检查督促保洁人员及时清理车内卫生	车内卫生清理彻底，洗面间干净无水渍、厕所无杂物
	全面巡视	待旅客下车完毕后，巡视车厢，检查有无旅客遗失品	检查认真，遗失品及时交列车长处理
	整理备品	统计剩余清洁、服务备品、小食品数量，装入整理箱	统计准确，归类装箱
退乘作业	交接备品	协助列车长将剩余备品与配送人员办理交接	仔细清点、交接认真
	列队退乘	列队统一退乘	严格按规定线路行走，列队整齐

动车组列车客运乘务员趟车作业流程如图4-4-2所示。

（三）动车组餐车长终到作业流程及标准

1. 终到前作业

（1）回收商务、特、一等座饮品、休闲食品及服务备品，与列车员清点数量，办理交接，与列车长核对数量，签字确认。

（2）车底终到前40 min清点货物整理装箱，码放整齐，大不压小，重不压轻，定位摆放，不堵通道；保持展示柜、售货车售货状态，不间断售货服务；终到前10 min整理展示柜、售货车商品。

（3）餐车长使用PDA终端机核对、清点货款及交接货品数量、品类，打印货品交接单，上传终到结账信息。

（4）全面清理餐车卫生，洗手盆无污物、无水迹，白钢部件光亮，地面、台面、柜面清洁无杂物，及时收取垃圾、入袋扎口存放，在垃圾投放站指定位置投放。垃圾袋损坏时要及时套袋，防止外漏。

（5）检查餐车设备设施情况，将发现问题及时报告列车长。

2. 终到作业

（1）返还手机，配合列车长返还烟火。

（2）到站指定位置投放垃圾。

（3）与搬运人员进行货物交接，签字确认。

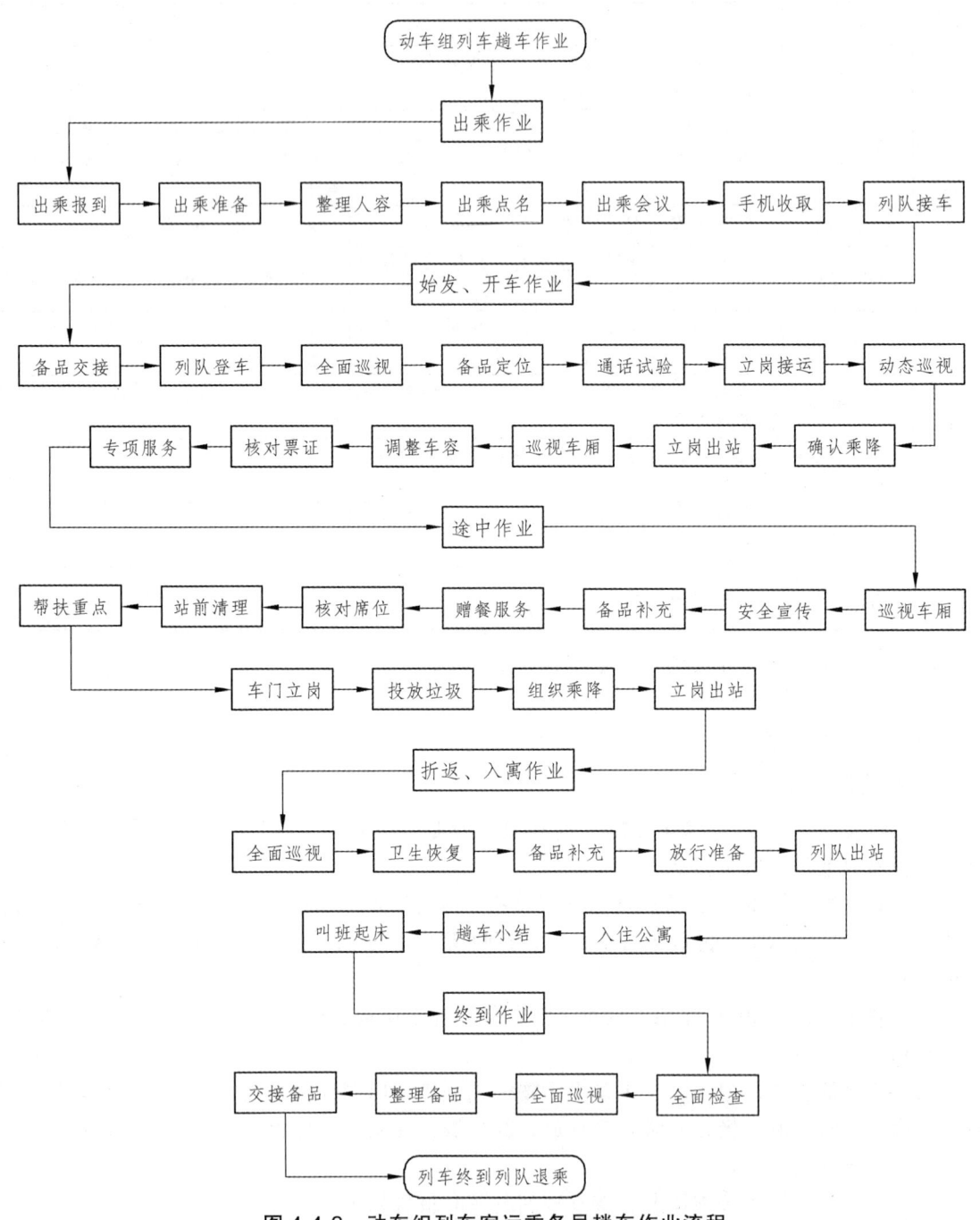

图 4-4-2　动车组列车客运乘务员趟车作业流程

3. 退乘作业

（1）整理乘务备品，确认齐全，下车列队，按规定线路退乘，按规定解款。

（2）公寓保休时，按照规定线路与客运班组统一列队行走，遵守待乘纪律，外出执行请假制度，坚持两人以上同去同归。折返出乘前参加出乘会，餐车长收缴手机；收缴烟火上交列车长保管。

动车组餐车长终到作业流程及标准见表 4-4-3。

表 4-4-3 动车组餐车长终到作业流程及标准

程序	项目	作业内容	质量标准
折返站作业	卫生清理	到站前 30 min 餐吧卫生车底恢复	餐车橱、柜、箱干净无异味，分类标志清晰、定位放置
	准备作业	听取列车长返程重点工作安排；在车站放行前 5 min，整理着装，做好销售准备	接受任务清楚，准备工作充分。不出售无生产单位、生产日期、保质期和过期、变质，以及口香糖、方便面等严重影响列车环境卫生的食品。超过保质期限的食品单独存放、回收销毁。2 元预包装饮用水和 15 元盒饭不断供
	商品封存	入住公寓时，食品、备品按规定打包装箱，做好账目登记，异地存储交接工作	账款相符，交接清楚
入住公寓	列队出站	站台集合，列队按规定行走线路出站，统一乘坐接送车入住公寓	列队整齐，不准中途离队
	入住公寓	入住公寓，锁闭票款	遵守公寓管理制度，严禁外出。需用餐时，在列车长组织下按规定时间集体用餐
	叫班起床	按时起床、整理仪容着装，列队乘坐接送车上站接车	开车前 40 min 必须到达站台接车
终到作业	卫生清理	终到站前，彻底清理餐吧卫生	内外清洁
	核对账款	认真核对账目，清点现金、商品，填写表报	账款相符、趟结趟清、准确无误
	装箱整理	终到站前 20 min 对剩余商品装箱整理（不允许提前下架），检查所有能够打开的储藏柜、备品柜、售货车，确保商品无遗漏	归类装箱，无遗漏
	安全检查	检查电器设备	电源处于关闭状态
	全面巡视	旅客下车完毕，巡视车厢，检查有无旅客遗失品	认真检查，无遗漏，遗失物品交列车长处理
退乘作业	交接商品	剩余商品与配送人员办理交接	认真交接，签字确认
	退乘交款	列队退乘，到指定地点交款	账货相符

动车组列车餐车长趟车作业流程如图4-4-3所示。

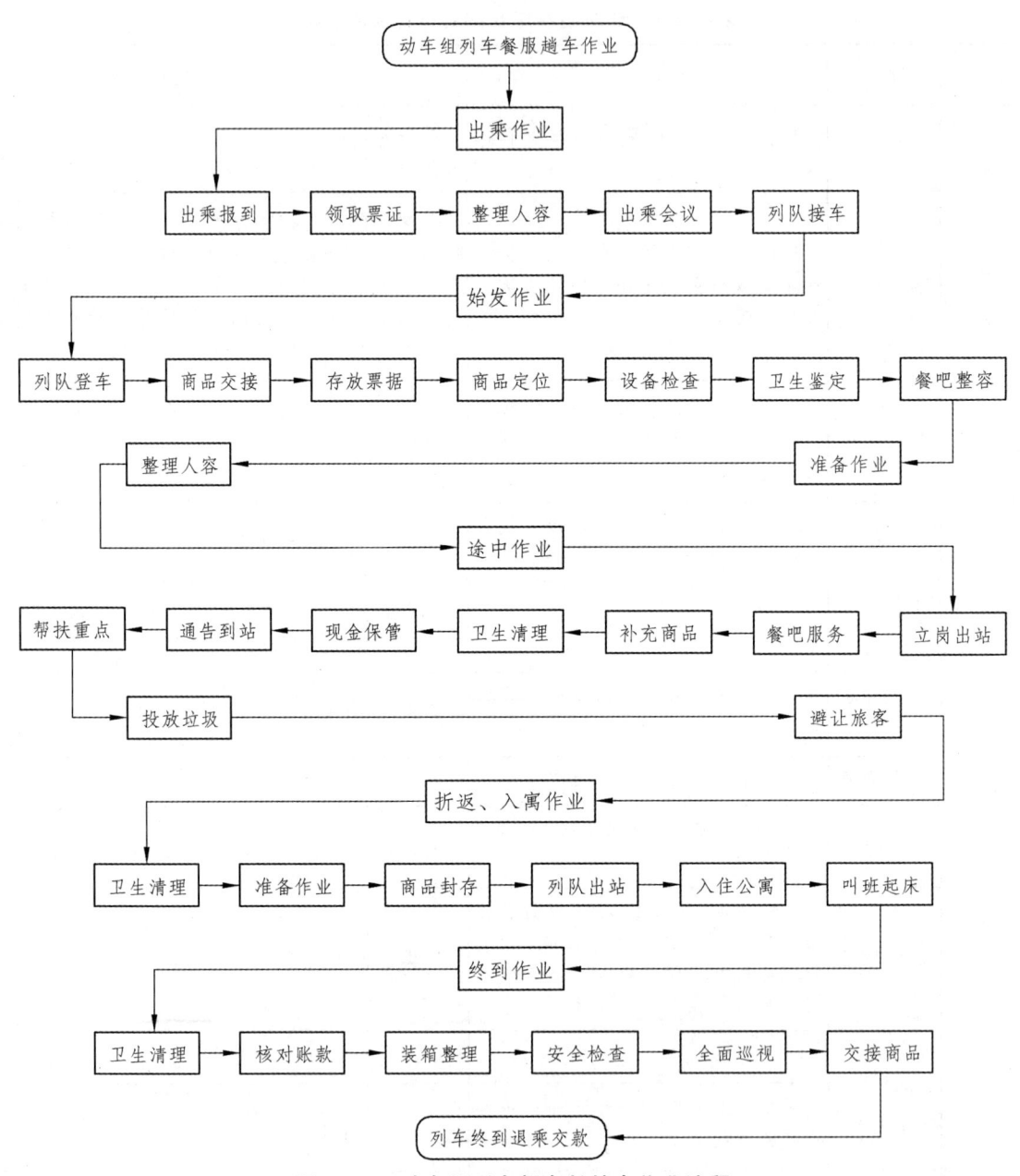

图4-4-3　动车组列车餐车长趟车作业流程

（四）动车组乘服员终到作业流程及标准

动车组乘服员终到作业流程及标准见表 4-4-4。

表 4-4-4　动车组乘服员终到作业流程及标准

程序	项目	作业内容	质量标准
终到折返站作业	终到保洁	全面清理车厢卫生，做好宣传，协助座椅、床帘、小桌板恢复定位	彻底清理无杂物、垃圾装袋定点投放、设施定位规范
	立岗进站	面向站台，车门立岗进站	行注目礼、站姿规范
	组织乘降	在规定车门口立岗，组织旅客合理分流有序乘降，遇有车门故障及时组织旅客从其他车门下车，并立即通知列车长、乘务员、随车机械师进行处置	前下后上，宣传、帮扶到位、发生故障及时汇报
	全面巡视	旅客下车完毕，巡视车厢，检查设备设施及有无旅客遗失品	自上而下，检查仔细，遗失品及时交列车长处理
	卫生恢复	协助地面保洁人员旋转座椅；恢复卫生	座椅旋转到位，严禁野蛮作业，卫生恢复迅速
	备品补充	分工区域清洁、服务备品及时补充、定位	补充到位，确保使用
	放行准备	听取列车长返程重点工作安排；在车站放行前分钟，整理着装，做好放行准备	接受任务清楚，准备工作充分
入住公寓	列队出站	站台集合，列队按规定行走线路出站，统一乘坐接送车入住公寓	列队整齐，不得中途离队
	入住公寓	入住公寓	遵守公寓管理制度，严禁外出。需用餐时，在列车长组织下按规定时间集体用餐
	趟车小结	听取列车长趟车工作点评	认真记录、做好总结
	叫班起床	按时起床、整理仪容着装，列队乘坐接送车上站接车	开车前 40 min 必须到达站台接车
退乘作业	交接备品	协助列车长将剩余备品与配送人员办理交接	仔细清点、交接认真、严禁私拿
	列队退乘	列队统一退乘	严格按规定线路行走，列队整齐

动车组乘服员趟车作业流程如图 4-4-4 所示。

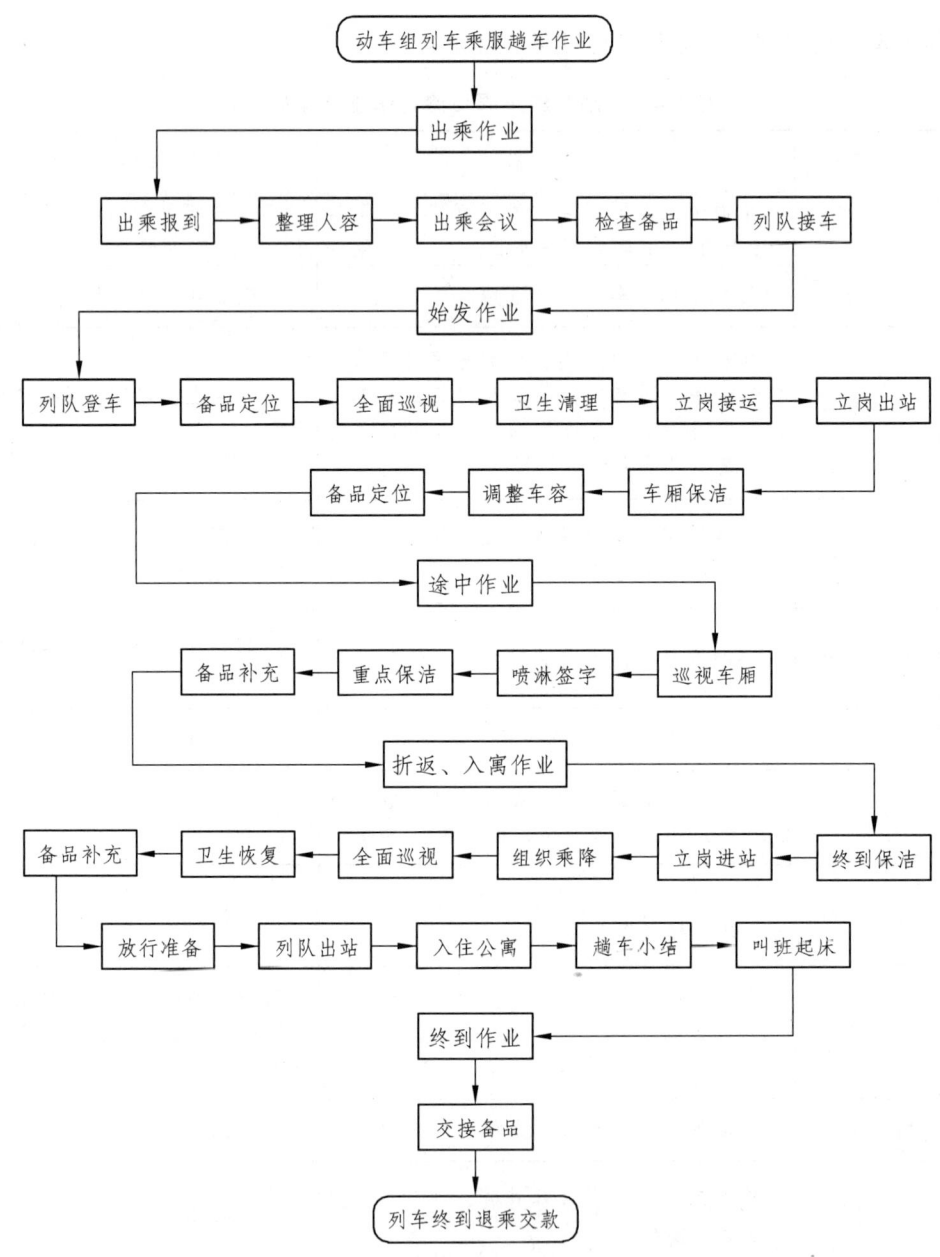

图 4-4-4 动车组乘服员趟车作业流程

四、动车组乘务人员入住异地公寓管理规定

（1）列车终到后，列车长组织乘务员列队按规定走行路线集体入住公寓，期间必须按照规定统一列队由列车长进行登记后统一入住。

（2）到达公寓后，由列车长负责与公寓值班人员联系办理相关手续并分配房间。

（3）在异地公寓入住期间，列车长应在配有保险柜的房间休息，严格加强票据的管理，将票据及时入柜，确保安全。需洗澡时，列车长与办公席人员应分别前往，保险柜钥匙做好保管和交接。

（4）乘务员在入住公寓期间必须严格执行公寓的各项管理规定，保持公寓卫生，爱护公寓内的各类设备设施。

（5）乘务员入住公寓期间在未经列车长同意的情况下不得以任何理由私自外出。特殊情况需外出时，必须结伴同行，并按规定时间返回。严格卡死饮酒、打牌等违纪问题，并保持安静环境不得大声喧哗。

（6）乘务员在入住公寓期间必须严格执行公寓的各项管理规定，严禁躺在床铺上吸烟。按规定时间起床、出乘，不得延误出乘时间，保持公寓卫生，爱护公寓内的各类设备设施，对入住期间丢失或损坏的应按公寓规定照价赔偿。

（7）乘务员在入住公寓期间，应自行看管好个人物品，做到房门离人加锁，凡因个人管理不当发生物品丢失的均由本人负责。

（8）出务前列车长取管票据，统一办理公寓退房手续，不得他人代办。

  任务实施

分小组运用该任务相关知识进行角色扮演，模拟动车组列车终到作业情景进行训练，落实现场作业主要环节，各小组派代表进行总结汇报，小组互评，教师点评。做到教、学、做一体化，提高学生运用理论知识解决实际问题的能力。

任务5　高速铁路快件运输

  能力目标

1. 能够按标准完成高速铁路快件运输工作。
2. 能够按标准完成高铁快件交接工作。

  知识目标

1. 掌握高铁快运办理范围。
2. 掌握高铁快运集装容器要求。
3. 掌握高铁快运集装容器编号与条码要求。
4. 了解高铁快运押运员工作。
5. 掌握高铁快件列车装载方案。

  相关知识

高铁快运业务是指利用高铁动车组列车（以下简称列车）在高铁沿线城市间提供的"门到门""站到门"及"站到站"小件物品运送服务。

一、高铁快运办理范围

（一）高铁快运车辆及集装容器

1. "动检"车运输高铁快件

"动检"车是为全天高铁开行进行检查、开路的第一趟空车，它于凌晨开出，"动检"车不载客，利用座位、过道等空间来运送快递包裹。

2. 空载的高铁车厢运输高铁快件

利用空载的高铁车厢和乘务员的工作间等地方，装载少量的文件快递或包裹，这是目前点对点城市间发送高铁小件的主要方式，但它的运载能力有限。"复兴号"列车上部分车厢专门预留了快递柜，以此来存放"高铁极速达"服务的快件。每节车厢的快递柜可以放置 20 个高铁快运专用箱，一列"复兴号"最大的快件运输量为 1 t。受车内空间限制，"极速达"单件物品质量不能超过 15 kg，长度不能超过 55 cm，宽度不能超过 39 cm，垂直高度不能超过 40 cm。

3. 高铁快运集装容器

高铁快运应使用专用箱、冷藏箱、集装袋等集装容器以集装件的形式在高铁车站间运输，集装容器式样要抄送铁路局，并报总公司运输局备案。

集装容器应满足下列条件：

（1）集装容器外部长、宽、高尺寸之和不大于 160 cm，最短边长不小于 30 cm，并采取防火、防水、防漏、防撞、防滑及内部捆绑、衬垫等必要防护措施，适宜在列车指定位置装载。集装容器应有高铁快运标识、统一编号和条码，带锁闭装置。

（2）集装容器装货后形成的集装件总质量不超过 25 kg。冷藏箱等特殊运输条件需求的，外部长宽高尺寸之和不大于 220 cm，总质量不得超过 50 kg。

（3）集装容器应保持整洁卫生，防止夹带鼠虫等病媒生物，如图 4-5-1 所示。

图 4-5-1　高铁快运集装容器

（二）高铁快运办理范围

快运公司应对外公布高铁快运的办理范围，以下物品不能办理高铁快运。
（1）法律法规规定禁止或限制运输的物品。
（2）危险品及承运人不能判明性质的化工产品。
（3）动物、有异常气味及妨碍公共卫生的物品。
（4）可能损坏或污染车辆的物品。
（5）其他不符合高铁快运装载条件的物品。

（三）高铁快运业务办理列车应满足的条件

办理高铁快运业务的列车应满足下列条件。
（1）选用的列车应满足高铁快运产品的时效要求。
（2）原则上所有列车均允许装运高铁快运集装件。遇执行专运警卫任务时，由任务担当局专运办通知高铁快运作业相关单位和部门，任务列车及其待用车底全程停办高铁快运业务。遇其他特殊情况需要临时停装时，由发送局以调度命令方式下达。

二、高铁快件运输组织

车站根据站间运输距离以及列车运行、站内作业时间，明确截止受理（截止收货）时间、到站及送达时间，对外公布实施。原则上，"站到站"业务的"当日达"产品于收货当日22：00前到站，"次晨达"于收货次日12：00前到站，"次日达"于收货次日18:00前到站。

"站到站"业务可由客户选择运输日期和车次，客户不指定车次时，按照托运顺序运输。

（一）高铁快运办理条件

1. 高铁快运安全

高铁快运运输应确保高铁绝对安全，在利用进出站通道、列车装载空间等资源及组织作业时不得妨碍旅客正常乘降和行李摆放，不得影响列车工作人员作业。站车交接应于旅客放行前完成。遇有特殊情况时，可暂停该次列车办理高铁快运运输。

2. 高铁快运办理"实名制"

高铁快运办理实行"实名制"。受理时，托运人为个人的，应准确记载其有效身份证件信息；托运人为单位的，应准确记载其单位名称及经办人有效身份证件信息。

高铁快运各相关单位应采取有效措施，保护运营中所获得的客户信息。

3. 高铁快运安全检查

高铁快运应严格落实安全检查规定，车站对承运物品和集装件必须逐件过机安检，核实办理条件，防止匿报、伪报品名和夹带禁运物品。有行包房的车站安全检查后在托运单（"站到门"业务在快递单）上，加盖安检章（20 mm×20 mm 有边正方形，上方刻车站名，中间刻"已安检"，下方刻安检员姓名）。无行包房的车站通过候车室安检通道实施安检后方可进站上车，加盖安检章（20 mm×20 mm 有边正方形，上方刻"已安检"，下方刻车站名）。

4. 高铁快运集装容器编号与条码

集装件应有统一编号和条码，使用编号施封锁施封。集装容器及编号施封锁由中铁快运统一提供。

（1）箱体签及条码。

高铁快运集装容器上粘贴有条码的箱体号签，全签尺寸（长 100 mm×高 30 mm），签的内容为条码（含左右留白长 100 mm×高 15 mm），包括内容是：企业标识（4 位字母，如 CREG）、箱体类型（1 位字母）、箱体编号（6 位数字），条码下打印字母和数字，字体为 Times New Roman。为美观、易识别，条码下字串有空白间隔，如 CRE G B 012345，BJGTD 095200 而条码里内容项无间隔。箱号签样式如图 4-5-2 所示。

CRE G B 012345

图 4-5-2　箱号签

（2）箱型字母含义。

拉杆箱—G，移动箱—Y，B 型专箱—B，冷藏箱—L，袋—D。

（二）集装件列车装载方案

集装件应装载在列车指定位置，载客动车组列车可将集装件装载大件行李存放处、二等车厢最后一排座椅后空档处、集装件专用存放柜、动卧列车预留包厢等位置；一节车厢内大件行李存放处和最后一排座椅后空档处预留不少于三分之一的空间供旅客使用；集装件码放在车厢内最后一排座椅后的空档处时，不影响座椅靠背后倾；需中途换向的列车，不使用最后一排座椅后的空档处。利用高铁确认列车运输时，集装件还可码放在二等座车座椅间隔处等位置，但不得码放在座椅上；装载重量不超过列车允许载重量。

高铁快运集装件装卸时不得损坏列车车体及车厢内设施设备。集装件装载应稳固牢靠，码放整齐，不得堵塞通道，不得偏载、偏重。

（三）高铁快运押运员工作

需在中途停站装卸高铁快运集装件的列车，快运公司应安排押运员跟车作业，并提前通知列车担当局；或与担当局协商由列车乘务员代办高铁快运列车相关作业。仅在始发、终到车站作业的列车，快运公司可不安排押运员随车作业。

有押运员跟车作业的列车，列车长要对押运员的证件检查和登记。无押运员跟车作业的列车，列车乘务人员在运行途中巡视、检查高铁快运集装件码放、外包装、施封等状况。发现高铁快运集装件短少或外包装、施封破损立即报告列车长。列车长到场确认后，组织查找，必要时报警。上述异常情况列车长开具客运记录，载明现有集装件数量、编号或内装物品实际情况，到站时交快运公司工作人员处理。

遇列车故障途中需更换车底或终止运行时，由列车长通知押运员，由押运员负责集装件换乘和后续处置。无押运员时，列车长报告被换乘车所在地铁路局高铁客服调度员（客运调度员）高铁快运装载情况，乘务组临时看管集装件。换乘地点在车站时，原列乘务组在车站协助下组织集装件换乘，不具备换乘条件时集装件随原列回程或交车站临时看管；换乘地点在区间时，集装件随原列回程；列车长在换乘或交车站前开具客运记录附于集装件上。

押运员应统一着装、持押运证件上车作业，遵守列车相关规定，服从列车长指挥。押运员证件由快运公司自行管理、发放，纳入客运管理信息系统，人员名单及编号抄铁路局备案，其中，作业人员和押运人员为劳务派遣工或业务外包单位人员的，证件中"单位"栏应填写与其建立劳动关系的单位名称。押运员折返、途中住宿按列车乘务员标准执行。

快运公司高铁快运押运证标准为长 85 mm，宽 55 mm。正面标题为红色标准路徽加"中铁快运公司高铁快运押运证"，底纹为铁路路徽淡蓝色暗纹和蓝色横条防伪纹。照片尺寸为宽 24 mm，高 30 mm。背面有"仅限本人上车作业时使用，无作业时需按章补票"黑色字样，加盖快运公司印章有效，如图 4-5-3 所示。

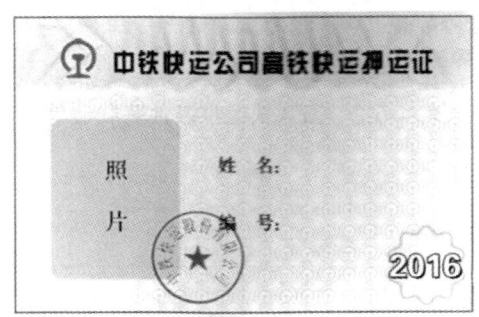
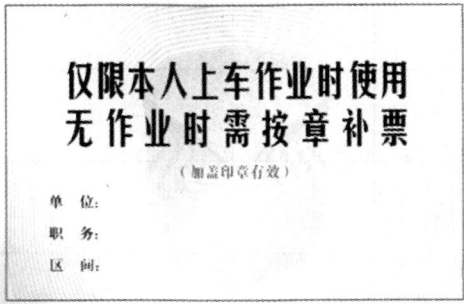

图 4-5-3　高铁快运押运证

（四）"站到站"载客动车组业务办理流程

（1）车站按照"当日达"优先、以及充分用足能力的原则，分车次、到站编制集装件装车计划，形成高铁快运集装件装载清单和交接单，见表 4-5-1 和表 4-5-2。

表 4-5-1　高铁快运集装件交接单

××铁路局

高铁快运集装件交接单

20　年　月　日　　　　　　　　　　　　　编号：

发站：　　　　　　　　　到站：

车次：　　　　　　　　　合计：　　　件

序号	车厢号	件数	记事
1			
2			
3			
4			
5			
6			
7			
8			
备注			

发站经办人：　　　　列车经办人：　　　　到站经办人：

注：① 交接单尺寸为 185 mm×130 mm，按车次、到站编制，一式三份，一份发站留存，一份交列车，一份交到站。② 确认列车装运批量快件时，记事栏内增加包裹票号。

表 4-5-2　高铁快运集装件装载清单

20　年　　日　　　　　　　　　　　　　　编号：

发站：　　　　　　　　　到站：

车次：　　　　　　　　　车厢号（区间）：

序号	箱号	票号	记事	序号	箱号	票号	记事
1				11			
2				12			
3				13			
4				14			
5				15			
6				16			
7				17			
8				18			
9				19			
10				20			

注：① 装载清单尺寸 185 mm×130 mm，按车次、到站编制，一式三份，一份发站留存，一份交列车，一份交到站。② 一个车厢仅装载同一到站的集装件。车厢号位置填写装运该到站集装件的所有车厢号，可填写车厢区间，如 1~3 车。③ 含有"当日达"快件集装件的记事栏内注明"当日达"字样，车站拼箱的"站到站""站到门"集装件注明"拼箱"字样。

编制装车计划时，根据列车装载方案，同一到站按照"当日达""次晨达""次日达"的先后顺序，按车厢号从大到小依次使用。原则上，不同到站应装载于不同的车厢。

装载清单上车厢号位置填写装运该到站集装件的所有车厢号，可填写车厢区间，如1～3车。含有"当日达"快件集装件的装载清单记事栏内须注明"当日达"字样。装载清单和交接单保存90天。同一到站交接单、装载清单应按车厢号从大到小顺序打印，不同到站交接单、装载清单应按车厢号从大到小顺序排列。

（2）车站根据集装件装车计划，安排统一着装或标识的工作人员，提前把集装件搬运至站台指定位置；列车停稳后，按计划装车、堆码和上锁加固集装件。始发（折返）站应在旅客上车前完成装车，中途站应于开车铃响前完成装车。

（3）列车长应按列车装载方案，提前分派列车乘务人员在高铁快运上车站和下车站指定车厢检查车站装卸人员装卸、码放和上锁加固作业。

（4）装车时，列车乘务人员应在装车现场核对集装件的到站、件数、外包装、施封等状况，确认无误后立即报告列车长；列车长在立岗位置与车站指定交接人员按集装件交接单和装载清单办理交接。

乘务人员发现集装件外包装或施封有异状的，应不予装车，由车站指定人员在集装件装载清单和交接单上划掉相应的集装件编号，签注实际装车件数后，与列车长共同签字确认。

乘务人员发现集装件码放不符合规定的，应要求车站装车人员当场纠正。车站装车人员在列车乘务人员确认前，不得离开。

（5）装车交接完毕后，车站指定交接人员应在30 min内在信息系统中按实际装车情况做装车确认。

因外包装或施封有异状未装车的集装件，车站应改善包装或补封，编制客运记录，安排就近列车装运至到站。

（6）列车乘务人员在运行途中巡视、检查集装件码放、上锁加固、外包装、施封等状况；发现集装件短少或外包装、施封破损时，应及时报告列车长。

列车长到场确认集装件短少后，应组织乘警、乘务人员在各车厢查找（无乘警时由列车长组织乘务人员与安全员进行查找）；查找不到时，应立即报告列车运行所在铁路局客调，由客调通知列车所经管内停车站查找。停车站应立即组织查找，并将结果报告客调。发现集装件的，由发现站编制客运记录通过后续列车将集装件运达到站；没有发现集装件的，由客调通知到站。车站、列车工作人员发现非工作人员持集装件出站时应当场制止。

列车长确认集装件外包装或施封破损的，应会同乘警或其他列车乘务人员共同检查集装件，并对外包装拍照留存。外包装破损造成内装高铁快运可视的，还应对内装高铁快运拍照留存。检查完毕，应将破损集装件妥善保管。

对上述集装件短少、外包装或施封破损以及内装快件破损的，均应开具客运记录，载明现有集装件或内装高铁快运的数量、编号、包装和物品的实际状态，并电话通知集装件到站，由到站通知客户。

（7）到站根据信息系统中的装车确认信息，组织人员在列车进站前到站台按卸车车门位置立岗接车。

卸车时，车站接车人员应与列车乘务人员当场核对集装件的到站、件数、外包装、施封等情况，确认无误后，由车站指定交接人员与列车长凭集装件装载清单和交接单办理交接。

219

列车长已提前电话通知有集装件外包装、施封破损或集装件短少的，由车站指定交接人员凭列车长开具的客运记录核实现状后，办理站车交接。

没有电话通知但卸车时车站接车人员发现集装件外包装破损或施封有异状的，应与列车乘务人员共同检查、拍照，由列车长开具客运记录并与车站指定交接人员办理站车交接。中途站和折返列车来不及开具客运记录的，可对集装件现状检查、拍照后，在交接单上注明现状。列车长退乘后，应收集照片、补编客运记录并上交，客运记录及时转交中途站或折返站，照片由车队载明日期、车次，保存90天。

（8）高铁快运装运车次应尽量使用始发、终到高铁列车。高铁中间站应在保证安全的前提下利用经停列车办理高铁快运，在铁路总公司未有明确要求时，暂定站停时间为 2 min 的列车每趟车装运集装件 1~2 件；站停时间在 2 min（不含）以上、5 min（含）以下的列车每趟车装运集装件不超过 4 件；站停时间在 5 min（不含）以上的列车每趟车装运集装件不超过 6 件。为保证高铁列车运输组织和货物的安全，办理中间站高铁快运须派人随车押运，不与列车长办理交接。装车站应提前与列车联系沟通可利用的装载空间及车厢，并将相关信息向装卸人员进行预报；高铁列车随车押运人员，应将集装件件数、装载的车厢、可利用的装载空间等信息向卸车站进行预报，以便中途站提前组织好装、卸车等相关工作。始发车站办理高铁快运时，同一车次既有中途站押运的货物，又有终到站需要与列车长办理交接的货物，必须分别打印交接单据，货物分开码放。

三、"复兴号"高铁快运专用车厢

高铁运输快递一般每列列车中设置一个快递柜，一次最多可以运输 500 kg 的货物。"复兴号"推出的快递专用车厢大大增加了运输能力，一次最多可以运输 5 t 的快递货物。装车开始后蓝色专用箱运进车厢，全部货物摆放完毕后，随车机械师进行承重配比检测，检测合格后列车正常开出，如图 4-5-4 所示。

图 4-5-4 "复兴号"高铁快运专用车厢

 任务实施

分小组运用该任务相关知识进行角色扮演，模拟动车组高铁快件运输作业内容进行训练，落实现场作业主要环节，各小组派代表进行总结汇报，小组互评，教师点评。做到教、学、做一体化，提高学生运用理论知识解决实际问题的能力。

复习思考题

1. 什么是区间通过能力？
2. 什么是列车运行图？
3. 动车组出库车容卫生标准是什么？
4. 高铁动车组列车长始发作业流程及标准是什么？
5. 高铁动车组列车长开车后作业流程及标准是什么？
6. 客运乘务员始发作业流程及标准是什么？
7. 客运乘务员开车后作业流程及标准是什么？
8. 途中车容卫生标准是什么？
9. 高铁动车组列车长途中作业流程及标准是什么？
10. 客运乘务员途中作业流程及标准是什么？
11. 终到车容卫生标准是什么？
12. 到站立即折返车容卫生标准是什么？
13. 高铁动车组列车长终到作业流程及标准是什么？
14. 高铁动车组列车长作业流程及标准是什么？
15. 客运乘务员终到作业流程及标准是什么？
16. 高铁快件运输的范围是什么？
17. 叙述高铁快件列车作业主要内容。

项目五 高速铁路动车组列车客运服务

 项目描述

本项目主要介绍了高速铁路动车组客运服务礼仪,高速铁路动车组重点旅客服务和广深港高速铁路跨境旅客运输组织。通过本项目的学习,能够按照规章和作业标准完成动车组列车的客运服务工作。

任务1 高速铁路客运乘务服务礼仪

 能力目标

1. 能够按照高铁客运乘务人员姿态要求为旅客服务。
2. 能够按照高铁客运乘务人员仪容仪表要求为旅客服务。
3. 能够按照高铁客运乘务人员言谈举止要求为旅客服务。

 知识目标

1. 掌握高铁客运乘务人员姿态要求。
2. 掌握高铁客运乘务人员仪容仪表要求。
3. 掌握高铁客运乘务人员言谈举止要求。
4. 掌握高铁客运乘务人员电话、手持电台(对讲机)礼仪要求。

 相关知识

高铁客运乘务人员的礼仪规范包括仪容仪表、服务用语、行为举止等内容。乘务人员在工作中的站立、行走、动作、姿态等,反映了乘务人员的服务素质和能力,是旅客评价列车乘务工作质量和铁路面貌的重要标志之一。

一、高速铁路客运服务的原则与守则

(一)高速铁路客运服务的原则

1.“旅客至上”原则

随着市场经济的不断深入,铁路面对的是一个竞争的运输市场,铁路服务必须树立"旅

客至上"的理念。"万豪"集团的创始人威拉德·玛里奥特先生提出了"顾客永远是对的"这句箴言,改变了世界的服务理念。高铁动车组服务人员要变"以我为主"为"以客为主",真正从内心深处把旅客当成我们的"衣食父母"。

2. 用心服务原则

动车组列车要接待数以万计的旅客,特别是春运、节假日等特殊时期,旅客出行的人数更多,如何在繁杂劳累的工作中保持良好的服务礼仪,必须从内心去感受或体会礼仪服务的重要性和必要性,养成礼仪服务的职业习惯,做到服务发自内心。同时,用心服务还包括通过各种方式获知旅客的需求信号,主动发现服务机会,并提供及时、恰当、满意的服务,以满足旅客的高期望值。

3. 持之以恒的原则

服务礼仪既然作为规范化服务的重要内容之一,表明它不会自发形成,而是需要进行岗位培训,规范岗位纪律和要求。为此,动车组列车服务人员要善于保持心理平衡,维系一种良好的服务心态,才能将职业要求逐步形成职业习惯,持之以恒。只有保持持之以恒的服务礼仪,才能从根本上形成良好的服务规范。

(二)高速铁路客运服务守则

1. 尊重为先

(1)服务的内涵。

服务的内涵即尊重他人、理解他人。很多矛盾冲突往往是由于在双方交际的过程中缺乏彼此的尊重所造成的,比如:乘务人员对于有意见的乘车旅客反唇相讥,拿旅客的言行当谈资,以貌取人,造成旅客对服务态度的投诉等。因此,乘务人员首先要学会尊重旅客,从旅客的角度看待和处理问题。

(2)热情待客。

乘务人员在工作中不仅不能怠慢、排斥、挑剔旅客,而且还应当积极、热情、主动地接近旅客,淡化彼此之间的戒备、抵触和对立的情绪,将旅客当作自己人看待。

(3)重视旅客。

乘务人员对旅客的尊重应表现为认真对待旅客,并且主动关心旅客的需求和感受。

(4)赞美旅客。

乘务人员应善于捕捉旅客的优点并加以发自内心的赞美。从心理学的角度来讲,每个人都喜欢听赞美之词,所有的正常人都希望自己能够得到别人的欣赏与肯定,获得他人的赞美就是对自己最大的欣赏与肯定。

2. 角色定位

(1)乘务人员是旅客的"秘书",大部分旅客对动车组设施设备和服务内容都没有乘务人员清楚,乘务人员所应该做的就是向旅客耐心解释和热情服务,消除旅客的疑虑,为旅客提供满意的服务。

(2)旅客是铁路及乘务人员的"衣食父母",乘务人员的工作职责就是为旅客提供满意的服务，让旅客感觉到"宾至如归"，想旅客之所想、急旅客之所急，这样才能提升旅客的满意度和信任度，决不能对旅客不理不睬，置若罔闻。

（3）乘务人员还应根据所在行业的服务特点，在服务内涵方面准确定位，按照社会对自己所应扮演的既定角色的常规要求、限制和看法，对自己的形象进行设计。

3. 服务意识

（1）服务意识是满足旅客潜在需求的服务能力。是否能够及时、准确地发现旅客的潜在需求就需要乘务人员主动关注旅客，学会察言观色，主动与旅客沟通，通过旅客的言行举止来发掘旅客的潜在需求，主动地、尽可能地满足旅客的要求。

（2）积极主动地为旅客着想。列车乘务人员身负为旅客服务的责任，应该积极主动地想旅客之所想，为旅客排忧解难。

（3）耐心周到地为旅客服务。乘务人员应该根据不同旅客的性格特点，耐心地为旅客办理业务、解答咨询，用心为旅客服务。

4. 掌握技能

（1）乘务人员应该掌握的基本技能包括：服务礼仪、专业知识、业务技能等。

（2）不难想象，对于一名乘务人员来说，仅仅具备很好的工作态度和服务意识是不够的。如果不具备工作职责所要求的基本技能，就不能很好地为旅客服务，工作中出现的差错同样是造成旅客投诉的非常重要的因素。

5. 自我改进

（1）旅客运输行业在日益激烈的市场竞争的环境下，企业之间产品和服务日趋同质化，服务的创新已成为各企业争取和挽留旅客的有力武器。列车乘务人员服务素养的自我改进是铁路维系和拓展市场份额、应对激烈竞争的重要举措，也是服务创新的基础。

（2）自我改进也是乘务人员提高服务质量永恒的主题，不进则退，这是我们众所周知的发展规律，乘务人员面对期望和需要不断提升的旅客群体，只有不断总结、取长补短，学习新的服务理念和服务模式，以提升自身的服务技能和服务素养，才是赢得旅客信任的有效途径。

二、动车组客运乘务员的综合素质

（一）道德修养

（1）热爱祖国，热爱铁路事业，热爱本职工作。

（2）遵守国家法律、法规和铁路行业管理规章制度，自觉维护旅客合法权益。

（3）尊重旅客的民族习俗和宗教信仰，对不同种族、国籍、民族的旅客一视同仁。

（4）有高度的工作责任心，诚实守信，敬业爱岗，忠于职守。

（5）爱护站车设备设施，不占有、浪费服务备品和餐饮供应品，廉洁自律，公私分明。

（6）尊老爱幼，谦虚谨慎，真诚热情，努力树立动车组站车客运人员良好形象。

（二）职业风貌

（1）听从指挥，团结协作，工作认真，有严谨的工作作风。
（2）精神饱满，仪容整洁，行为端庄，举止文明，有健康向上的风貌。
（3）服务主动，细致周到，表情亲切，言语和蔼，有亲和力。
（4）遵章守纪，落实标准，有严于律己的自觉性。

（三）职业素质

（1）勤奋学习，钻研业务，有较高的文化素养和较全面的专业知识。
（2）能运用普通话，熟练掌握常用英语会话，具备良好的语言表达和文字写作能力。
（3）了解旅客的不同需求及心理特点，掌握相应的服务技巧。
（4）熟知作业程序和标准，熟悉使用服务设备设施，能为旅客提供及时、准确的服务。
（5）熟知安全措施和应急预案，熟练使用安全设备设施，具备妥善处理突发事件的应急、应变能力。

三、高铁客运乘务人员的日常礼仪修养

（一）高雅的仪容仪表

仪表是指人的外表，一般包括人的容貌、服饰和姿态等，是一个人的精神面貌和外观体现。仪容是指人的容貌。一个人的仪容仪表往往与它的生活情调、思想修养、道德品质和文明程度密切相关。高铁客运乘务人员必须注意自身的仪容仪表，给旅客留下良好的服务形象。

（1）注重仪容仪表是客运服务人员的基本素质。
（2）高铁客运乘务人员的仪容仪表反映运输企业的管理水平和服务水平。
（3）注重仪容仪表是尊重旅客的需要，注重仪容仪表反映员工自重自爱。

（二）姿态要求

高铁动车组列车是为了适应市场需求，满足旅客出行需要而推出的全新的旅客运输产品。服务理念是"以人为本、旅客至上"。铁路运输企业应采用先进的管理方法，保证优质的服务质量，树立高铁动车组安全、快速、便捷、优质的品牌形象。高铁客运乘务人员的专业形象是活力、热情、文明、自信。

1. 站姿要求

（1）挺胸收腹，双肩下沉，颈部正直，收下颚，身体自然挺直，面带微笑。
（2）女性客运乘务人员：双脚并拢右脚略向后，脚尖分开成"丁"字形，双手四指并拢，交叉相握，右手叠放在左手之上，自然垂于腹前。
（3）男性客运乘务人员：双脚分开与肩同宽，脚尖略向外张，双手放在身后，左手半握拳，右手握左手手腕处。
（4）注意事项。
① 在非正式场合下，如果累了可以适当调节一下姿态，比如可以将一条腿向前跨半步或

是向后撤半步,身体重心轮流放在两条腿上;或是轻轻倚靠在某物上,但不可以东倒西歪。如果这些姿态掌握得体,则既可防止疲劳,又不失风度美。

② 正确健美的站姿会给人以挺拔笔直、舒展俊美、庄重大方、精力充沛、信心十足、积极向上的印象。站立时不要过于随便,不要探脖、塌腰、耸肩、双腿弯曲或不停地颤抖;在庄重场合,双手不可放在衣兜里或插在腰间,这些站姿会给人留下不良印象。

2. 坐姿要求

(1)入座前,腿与座椅应有 30cm 的距离;就座后,上身挺直,略向前倾,不得斜肩、倾背、抱胸、曲腰或闭目;不得打趣、玩笑和直接面对旅客整理个人仪容仪表,注意保持专业化坐姿和良好精神面貌。

(2)女性客运乘务人员:右手轻抚后裙摆(于心向上),左手自然放在身体一侧,坐下后右脚略向前移,左脚跟上,双膝、双脚并拢,大小腿之间成不小于 90°夹角,双手五指并拢自然放在腿上。

(3)男性客运乘务人员:坐下后,双脚略分开,膝关节分开与之同宽,双手五指伸直或轻握拳放在双腿之上。

(4)三种坐姿。

① 双腿并拢,坐正,上体挺直,两脚略向前伸,两手分别放在双膝上。

② 女士坐姿。坐正,上身挺直,两腿并拢,两脚同时向左放或向右放,两手叠放,置于左腿或右腿上。

③ 女士坐姿。坐正,上身挺直,两腿并拢,两脚交叉,置于一侧,两手叠放,置于左腿或右腿上。

(5)不良坐姿。

① 坐时不可前倾后仰,或是歪歪扭扭。

② 两腿不可过于叉开,也不可长长地伸开。

③ 坐下后不应随意挪动椅子。

④ 不可以将大腿并拢、小腿分开,或双手放于臀下。

⑤ 腿脚不可不停地抖动。

3. 行走要求

(1)挺胸收腹,颈部正直,目视前方,身体自然挺直,双臂自然摆动,双脚内侧在同一直线上行走,不左右摇摆,脚步不过重、过大、过急(特殊情况除外)。

(2)行走要礼让,与旅客走对面时要主动停下,伸手示意让路,不与旅客抢道、并行。

(3)女性客运乘务人员在旅客周围巡视时,双手可自然相握,抬至腰间。

(4)客运乘务人员集体进出站车时,要列队行走,女性在前,男性在后,列车长或客运值班员在队列左侧中后部同步行走。

(5)携带箱包行走时,拎(背)包或拉箱时,应队列整齐,步伐一致,箱(包)应在同一侧。

(6)努力纠正不正确的步态。走路最忌内八字和外八字,其次是弯腰驼背、歪肩晃膀;走路不要大甩手,扭腰摆臀,左顾右盼;不要双腿过于弯曲,走路不成直线;不要步子太大或太碎；不要上下颤动；不要脚蹭地面等。

4. 取拾物品

在较低位置取拾物品时，不得弯腰，必须下蹲。下蹲时，一腿在前一腿在后，双腿并拢，腿高一侧的手轻扶在膝盖上，腿低一侧的手用来取拾物品，背部尽量保持自然挺直，轻蹲轻起，直蹲直起。

5. 上 举

手臂上举时要做到姿态优雅；必要时，可踮起脚跟以增加身体的高度。

6. 鞠 躬

（1）鞠躬时应面带微笑，双脚并拢，脚尖略分开，双手四指并拢，交叉相握，右手叠放在左手之上，自然垂于腹前，身体向前，腰部下弯成 15°，头、颈、背自然成一条直线；上身抬起时，要比向下弯时稍慢些；视线随着身体的移动而移动，视线的顺序是：旅客的眼睛—脚—眼睛。

（2）迎送客时和行还礼时，身体鞠躬角度为 30°。

（3）给旅客道歉时，身体鞠躬角度为 45°。

（4）鞠躬时注意事项。

① 一般情况下，鞠躬时必须脱下帽子，戴帽鞠躬是不礼貌的。

② 鞠躬时目光应该向下看，表示一种谦恭的态度，不可以一面鞠躬一面翻起眼睛看着对方。

③ 鞠躬时，嘴里不能吃东西或叼着香烟。

④ 鞠躬礼毕直起身时，双眼应该有礼貌地注视着对方，如果视线移向别处，即使行了鞠躬礼，也不会让人感到是诚心诚意的。

7. 指示方位

指示方位时应五指并拢，小臂带动大臂，根据指示距离的远近调整手臂的高度，身体随手的方向自然转动，目光与所指示的方向一致；收回时，小臂向身体内侧略成弧线自然收回。切忌用单个手指指示方位。

8. 面部表情

微笑时，嘴角微翘，嘴唇微启，表情真诚、自然。女性客运乘务人员的微笑要甜美，男性客运乘务人员的微笑要亲切。

9. 端拿递送

（1）服务时面带微笑，和旅客有适当的语言交流和眼神交流。

（2）端托盘时，双手端住托盘的后半部分，大拇指握紧托盘内沿，其余四指托住托盘底部；托盘的高度应在腰间以上胸部以下，托盘端平，微向里倾斜；托盘上放置的物品不应过高，以不超过胸部为宜。

（3）拿东西时，应轻拿轻放。拿水杯时，应该一手握住水杯把手（无把手水杯应拿水杯的下 1/3 处），一手轻托水杯底部。

（4）递送东西时，应站在旅客的正面与之成45°角的地方，双手递送；递送东西应到位，当对方接稳后再松手。

（三）仪容仪表要求

1. 着装要求

（1）女性客运乘务人员基本要求。

① 衣着合体，不得随意改变制服款式。

② 制服应洗净，熨烫平整，无污渍、斑点、皱褶、脱线、缺扣、残破、毛边等现象。

③ 制服上不得佩戴任何饰物；着制服当班时，必须佩戴职务标志。

④ 在非工作时间，除集体活动外，不得穿制服出入公共场合和乘坐列车。

（2）女性客运乘务人员夏装着装要求。

① 连裤袜的颜色应统一为肉色或浅灰色，不得出现破洞和抽丝等现象。

② 统一佩带领花或丝巾。

③ 制服上装每天都须水洗。

④ 不得将笔插放在衣兜内。

（3）女性客运乘务人员春秋装、冬装着装要求。

① 外套、上衣、裙子、裤子的纽扣和拉链等应扣好、拉紧。

② 统一佩带领带、领花或丝巾；衬衣应束在裙子或裤子内，衬衣的衣袖不得卷起。

③ 裤装必须干净、平整、有裤线，不可有光亮感。

④ 穿着风衣、大衣时，须扣好纽扣，系好腰带。

⑤ 穿着外套、风衣、大衣时，必须戴工作帽，但在车厢、室内、送餐时可不戴。

⑥ 不得将笔插在衣服前襟。

（4）女性餐饮服务人员穿着围裙要求。

① 餐饮服务人员服务时应穿着围裙。穿着围裙的时间为餐饮服务之前；脱围裙的时间为收完食品包装物之后。穿、脱围裙的时间必须一致。

② 保证围裙干净、平整、整齐，穿戴完毕后应互相整理。

③ 围裙结一律系成蝴蝶结状。

（5）女性客运乘务人员佩戴职务标志要求。

① 职务标志应别于左胸上方，与上衣第二颗纽扣平行。佩戴臂章时，臂章上缘应当于左袖肩下四指处。

② 穿着围裙时，不可将职务标志佩戴在围裙上。

（6）男性客运乘务人员基本要求。

① 衣着合体，不得随意改变制服款式。

② 制服应洗净，熨烫平整，无污渍、斑点、皱褶、脱线、缺扣、残破、毛边等现象。

③ 制服上不得佩戴任何饰物；着制服当班时，必须佩戴职务标志。

④ 袜子的颜色应统一为深蓝色或黑色。

⑤ 在非工作时间，除集体活动外，不得穿制服出入公共场合和乘坐列车。

（7）男性客运乘务人员夏装着装要求。
① 统一佩带领带，衣领上的扣环必须扣好，上衣应束于裤内。
② 裤子必须保持干净、平整、有裤线，不可有光亮感。
③ 制服每天必须清洗。

（8）男性客运乘务人员春秋装、冬装着装要求。
① 袜子的颜色应统一为黑色或深蓝色，每天更换。
② 外套、上衣、裤子的纽扣和拉链等应扣好、拉紧。
③ 统一佩带领带，衬衣应束于裤内，衬衣的衣袖不得卷起。
④ 穿着风衣、大衣时，须扣好纽扣，系好腰带。
⑤ 穿着外套、风衣、大衣时，必须戴工作帽，但在车厢、室内时可不戴。

（9）男性客运乘务人员佩戴职务标志要求。
① 胸牌应端正别于左胸上方，与上衣第二颗纽扣平行。佩戴臂章时，臂章上缘应当于左袖肩下四指处。
② 列车长臂章应端正别挂在规定位置，不可用松紧带套于臂上。

2. 发型要求

（1）女性客运乘务人员。
① 每天保持干净，有光泽，无头皮屑。
② 短发最短不得短于两寸，长发最长不得超过衣领底线，刘海应保持在眉毛上方，禁止理奇异发型。
③ 任何一种发型都应梳理整齐，使用发胶、摩丝定型，不得有蓬乱的感觉。
④ 头发应保持黑色或自然棕黄色，不得使用假发套。
⑤ 发夹、发箍、头花应为无饰物黑色。

（2）男性客运乘务人员。
① 每天保持干净，有光泽，无头皮屑。
② 发型要修剪得体，轮廓分明，头发应梳理整齐，使用发胶、摩丝等定型，不得有蓬乱的感觉。
③ 头发两侧鬓角不得长于耳垂底部，发长应前面不遮盖眼睛，后部不长于衬衣领。
④ 不得剃光头、烫发和剪板寸头。
⑤ 头发应保持黑色或自然棕黄色，不得使用假发套。

（3）发型礼仪。
发型对一个人的仪表有着重要的影响。一种发型就是一种象征，一种无声的语言，它能有力地表现一个人的追求和兴趣。因此，选择适合自己的发型，对展示自己的风度十分重要。选择发型的原则是：发型与体型相配、发型与脸型相配、发型与年龄相配、发型与性格相配、发型与职业相配。

高铁客运乘务人员应该选择和本人气质相符的、与制服配起来很协调的发型，可以使人看上去更加美丽。如果头发长于肩膀，在穿制服时，必须使头发保持在肩膀的上方。长发可以挽成发髻。头发上不可在明处别发卡，用发网即可。刘海不要过长。过长的刘海会挡住眼睛，旅客看不到服务人员的眼睛会感到不安，同时也会影响风采。

3. 化妆要求

（1）女性客运乘务人员。

① 当班前，必须按标准化淡妆，工作中还应注意及时补妆，补妆应在洗手间或乘务间进行。

② 唇线的颜色应与口红颜色一致，不得使用珠光色口红和不健康色的口红。

③ 眉毛的颜色应接近头发颜色，应修剪秀丽、整齐，眉笔应使用黑色、深棕色。

④ 使用眼影时，颜色应与制服颜色一致。

⑤ 画眼线时，颜色应使用黑色、深棕色。

⑥ 香水以清香、淡雅型香水为限，不可过香、过浓。可喷口香剂保持口气清新。

⑦ 双手要保持清洁健康，指甲修剪整齐美观，指甲保持肉色，可涂透明色指甲油，但不得有脱落现象。涂色指甲长度不超过手指尖 3 mm，不涂色指甲不超过 2 mm，手指甲长度应保持一致。

高铁客运乘务人员经常用手为旅客服务，手和指甲必须要经常保持清洁、卫生。洗手后，要用护手霜或护手液，保护手部皮肤润滑。经常护理指甲（剪、修、洗）。假若吸烟，要除掉手上的尼古丁痕迹。指甲油的颜色要与化妆品和服装、制服的颜色搭配协调。不要使用假指甲。

（2）男性客运乘务人员。

① 不得留胡须。

② 双手要保持清洁健康，手指不得有抽烟留下的熏黄痕迹，指甲应保持清洁，修剪整齐，无凹凸不平的边角，长度不超过于指尖 2 mm。

③ 工作中始终保持手和面部的清洁卫生。

④ 可喷口香剂保持口气清新。

（3）化妆礼仪。

① 正式场合要化妆。

当出席一个正式的场合时，女士应适当化妆，让自己容光焕发，富有活力，不化妆则被视为失礼。男士也应当进行面容的适当修饰。比如，刮干净胡须，嘴唇轮廓和厚薄不理想或唇色不正，均可用唇笔描画并涂上男士专用唇膏来弥补。

② 不要在公共场所化妆。

有的女士对自己的容貌非常在意，不论是工作、学习、上街、社交还是在其他公共场所，一旦有了空闲，就马上掏出自己的化妆盒来对镜修饰一番，旁若无人，在众目睽睽之下化妆，这样做既可能有碍别人，也不尊重自己，是非常失礼的。如果真的有必要化妆或进行修饰的话，需到化妆间或洗面间去做。

③ 不要在男士面前化妆。

有的女士常常当着男同事或男朋友的面化妆，你可能不在乎，"大家都很熟了，可以随便一点嘛"。但这是十分失礼的，对自己、对别人都是不尊重的。因此，女士化妆一定要避开男士，就是男朋友或丈夫也不例外。这一段"距离"是必不可少的。

④ 不要非议他人的化妆。

由于民族、肤色和个人文化修养的差异，每个人的化妆不可能都是一样的。有的女士偏爱浓妆，有的则偏爱淡妆，而外宾的化妆就更是各具特点了，对此，我们不要少见多怪，也不要以为自己的化妆就是最好的。对外宾的化妆尤其不要指指点点，也不要同外宾或不很熟悉的人切磋化妆术。

⑤ 不要借用他人的化妆品。

除非主人心甘情愿为你提供方便，千万不要借用别人的化妆品，因为这是极不卫生的，也是很不礼貌的。

4. 皮　鞋

皮鞋款式应简洁朴素，不得有任何装饰物，保持光亮元破损。

5. 饰　物

（1）必须戴走时准确的手表，手表款式、颜色简单不夸张，宽度不得超过 2 cm，不得系挂怀表。

（2）只可佩戴一枚设计简单的金、银或宝石戒指。

（3）女性客运人员只戴一副式样和形式保守的金、银质或镶嵌物直径不超过 3 mm 的耳钉，不得佩戴耳环、耳坠等。

（4）男性客运人员不准佩戴任何饰物。

（5）饰物礼仪。

制服本身是一种不需要装饰用品的朴素的服装。在使用饰品时必须谨慎行事。在穿制服时不适合戴像宝石的装饰品，如手镯、悬垂物、胸针、踝饰等。按照规定不能戴 2 个以上戒指。

（四）言谈举止

高铁客运乘务人员在工作中要与各种各样的旅客打交道，语言服务就是一项主要任务。语言表达是一种技能和艺术，是衡量一个人的能力水平之一。好的口才可以显示一个人的才干和魅力，受人尊敬和欢迎，是促使事业成功不可缺少的重要才能。

1. 与旅客谈话、服务方式的基本要求

（1）与旅客交谈时，要面对对方，保持适当距离（45～100 cm）。

（2）站姿端正，可采取稍弯腰或下蹲等动作来调节身体的姿态和高度。

（3）目光要注视对方的眼睛，以示尊敬。

（4）要注意听取对方的谈话，不可东张西望。

（5）口齿清楚、语气温和、用词文雅、简捷适中、诚恳态度，给对方以体贴信赖感。

（6）如果不得已需要打断旅客说话时，应等对方讲完一句话后，先说"对不起"，再进行说明。

（7）无意碰撞或影响了旅客，应表示歉意，取得对方谅解。

（8）遇到经常乘坐列车的旅客，应主动打招呼问候，表示欢迎。

（9）为旅客发送物品时，应主动介绍名称，严格遵循发放原则：先左后右、先里后外、

先宾后主、先女后男。

（10）对旅客提出的合理要求应尽量满足，不能做到时，应耐心解释。

（11）应允旅客的事情，一定要落实，要言而有信。

（12）不打听旅客的隐私，特别是外国旅客的年龄（多为女宾）、薪金收入、衣饰价格等。

2. 谈话、服务方式

（1）常用的文明用语：请、您好、谢谢、辛苦了、对不起、请原谅、早上好、中午好、晚上好、晚安、再见。

（2）时刻注意自己的仪容、仪表、举止、言谈。

（3）不食用大蒜、大葱和韭菜等有强烈刺激性气味的食品。

（4）不在公共场所修指甲、挖鼻孔、剔牙齿、掏耳朵、伸懒腰、不用手指人。

（5）不随地吐痰，不乱扔杂物。

（6）不要大声喧哗、谈笑和影响他人。不在旅客面前接打手机。在公共场所接打电话时，声音不宜过大。

（7）打喷嚏和打哈欠时要用手捂住口鼻，面向一旁。

（8）离开公寓时，应整理房间，保持整洁。

（9）进入餐厅时，不将手提包或衣、帽等放在餐桌上；不可穿拖鞋、着睡衣进入餐厅。就餐时要坐姿端正；咀嚼食物要慢，不要发出声音。

3. 恰当的服务

满足旅客需求是服务的根本出发点，旅客至上应该成为客运服务人员的座右铭。但是，客运服务人员在微笑、礼貌、文明服务的同时，要尊重旅客的自由活动空间，在无特殊服务需求的情况下，尽量不干扰旅客，更要重视保护旅客的私密性。

好动机不一定有好的结果，热情、周到服务也要把握一个度。提倡主动迎送旅客，但不是越主动、越热情越好，这里有一个度的问题，要充分考虑服务先后、服务对象等问题。

4. 处理旅客投诉

在处理旅客投诉时，千万不能表现出不耐烦的情绪或者置之不理的态度，要冷静、耐心倾听，使矛盾不激化，要多从自身方面找原因，弄清事实真相。属于自己的责任，要主动表示歉意，改进工作。属于旅客的责任，要多做解释工作，增加理解。

5. 有助于表现动车组专业形象的说话方式

声音柔和而清晰并具有亲和感；语言简单明了；语速快慢适当；音量高低适中；不说话时做其他事情；特殊情况下可使用方言。

6. 不应有的说话方式

（1）声音使人感觉粗俗刺耳，声音太大或太小，声音慵懒倦怠，呼吸声音过大，使人感到局促不安和犹豫。鼻音过重。

（2）口齿不清，语言含糊，令人难以理解。语速过慢，使人感觉烦闷；语速过快，使人思维无法跟上。

（3）语言平淡，气氛沉闷。使用过于专业的术语，使用责备的口吻甚至粗鲁的语言。

（4）随意打断旅客的说话。表现出厌烦的情绪和神色。边走边讲或不断地看手表。手放到口袋里或双臂抱在胸前。手扶着座椅靠背或坐在扶手上。

（5）谈论与工作无关的事情。与旅客嬉笑玩闹，对旅客评头论足。

（五）公共场所礼仪

高速铁路客运乘务人员在公共场所同样要重视礼节礼貌，时刻注意自己的仪容、仪表、举止、言谈。

（1）不要用手指人，切忌随地吐痰，乱扔果皮纸屑；不应在公共场合修指甲、挖鼻孔、剔牙齿、掏耳朵、伸懒腰、打喷嚏；打哈欠时要用手帕捂住口鼻，面向一旁，避免发出响声；在候车室、餐厅、列车上等场所不要大声喧哗、谈笑和影响他人的活动。

（2）打电话时，声音不宜过大；离开公寓或宾馆时应将房间稍加整理，保持整洁。进入餐厅时，一般不要带大件物品，也不要将手提包或帽子等放在餐桌上。切不可穿拖鞋、着睡衣进入餐厅。

就餐时要坐姿端正。吃西餐时，应注意正确使用餐巾、刀叉。咀嚼食物要慢，不应发出过大声音。

（3）出发前准备阶段，主动向乘务组成员打招呼；主动让路问好，禁止与旅客抢占座位，在公共场所始终保持专业化微笑。

（4）在交接班时，接班列车长首先与交班列车长使用"辛苦了"等语言，做到文明交接、礼貌用语；接班列车员主动与交班列车员问好或点头示意。

（5）列车员在乘车及上下楼梯时，应将乘务箱拉杆收回后拎着箱子，禁止拖拉乘务箱。男乘务员不得在公众场合吸烟。

（6）工作箱包在规定的摆放区域整齐摆放，避免影响他人行走；不勾肩搭背、大声交谈、嬉笑玩耍，保持良好的专业化形象；在候车室有空座的情况下可就座，就座时需保持列车乘务员良好的专业化形象，禁止躺卧，禁止出现不雅行为。

（六）接待礼仪

迎来送往是日常工作和生活不可缺少的内容。恰当的接待礼仪，可以显示出良好的修养和热情好客态度。接待人员的风度、谈吐要求高雅。

1. 自我介绍的礼节

（1）在社交场合中，如果你想认识某一个人，最好预先获得一些有关他的资料，如个人兴趣、性格、特长等，有了这些资料，在自我介绍后便容易交谈，使关系进一步融洽。

（2）表示出自己渴望认识对方的心情，但不要卑躬屈膝，应热诚、自信。

（3）在做自我介绍时，应清楚地报出自己的姓名及身份，并善于用体态语言如眼神、手势、脸部表情等表示自己的友善。

（4）在获得对方的姓名之后，不妨加以重复一次。重复他的姓名，一方面使对方有自豪感和满足感，另一方面可以帮助自己记住对方姓名。

如"我是动车队的×××，欢迎您。这是我的名片，请多多指教。"

2. 介绍他人的礼节

（1）注意介绍的时机。

① 首先了解对方是否有结识的愿望，不要贸然行事。

② 如果带你的朋友、同事参加宴会或去某公司，而在场的人都不认识他时，要很自然地让他结识更多的人。但介绍你的朋友或同事时，也不应该带着他满屋子转，到处主动介绍而打断别人的谈话。

③ 不要把刚进来的客人介绍给正准备离去的客人。

（2）介绍的原则。

一般来说，先把男士介绍给女士，把年轻人介绍给年长者，把身份、地位低的人介绍给身份、地位高的人，把未婚者介绍给已婚者。如果不易比较，则随便先介绍哪个。

如果一方是地位高的年轻女士，另一方是地位低的年老男士，按我国传统，是先把男士介绍给女士。

（3）介绍的禁忌。

① 主人应把主宾介绍给其他客人，否则不礼貌。

② 介绍时绝不能用命令口气，如"小王，来见见张小姐"。

③ 切勿把介绍的双方弄得感情不平衡，如称一方为"我的朋友"，另一方为"我的好朋友"；一方称"这是××"，另一方称"这是我的朋友××"。

④ 介绍具体人时，要有礼貌地用手示意，不能用手指指人。

⑤ 当你想结识某人，而又无介绍人时，应该首先做自我介绍，如果对方没有向你作自我介绍，也不必再问，可以向其他人打听。

⑥ 介绍时避免过分颂扬某一个人。

（4）被介绍以后。

① 要互相问候"你好！见到你很高兴。""认识你很荣幸"等。

② 被介绍给他人之后，男士之间通常要握手，女士之间不一定。男士被介绍给女士，女士可以微笑说一声"您好！"或点一下头。男士看女士的反应，如对方伸手则可握手，如对方点头微笑你也同样如此还礼，注意恰到好处。对女士来说，如对方伸出了手，则不宜拒绝，否则失礼。

③ 在公共场合，男士被介绍给女士后，女士不一定起立；在女士进入房屋时，男士一般应起立；但年长者及正在和年长者谈话的年轻人、地位高的人例外。

3. 迎送礼仪

迎送礼仪总的要求是热情、主动、礼貌、大方，体态合乎礼仪。

（1）迎接来宾前，首先了解来宾的背景资料，如他的身份、性别、习俗等，并确定相应的迎送规格。主要迎送人员通常要与来宾的身份相当或者相差不大，尽量做到对等。当事人不能出面时，应从礼貌角度出发向对方做出解释。

（2）掌握抵达和离开的时间，如迎送时间有变化，应及时掌握。

（3）迎接未见面的客人，在车站、码头、机场时有必要准备一块醒目牌子"欢迎×××"。迎接那些必须向他们致欢迎词的贵宾，应事先准备好一篇热情洋溢、优美、简短的欢迎词。

（4）见到来宾后，应根据来宾的身份、性别、年龄、习俗以及来访性质等，热情地与他们拥抱、握手，或向他们鞠躬、抱拳作揖、双手合十、点头、鼓掌欢迎等。

（5）向来宾行礼后，应道辛苦并作自我介绍。为了不使对方在如何称呼你的问题上感到为难，应向对方表示"请叫我小×（老×）"。

（6）应主动向客人表示帮助他拿行李的意思，如有车来接，应为他打开车门。上车时，最好为客人打开右侧车门，使客人从右侧上车，主人从左侧门上车，避免从客人座前穿过。三排座的轿车，翻译坐在主人前面的加座上；二排座轿车，翻译坐在司机旁边。

（7）上车后，应该将活动日程表送到客人手上，并询问客人有何私人活动需要帮助安排，可向客人介绍沿途建筑、风光、民俗、气候、特产等情况。

（8）到住宿处后不要久留，让客人得到休息。分手前一定要说好下一次见面的时间、地点，并告诉客人与你联系的方法。

客人离去时应是客人在前，否则有驱赶客人之嫌。离别前握手告别，并说"欢迎您再来"。

（七）电话、手持电台（对讲机）礼仪

从日常生活到工作场合，电话已是现代人不可缺少的通信工具，动车组列车长日常工作中经常要使用电话或手持电台（对讲机）联系工作，因此，正确使用电话、手持电台（对讲机）显得越来越重要。

1. 电话的特性

（1）只闻声不见人。

打电话时，可以说是声为其人。通过电话只闻其声的交流，便可以考察出一个人。说话方式、声音能自然而然地反映出一个人的态度和修养，因此，打电话的措辞及说话方式就应该特别引起注意。语调诚恳、清晰、和缓、明朗，能给人一种亲切感、信任感，留心向电话微笑着表达敬意是很必要的。

拿电话的方法：把受话口紧贴耳朵，送话口正对着唇部。送话器与嘴之间的距离为一拳左右。

声音的大小：不要用大得像在怒吼的声音或小得像在窃窃私语那样的声音说话。说话的速度约300字/分钟较为容易接受。

声音的好坏不在于音质，而在于说话人的态度及语气。

（2）看不见对方状况的单方面性。

对方正要想干点什么的时候，单方面地硬用电话把他叫住，应采用"突然间给您打电话，还请您原谅""让您回电话真不好意思"等方式来请对方原谅。

（3）电话周围4平方米内的敏感性。

电话敏感度良好，可以把方圆4平方米的声音传送到对方那里，因此，要尽量使周围的人安静下来；打电话时，若要和旁边的人说话，要用手掌盖住话筒，注意不要让通话方听见。

2. 打电话礼仪

（1）注意打电话的时间。除了紧急要事之外，一般在以下时间是不宜打电话的：三餐吃饭的时间、早晨7:00以前、中午午休时间、晚上10:30以后。

（2）注意通话所需的时间。电话交谈所持续的时间，一般以3~5 min为宜。

（3）电话接通后，首先说"您好，我是××单位的×××，请帮忙找×××先生（小姐）接电话，谢谢。"

（4）如果对方说找的人不在，应致谢，并附带一句"改日再打"之类的话。

（5）当拨错号码时，应致歉"对不起"，不能不说话就挂断。

（6）当你被缠在电话上时，应先暗示对方希望结束通话，如无效，应在对方讲话停顿时或必要时打断他的讲话，可以说"对不起，我这里又来了一位客人，过一会我给你回电话好吗？"

3. 电话中的语言礼仪

（1）语调不要过高或过低。过高，会使人感到严厉、生硬、冷淡，刚而不柔；过低，会使人感到无精打采、有气无力。

（2）语调不能过长或过短。语调过长则显得懒散拖沓，过短又显得不负责任。

（3）一般情况下，语气要适中，语调稍高些，尾音稍拖一点，才会使人感到亲切自然。

（4）使用礼貌用语"请、谢谢、您"之类。

4. 接电话礼仪

（1）尽快拿起话筒、自报家门。一听到电话铃响，应马上放下手中的工作去接电话，一般应在电话铃响三遍之前拿起话筒。拿起话筒后的第一件事是自报家门。

（2）仔细聆听对方的讲话，并不时用"嗯、对"等给予对方积极的反馈。

（3）一般应左手拿话筒，右手做记录，用事先准备好的纸笔将电话内容记下来。

（4）如果自己手头工作正忙，不可能和对方长谈，则可委婉地告诉对方改天再打，或以后打电话给对方。

（5）如果你不是受话人，请对方稍等后，应把话筒轻轻放下，通知受话人。不能话筒尚未放下，就大喊"××，你的电话！"这很不礼貌。

（6）若找的人不在，不能把电话一挂了事，而应耐心地询问对方的姓名、电话号码、是否需转告，征得对方同意后详细记录下来。

（7）将留言记录当面转交，如不能当面转交，则置于办公桌上，同时记下接电话的日期、地点、自己的姓名。

（8）一般由发话人先结束电话，如对方还没有讲完，自己便挂断电话是不礼貌。

5. 使用电话或手持电台的注意事项

（1）遇工作中的紧急情况，应尽量避免在旅客面前接、打电话，以免引起不必要的混乱。

（2）手持电台按规定频道守候、联系。

（3）手持电台要使用耳机，不要把工作中相互协调联系等内容暴露给旅客。

（八）餐服人员礼仪规范

餐车服务又是一张企业形象的"名片"，因此在餐车服务中的礼节、礼貌是不可缺少的一部分，它渗透在列车餐饮服务的方方面面，贯穿服务过程始终。无论是餐车服务员还是餐车长，都应该是这趟列车的"礼仪大使"，把就餐旅客放在"贵宾"的位置来对待。

由于列车的晃动，要求餐车服务员走路时脚步要稳、轻、灵、巧。头发梳理平整，指甲修剪整洁，语言礼貌和气，精神饱满，步态轻盈，躲闪灵活，手脚利落，观察仔细，及时了解旅客需求，提供满意服务。

（1）餐车服务在就餐时间到来之前，要做好仪容、仪表和精神准备，站立在餐车两侧第一张桌位置迎接客人。餐车服务员的仪容仪表，大体与前两节讲到的内容相同，但站姿不能过于生硬，应该有亲和力，在此不做过多介绍。

（2）旅客到来时，餐车服务员要热情相迎，主动问候。在引领旅客时，应问清几位就餐，然后引到合适的座位。主要宾客要面向列车前行方向。

（3）帮助旅客把随身携带的物品放在合适的地方，但必须先征得旅客的同意。

（4）旅客被引到餐桌时，可以双手将毛巾递到旅客面前，也可用不锈钢夹夹起毛巾送给旅客。

餐饮服务应注意以下细节：旅客喝咖啡，单独放糖包、奶包时，及时清理用完的糖包和奶包的包装袋；需添加咖啡时，应将杯子擦拭干净或重新更换咖啡杯；旅客饮用完牛奶后若提出需要柠檬红茶，也应提醒旅客不宜混饮；为儿童提供热饮时需递给其监护人等。提供餐食服务时应注意：主动介绍餐食品种，汤温度过高时及时提醒旅客；为旅客冲泡方便面、奶粉，需同时送上餐巾纸或湿纸巾；禁止将餐饮或杂物从旅客头顶上方掠过，旁边旅客协助递送时需及时向旅客致谢等。

 任务实施

分小组运用该任务相关知识进行讨论，能够掌握高铁客运乘务人员服务礼仪要求，落实现场作业主要环节，各小组派代表进行总结汇报，小组互评，教师点评。做到教、学、做一体化，提高学生运用理论知识解决实际问题的能力。

任务 2　高速铁路动车组列车重点旅客服务

 能力目标

1. 能够按照重点旅客服务标准为旅客服务。
2. 能够按照接待服务标准为旅客服务。

 知识目标

1. 了解旅客旅行心理需求。
2. 掌握重点旅客服务标准。
3. 掌握"复兴号"动车组服务标准。
4. 掌握接待服务标准。

高速铁路
动车乘务实务

 相关知识

一、高速铁路重点旅客服务需求

1. 临时患病的旅客

旅行中生急病或女旅客突然分娩，本身痛苦、着急、忧虑，急盼工作人员帮助，这时客运乘务人员要为之寻医送药，妥善处置，有条件时允许在较大车站下车送医院处置。

2. 老、弱旅客

人到中年，体力、精力开始衰退，生理的变化必然带来心理上的变化，他们在感觉方面比较迟钝；对周围事物反应缓慢，活动能力逐渐减退，动作缓慢，应变能力差。老人由于年龄上的差异，与青年人想的不同，因而心境寂寞，孤独感逐步增加。尽管老人嘴上不说，但他们内心还是需要别人的关心帮助，他们关心旅行的安全，因此，乘务员为老年旅客服务时，要更加细致，与老年旅客讲话速度要略慢，声音要略大，经常主动关心询问老人需要什么帮助，洞悉并及时满足他们的心理需要，尽量消除他们的孤独感。体弱的旅客既有很强的自尊感，又有很深的自卑感，由于身体的原因自感不如他人，暗暗伤心，同时在外表上表现在不愿求别人帮助自己，因此，样样事情都要尽自己最大的力量去做。作为乘务员应尽可能多去关照他们，而又不要使他们感到心理压力，对他们携带的行李物品要主动协助提拿，关心他们的身体状况。

3. 病、残旅客

病、残旅客是指有生理缺陷、有残疾的旅客以及在乘车过程中突然发病的旅客。这些人较之正常人自理能力差、有特殊困难，迫切需要别人帮助。但是他们自尊心都极强，一般不会主动要求乘务员去帮忙，总是要显示他们与正常人无多大区别，不愿意跟别人讲他们是残疾人，或把他们看成是残疾人，对此，乘务员要了解这些旅客的心理，特别注意尊重他们，最好悄悄地帮助他们，让他们感到温暖。

4. 儿童旅客

儿童旅客的基本特点是性格活泼，天真幼稚，好奇心强，善于模仿，判断能力较差，做事不计后果。鉴于儿童旅客的这些特点，乘务员在服务时，尤其要注意防止一些列车上不安全因素的发生。例如，要防止活泼好动的小旅客乱摸乱碰火车上的一些设施；列车运行中要注意防止小旅客四处跑动；给小旅客提供热饮时，要防止他们碰洒、烫伤等。

5. 持乘车证的铁路职工旅客

铁路职工持公用乘车证旅行，从铁路角度看，他们属于路内职工，但对于旅客运输服务部门，他们同其他旅客一样，也是旅客运输部门的服务对象。

铁路职工持公用乘车证乘车旅行，他们因对旅客运输服务非常了解，熟悉有关客运管理的各种规定，在客运部门熟人多，在旅行中相对一般旅客具有一定的优越感。在旅行过程中，大多数人能够维持列车秩序。但也有个别人，不能严格遵守客运管理的规定，只图自己方便；

在列车上喜欢找熟人、拉关系,希望被照顾,希望与其他旅客不同。满足其要求很高兴,当不能满足要求时就可能会不高兴,有些甚至故意挑剔乘务员的毛病。在这种情况下乘务员服务时要做到有理、有利、有节。

二、高速铁路动车组重点旅客服务标准

(一)重点旅客的定义及分类

重点旅客是指老、幼、病、残、孕旅客,分为一般重点旅客和特殊重点旅客。

1. 一般重点旅客

一般重点旅客包括老、幼、病、残、孕且有同行人陪同的旅客,无须工作人员全程护送,需提供优先服务的旅客。

2. 特殊重点旅客

特殊重点旅客包括盲人、依靠辅助器具如担架、轮椅才能行动的需工作人员特殊照顾或者全程护送的旅客。

(二)重点关注,优先照顾,保障重点旅客服务

(1)按规范设置无障碍卫生间、座椅、专用座席等设施设备,作用良好。发现旅客乘坐轮椅时,应引导至残疾乘客专用区域,并协助旅客固定轮椅。

(2)对重点旅客做到"三知三有"(知座席、知到站、知困难,有登记、有服务、有交接),为有需求的特殊重点旅客联系到站提供担架、轮椅等辅助器具,及时办理站车交接。对视力残疾携带导盲犬的旅客,应检查相关证件并予以协助。在条件允许的情况下,尽可能安排至较为宽敞的席位。如因更换席位出现票价差额,应提前征得旅客本人同意,并按规定处理票价差额。

(3)对乘车儿童重点关注,主动提示家长或同行成年人有关儿童乘车注意事项。发现幼儿在车厢过道单独行走、打水、上厕所等时,应主动询问并提供必要的帮助。发现儿童攀爬座椅、手扶门缝、触碰电茶炉和奔跑、吵闹,特别是在邻近值乘司机室车厢和区域吵闹、奔跑嬉耍时,应及时劝阻。可根据需要适当配置安全可靠的儿童玩具等,为儿童提供服务。

(4)遇有重点旅客乘车,首先向同行人进行安全注意事项的介绍,无同行人的重点旅客,尽量将座位调整到距离车门、卫生间较近的位置,并及时向列车长汇报车内重点旅客情况。运行中主动询问旅客有何需求,引导、搀扶重点旅客使用服务设施。终到站前,提前妥善安排乘降。如始发站以重点旅客登机交接表的形式将重点旅客与车站进行交接,列车长应妥善安置,并指定乘务员重点做好照顾列车终到站有列车长与车站客运值班员进行重点旅客的交接。

(三)儿童旅客服务标准

(1)开车后提示带小朋友的旅客看管好孩子不要在车内跑跳,并进行相关的安全提示。

(2)列车运行速度快,注意不要让孩子站在座椅、靠背、扶手上,以免摔倒、撞伤。

（3）为了保证孩子的安全，要叮嘱孩子不要触碰电茶炉、车门、灭火器等设备设施，不要将手伸进垃圾箱内。

（4）如发现家长忽视对孩子的看管，要及时引导小孩回到家长身边，再次叮嘱提示家长，以免发生意外。

（5）加强车内巡视，随时关注儿童旅客的举动，做好相应服务工作。

（6）年龄较小的儿童进入卫生间时，应动员家长陪同。

（四）孕妇旅客服务标准

（1）孕妇上车时要主动帮助提拿、安放随身携带物品，乘务员在前方引导入座，注意调节通风口。

（2）应根据需要多提供清洁袋，并及时清理，随时给予照顾。

（3）下车时乘务员主动提拿行李，送至车门。

（4）旅行途中，关注孕妇旅客的情况，随时提供帮助。

（五）老年旅客服务标准

（1）上车时要主动帮助提拿、安放随身携带物品，乘务员在前方引导入座。

（2）乘务员应主动介绍车厢服务设备、卫生间的位置。

（3）旅途中经常去看望，主动问候，工作空余时多与他们交谈消除老人的寂寞，需要饮水时，应送水到座位。

（4）如老人需要用卫生间应及时给予搀扶、引导。

（5）将要到达目的地时，提前提示老人不要遗忘物品，到站主动搀扶下车，与接站人员做好交接。

（六）盲聋哑旅客服务标准

（1）乘务员应主动为盲人旅客提拿、安放随身携带物品，并引导安排入座。

（2）介绍车厢服务设备、卫生间的位置。

（3）旅途中经常去看望、主动问候，需要饮水时，应送水到座位。

（4）如盲人旅客需要用卫生间应及时给予搀扶、引导。

（5）到站前及时提示旅客做好下车准备，不要遗忘物品，并搀扶其下车，与接站人员或车站工作人员做好交接。

（七）残疾旅客服务标准

（1）乘务员应主动介绍车厢服务设备、卫生间的位置，帮助残疾旅客将轮椅等用具放置到合适位置。

（2）旅途中经常去看望、主动问候，需要饮水时，应送水到座位。

（3）如残疾旅客需要用卫生间应及时给予搀扶、引导。

（4）到站前及时提示旅客做好下车准备，不要遗忘物品，并搀扶其下车，与接站人员或车站工作人员做好交接。

（八）患病旅客服务标准

（1）乘务员应主动帮助旅客调整合适的座席，便于同行人照顾。

（2）旅途中经常去看望、主动问候、及时为旅客提供帮助。

（3）如乘客是精神病患者，应告知同行人注意事项，如遇旅客有异常情况，及时采取措施，防止伤害其他旅客。

（4）到站前及时提示旅客做好下车准备，不要遗忘物品，并搀扶其下车，与接站人员或车站工作人员做好交接。

三、非正常事件的服务技巧

1. 安排重号旅客的处置技巧

（1）遇到重号的旅客，应认真核对两位重号旅客车票。如果确认是重复的座位号码，应先听取两名旅客的意见，观察哪一名旅客有想要调换其他座位的意向。

（2）列车员应及时报告列车长，列车长了解现场情况，及时汇报客调。

（3）列车长根据重号旅客人数判断同等级车厢是否有空座，尽量安排旅客尽快就座，向旅客致歉，并委婉告诉旅客如果有旅客就座的话，我们再协助他调整到其他座位，不要让庄旅客自行在车厢内找空位就座，以免造成旅客座位号码再次重复而引起不满，甚至导致投诉等。

（4）遇到满员情况，乘务员可以帮助重号旅客（或后到的重号旅客）提拿行李，到餐车或乘务员休息的座席稍加等候，等全部旅客上齐后，让重号旅客在相同车厢等级的基础上，选择空余座位入座。

（5）安排重号旅客妥善就座后，为重号旅客送一杯热茶，并及时道歉。列车长记录重号旅客的基本情况和车票的起始站、票号、车厢座位号、发售车票的车站等，并及时向有关部门汇报。

（6）席位发生变化需退款时，编制客运记录，交到站退款。

2. 迎客时有旅客提出其他服务的处理技巧

加强服务意识，乘务员应该站在旅客角度考虑旅客需求的重要性。提高服务技巧，当旅客提出特殊需求时：

（1）尽可能立即办理。

（2）有其他原因不能及时办理的，应立即在便签本上记录，或委托其他乘务员及时办理（也可委托他人提醒自己办理），并要及时跟踪处理情况。

（3）如因客观条件无法及时提供的，应先向旅客说明理由，并稍后办理。

（4）如因客观条件无法提供的，应及时向旅客做好解释工作。

3. 防止旅客物品丢失被盗的提示处理技巧

（1）提示。

① 旅客携带手提电脑等贵重物品上车时，安排在旅客座位附近且视线范围内的行李架上，并提示旅客贵重物品小心看管。

②帮助旅客安排较大行李存放手续时，提醒旅客取出贵重物品，并确认物品存放位置，下车及时领取。

③到站前5 min 广播预报时间、温度，提醒旅客提前整理好随身衣物。

④加强车厢监控，密切关注经常起身打开行李架上的行李或不在自己座椅附近拿取行李物品的旅客，并询问"您好，请问您需要我帮忙吗？"委婉的进行制止，并记住可疑旅客的外貌特征。

⑤对于携带行李使用卫生间的旅客应引起注意，提高警惕。

（2）处置。

①得知旅客丢失物品的消息后，首先应及时向列车乘普通报，配合乘警询问当事人是否确定物品在列车上丢失。

②先了解丢失物品的基本特征，然后广播寻物启事并积极配合当事人寻找丢失物品。

③记录丢失物品的名称、型号、形状、颜色、大小，包括当事人的姓名、联系地址、电话等详细信息。

④征求旅客意见，是否需要通知车站公安协助寻找。

⑤如需要排查，需对其他旅客做好解释工作，广播说明车上有旅客丢失了贵重物品，到站后请大家协助检查。注意语言技巧，避免引起其他旅客反感。如部分旅客已经下车，通知公安部门在出口处对已下车的旅客进行排查。

⑥工作结束后列车长按规定填写《乘务报告》及时反馈段及车队，单位有关部门将进行备案。

⑦如果是在车站丢失物品，马上报告列车长，联系车站工作人员。将丢失物品特征告之车站并请车站人员协助处理，及时为旅客通报信息并留下旅客姓名、联系方式及有效地址。列车长做好记录。

（3）旅客物品被盗。

①发生盗窃案后，乘务员要在第一时间内将事件报告乘警长及列车长，并能密切配合、分工明确、稳而不乱。

②与周围旅客及嫌疑人交谈言辞得当，同时细心观察其他旅客的表现，锁定嫌疑人。

③列车长要迅速做出判断，果断处理，并及时中止旅客下车，请公安部门对已下车的旅客进行调查，做好车上其他旅客的安抚工作。

④锁定嫌疑对象后与列车长、公安部门协调，决定是否可以让其他旅客下车，并让案件的几名当事人在安全员的监控下离开列车等候公安人员的处理，以免带来安全隐患。

⑤发生车上盗窃事件后，列车长将旅客信息及事件经过在值乘结束后1个工作日内反馈有关部门备案。

4. 旅客在发车上发生争执的处理技巧

（1）乘务员先安抚旅客并简单了解事情的起因，同时报告列车长。

（2）尽可能为旅客调整座位，协助旅客妥善放置好随身物品，调解、缓解旅客间的矛盾，注意语言技巧，减少对周围旅客的影响。

（3）对继续旅行的旅客，乘务员和乘警（安全员）要在列车途中加强监控，以避免矛盾再次激发。

（4）乘务员提供优质的服务，比照重点旅客照顾，消除旅客不愉快的记忆，缓解矛盾。

5. 接待投诉的旅客

（1）首先代表乘务人员对工作中的不足赔礼道歉。
（2）针对旅客提出的合理要求，采取相应措施。
（3）虚心接受旅客意见，在自己的权限内给出处理方案，表示出处理的诚意。

6. 劝告与说服的技巧

客运乘务人员面对的旅客来自各行各业，难免遇到一些不同意见的旅客，这就需要劝导或说服对方。劝导时要换位思考，了解对方的心理状态，明了对方的心思，采取立足对方的劝说方法，

尽量把乘务员的大度、诚意和善意说到对方的心坎，起到增强理解的目的。否则，无法说服他人，甚至会因曲解而产生误会和矛盾。

7. 回答旅客提问的技巧

乘务工作中经常遇到旅客提问，回答旅客提问时要站住，面向旅客回答，耐心而热情，解答时简洁准确，要注意礼貌、得体，讲究回答技巧，切忌给人一种不友好、不平等、不耐烦的感觉，避免使对方误会。

8. 旅客用水问题的快速处理方法

乘务员、随车保洁员在巡视车厢发现旅客洗手多用水时，应委婉的劝阻，及时介绍引导烘干器的使用方法，当发现洗脸间地面水迹较多时，应及时用抹布擦净。

9. 发现卫生间内异味较大时的处理方法

发现卫生间内异味较大时，乘务员应通知、督促随车保洁员及时清理卫生间卫生，清理完后及时盖上马桶盖，芳香球（盒）缺少及时补充，用空气清新剂喷在卫生间内的通风口上，必要时暂时引导旅客使用其他车厢卫生间，挂上温馨提示牌。

10. 旅客反映卫生间异味但拒绝使用空气清新剂的处理技巧

运行途中应督促保洁加强卫生间卫生的清理，旅客使用完毕后，及时合闭马桶盖，关闭卫生间门，挂上提示牌。当旅客对空气清新剂的味道提出异议时，乘务员应先耐心向旅客表示歉意，并把车厢两端的内拉门调试到自动关闭状态。对反映强烈的旅客，如其他车厢有空座位时可为其调整同等席别座位，并做好服务工作。同时，及时通知随车机械师将车内温度适度调低。

11. 集便器容量达到 80%报警时的处理方法

当卫生间集便器容量达到 80%报警时，乘务员接到通知后，应及时通知列车长和机械师，听从机械师安排是否需要锁闭卫生间或关闭车厢内洗漱用水，并向旅客做好解释工作，引导旅客使用其他卫生间，挂上提示牌。如已达到 80%时，利用列车广播加强车内宣传，乘务员加强口头宣传，告知旅客：本次列车采用的是先进的集便式卫生间，因集便器容量有限，请大家在列车上注意节约用水，以免过多的废水占用集便器空间影响卫生间的正常使用。

12. 列车运行中某节车厢突然停电的服务技巧

列车运行中车厢内突然停电应及时通知列车长和随车机械师，本车厢乘务员应坚守岗位，做好各项服务工作，在不能辨明停电原因的情况下，不要对旅客做过多解释，妥善照顾车内重点旅客。

13. 发现男式小便间内出现粪便、烟头、方便面渣等污物时的处理方法

如发现男士小便间内有粪便或污物时，乘务员应及时通知随车保洁员在最短的时间内，用一次性手套和塑料袋将卫生间清理并冲刷干净，确认卫生合格后，方可引导旅客使用。当保洁人员在 5 min 内未及时到位时，乘务员要自己动手将卫生间清理干净，保证旅客正常使用。如在未清理时有旅客要使用卫生间，乘务员应先引导旅客使用其他卫生间。如其他卫生间有人时，要先对旅客说"先生（××领导），您好，请您稍等，我清理一下，马上就好。"清理完毕要对旅客说"对不起，让您久等了。"

14. 卫生间内蜂鸣器报警的处理方法

如卫生间内蜂鸣器报警时，乘务员应先敲卫生间门，询问是否需要帮助，确认后方可进入卫生间。同时，乘务员应向旅客介绍车内及卫生间内的服务设施，以免旅客在不知情的情况下误按按钮。

15. 因故障自动广播无法正常使用时的处理办法

当列车自动广播发生故障无法正常使用时，乘务员要做好各项广播宣传，及时通告站名和到开时刻，避免旅客上错车、坐过站。运行途中通过广播向旅客宣传乘车须知和安全注意事项。

如所有广播机都故障，乘务员要巡视各车厢，面对面地向旅客宣传乘车须知和安全注意事项，加强车厢内流动通告站名和到开时刻，避免旅客上错车、坐过站。

16. 座席被污染、弄湿时的处理技巧

旅客出入座席打翻杯子时，乘务员应及时为旅客清理，并为旅客更换纸杯。途中、终到站前，利用广播提醒旅客及时打起小桌板，途中适当增加广播，乘务员在巡视车厢时及时协助提醒旅客。旅客的座席被污染或弄湿时，乘务员应先向旅客道歉，在有空余座席的情况下，可先安排旅客到空余座席就座。无空余座席时，乘务员应及时清理座席，可为旅客及时提供防水坐垫或其他必要措施，安排旅客就座，并为旅客送上一杯水，感谢旅客的支持和配合。

17. 遇旅客座椅发生故障无法转动时的处理办法

遇旅客座椅发生故障无法正常使用时，乘务员应向旅客做好解释工作。如座席椅背发生故障，首先让乘务员踩住座席转动踏板，整排座椅全部复位后，再让旅客调整到自己满意的角度；如座椅不能复位，通知随车机械师查明故障问题予以及时修复；如不能修复，应尽量安排同等席别的空座让旅客乘坐，并向旅客表示歉意。

18. 洗手盆堵塞的处理方法

乘务员如发现洗脸间、卫生间内洗手盆堵塞时，应在第一时间通知随车保洁人员清理，

并检查清理情况，途中随时检查洗手盆过滤网，及时清除过滤网内的茶梗、发丝、痰迹等杂物，并将洗手盆擦拭干净。如因没有过滤网发生堵塞时，乘务员应先通知列车长，列车长在第一时间赶到现场，查看后由列车长通知机械师关闭自动感应出水器，然后采取皮揣原理拿抹布用力上下疏通，疏通后将洗手盆擦拭干净。

19. 发现旅客在卫生间内吸烟时的处理办法

乘务员如在卫生间外闻到烟味，可敲卫生间门，劝其不要在卫生间内吸烟，必要时可通知乘警到场处理。

20. 当列车中途停车 1 min，旅客下车吸烟或购物时的处理

列车到站前，利用广播加强宣传，让旅客了解停车时间较短只停 1 min，不下车的旅客请不要下车吸烟或购物，避免漏乘。停车后，乘务员应在车内车门口随时注意旅客动向，如有旅客执意下车吸烟，须告知旅客不要远离车门，以免漏乘，并提前告知旅客将烟头熄灭后投放到指定位置，不要把燃着的烟头扔下高站台。

21. 遇到本车厢多数旅客携带大件行李，行李仓放不开时的处理

遇有旅客携带大件行李较多时，乘务员应协助旅客妥善安排。如果是团体旅客，在旅客允许的情况下，可以旋转一排座席的方向，把行李放在背对着的两排座席之间，也可以让旅客放在本车厢最后一排座席后面，要告诉旅客车厢内的大件行李是由旅客本人自行看管，请他们在各个中途停站时注意自己的行李。

22. 中途站旅客下车未来得及上车时的处理办法

发现或接报旅客中途站下车未来得及上车时，乘务员应及时报告列车长，列车长应确定旅客所在车厢、座席、到站，查找该旅客有无行李，会同乘警查看该旅客行李物品，编制客运记录，移交车站处理，并积极与该旅客联系，及时向车队报告。

23. 当餐车的服务没有满足旅客的需求，引起旅客投诉时的处理

餐车上的盒饭都是冷藏的，当客流量较大时，餐服人员应提前加热部分盒饭，尽量避免在用餐高峰期，让旅客排长队的现象发生。如旅客强烈不满，列车乘务员应积极配合，耐心解释，安抚旅客情绪，同时及时报告列车长，积极协助列车长处理。

24. 在车厢内遇有旅客接听手机、电脑音乐声或大声说话时的处理

乘务员要到旅客旁边，用婉转语言劝其戴上耳机或者把声音尽量调小，劝其尽量到连接处接听手机。说话时要声音适当，尽量不对其他旅客造成影响，最后要对该旅客的配合表示感谢。

25. 遇有老人、残疾人或重点旅客单独乘车时的工作

遇有老人、残疾人或重点旅客乘车，乘务员要坚持首问负责制，主动向旅客介绍列车设施设备和安全注意事项，协助拿放行李，引导去洗手间、卫生间，随时为其做好重点服务。

26. 旅客补票后没有座位不理解时的处理办法

乘务员应及时说明动车组列车只能办理无席位号补票业务的情况，稳定旅客情绪，争取

旅客理解。如旅客仍有意见，应立即通知列车长处理。

27. 遇有危重病人时的处理办法

乘务员立即通知列车长赶到现场，了解旅客病情，广播寻医。调整位置，把该旅客安排到多功能室或动员旅客支持帮助，及时通过司机或列车调度员与站方联系，做好救护准备。

28. 因铁路责任造成旅客不满意的处理办法

因铁路责任造成旅客不满意，虽然不是列车责任，但旅客在列车内发泄不满时的处理办法列车长应树立铁路是一个整体的大局观念，认真妥善处理好旅客提出的问题。乘务员热情服务，让旅客感受到宾至如归的感觉。

列车长在处理问题时不要当着全体旅客，尽量把该旅客请到车厢连接处或餐车，认真倾听旅客意见（让旅客说出他的意见，发泄出他的情绪，也是缓解不满意的一种方法），再解释道歉。

29. 列车重联后旅客上错车的处理方法

由于列车重联，两列动车（1~8号、9~16号）中间不相通，有的旅客因急着赶车在站台上就近上车，当发现中间不通但又没有时间过去时，乘务员应先安抚旅客情绪并通过对讲机向列车长汇报，如开车前不能保证旅客安全到达另外一列动车时，应向旅客说明情况，有条件时可根据旅客的车票安排本列的同等座席。在到达中间站停车前请旅客提前到8号或9号车厢门口等候，到站时由8号或9号车厢乘务员协助该旅客到另一列动车组。

30. 遇有在车内喂婴儿的女士时的处理技巧

遇有在车内喂婴儿的女士时，乘务员应主动上前询问是否需要帮助，有条件时引导到列车多功能室喂婴儿。

四、客运作业服务用语

常用服务用语标准为"请、您好、谢谢、打扰一下、对不起、请原谅、早上好、中午好、晚上好、再见等"。

1. 对旅客的称呼

对领导：首长、领导。××领导、××首长。

对集体：旅客们，各位旅客。

对个人：这位旅客、先生（女士）。

对外宾：朋友、先生（女士）、小姐。

2. 给旅客让路

请您先过。

3. 请旅客协助

对不起，借过一下，谢谢。

请抬下脚，谢谢。
谢谢，麻烦您了。

4. 接递钱票

请您出示车票。
请您当面点清。
请收好。

5. 处理旅客意见

旅客提出车内温度（广播音量）不合适时：请稍等，我马上通知机械师为您调节一下，对不起。

6. 旅客当面表扬

这是我们应该做的。我们做得还不够。

7. 旅客因好奇摆弄车辆设施时

先生、女士（小朋友），请不要摆弄车上的安全设备，以免发生意外。

8. 遇儿童超高需补票时

先生（女士），您的孩子身高已经超过 1.2 m（1.5 m），请您为孩子购票（补票）。

9. 征询用语

先生（女士）：我能为您效劳吗？
先生（女士）：我能为您做些什么吗？
先生（女士）：需要帮助吗？

10. 应答语

请不要客气，没关系。
很高兴为您服务。

11. 道歉语

感谢您的提醒，我们立即采取措施，使您满意。
对不起，让您久等了。

12. 车门口立岗

车门口立岗迎接旅客上车时："您好"或"欢迎乘车"。
遇雨、雪天气时："您好！欢迎乘车。请注意脚下"。
旅客携带行李较大时：您好，请将行李放在大件行李区。
车门立岗送别旅客下车时："再见"或"欢迎再次乘坐"。

13. 途中作业

制止旅客吸烟：您好。请不要在车厢内任何区域吸烟，谢谢您的合作！
整理行李架时：您好。我帮您调整一下行李。

制止衣帽挂钩（小茶桌）放重物：您好。衣帽钩（小茶桌）承重有限，请您放在行李架上。

制止儿童在车厢内跑动：请照顾好您的孩子，不要在车厢内跑动，以免发生意外。

提示旅客正确使用电茶炉：您好。如需要泡茶，请将水多放一会儿，水温就会升高。

14. 售卖商品用语

请问您有什么需要

您的××，请拿好。

五、"复兴号"动车组服务

"复兴号"动车组服务水平，秉承"以人为本、以客为尊，让旅客体验更美好"的服务理念，努力提高复兴号服务品质。

（一）强化客运组织

"复兴号"动车组全程不得发售无座车票；持铁路公免票的职工必须办理公免签证后方可乘坐；"复兴号"动车组沿途办客站必须严格查验车票，对未办理公免签证的职工和车次信息不符的旅客，不得允许乘坐"复兴号"动车组。严格复兴号动车组公免票签证制度，对未签票或越席乘车的职工，要记录相关证件信息，对影响恶劣的，要报集团公司客运处。

（二）细化服务标准

1. 商务座旅客服务流程和服务标准

要注重与旅客的情感交流，努力实现无干扰，有服务，创造轻松、自然、温馨的服务氛围，运用"六心"为商务座旅客提供专属服务，即亲切问候表热心，主动引导拉近心，一条毛巾献细心，一杯热茶暖人心，重点服务显爱心，一声道别表关心。做到主动迎送、引导到位、微笑自然、细心观察、神态真诚、语言轻柔、举止优雅、需求必应，使旅客体验至尊感受。饮品服务使用水晶杯，特殊情况或旅客有特别需求下可以使用纸杯。复兴号商务赠餐使用专用封套、腰封，商务座小食品根据不同季节更换外包装并调整赠送品种。提供专项服务单，向旅客展示可以享受的服务，由旅客选择所需服务。服务单内容要包含商务座所有服务内容、赠品种类、赠餐种类，要明确不同情况旅客可以享受的服务内容。服务单制作要选择A4大小硬质纸张，压膜，可反复、长期使用，服务单放在座椅背篼内服务指南后。商务座必须使用头枕套，配无广告"CR"标识头枕片，一客一换。

2. 重点旅客服务标准

细化重点旅客服务，运用"四心"满足旅客需求，细心观察旅客举动，耐心倾听旅客要求，真心感知旅客需求，用心解决旅客困难。为"老、幼、病、残、孕"重点旅客提供"四助五色"服务，即帮助找到座位，帮助安放行李，帮助调整座椅，帮助取水饮用。提供5色中国结服务，在重点旅客的椅背扶手或衣帽钩上悬挂彩色中国结，蓝色代表老年人的贴心夕阳服务，做到服务到座、关爱到站、有求必应；绿色代表儿童的欢乐童年服务，做到微笑关爱到位、家长安全提示到位；红色代表患病旅客的医疗天使服务，做到知病情、有预案、有交接；紫色代表行动不便旅客的伴您同行服务，做到沟通无障碍、行动无障碍、出站无障碍；黄色代表哺乳妈妈的暖心贴心服务，要主动帮助更换婴儿护理台卫生间附近座位，能提供一次性婴儿围嘴、喂奶遮挡帘，做到主动帮助，满足需求。

3. 复兴号出库整备作业标准

始发出库列车整备要努力营造车内服务环境，视觉上做到窗明几净，灯光柔和，定型整齐。做到"七个一致"，即遮光帘挂放、头枕片粘贴、座椅靠背、座椅扶手、小桌叠放、桌板挡卡、杂志摆放统一整齐。杂志摆放顺序为：总公司、集团公司统一招标杂志在第一位，物流时代第二位，服务指南第三位，报纸类第四位。总公司、集团公司统一招商的杂志在一、二等座按约定位置每排摆 1 本；《物流与生活》商务、特、一等座按定员摆放；二等座按照每排 2 本摆在靠窗座椅后；《服务指南》按定员摆放。清洁袋摆放在《服务指南》后。

4. 始发出乘作业标准

致力打造团队形象，接车列队整齐，着装规范，体现英姿飒爽的职业美、举止美、规范美，以半军事化团队形象展示靓丽流动风景线。严格落实三乘检查制度，开车前餐吧、卫生间备品定型补充到位，备品周转箱码放整齐，定位码放在固定位置，不超 3 层，使用专用苫布苫盖。乘务人员站在车门内面向旅客，微笑示意，迎送站姿标准，让旅客乘车初体验亲切、良好。

5. 途中巡视作业标准

结合复兴号设备特点，细化作业标准和流程。利用复兴号席位显示系统，采取免打扰查票验证作业组织方式，即使用站车交互系统手机 App 核对席位显示信息，只查验座席显示橙色、绿色和站立旅客车票，减少对红色显示席位旅客的重复干扰。重点查验挂失补、学生票、儿童票。将行李架整理和行李架重点部位检查，作为乘务员途中作业巡视、检查和提示的重点。

6. 服务备品标准

按照"高端专业、美观大方，多方征集，优中选优"的理念选购制作备品。防寒毯使用防静电、阻燃免熨烫涤纶纤维材质制作，颜色为深蓝色，不掉毛，不褪色；小毛巾为 100%纯棉制作；拖鞋统一制作尺寸，颜色为白色或棕色；马桶垫统一使用独立包装，打开即用，使用方便的马桶垫。商务舱靠枕、桌旗等服务备品的式样、颜色、材质、内容等，与所担当的"复兴号"动车组内饰环境和外观颜色相协调，服务备品按规定样式印制"CR"标识。

"复兴号"动车组客运服务备品 logo 标识由路徽及 CR 组合，logo 组合纵横比为长 289：高 95/55，如图 5-2-1 所示。

图 5-2-1 "复兴号"动车组客运服务备品标识

商务座腰靠、防寒毯标识印制位置应为乘务员视角右上角，路徽上沿距顶边 7 cm，logo 右边距毯子侧边 7 cm，绣金色 logo 组合；路徽上沿距顶边，logo 右边距侧边位置与服务备品相协调。一次性小毛巾、清洁袋、专项服务单等应根据外观设计，合理确定位置。

7. 卫生保洁标准

严格"复兴号"库内保洁、深度保洁、始发、中途、折返保洁以及厕所革命专项保洁的要求，明确各部位周期作业计划，规范深度保洁管理制度，要明确计划、作业、验收等相关要求，确保复兴号保洁质量高标准。质检员强化对出库质量的考核与盯控检查，重点检查库内保洁人员的上岗人数、劳动纪律、作业标准是否符合要求，要对复兴号所有重点部位进行全覆盖检查，确保出库高标准。随车保洁员携带四色抹布区分使用，途中所有保洁工具统一放置在复兴号保洁柜内，途中车厢地面随脏随扫，运行中至少全面清洁一次。厕所、洗面间半小时全面清理一次，补充消耗品，随车保洁员巡视作业过程中遇旅客使用厕所或洗面间，及时清洁，保持厕所环境质量。保持空气干净清新，列车厕所使用统一固定的清香备品。使用香包固定悬挂在门背后挂钩处；使用空气清新喷剂，根据产品特性固定使用周期和频率；座便厕所使用芳香盒固定摆放在马桶下方隐蔽处。

8. 商饮服务标准

落实互联网送餐服务标准，商务赠餐使用专用封套、腰封，严禁用常温餐代替商务赠餐。餐吧价目表全部使用电子价目表，复兴号配餐根据旅客饮食风俗习惯和用餐需求，配备不同价位多种套餐，包含地方特产、地方传统美食。提供点餐送餐服务，携带价目表深入车厢登记旅客用餐需求，送餐到座。

（三）列车广播标准

为减少对旅客的干扰，按照"规范、简洁、实用"原则，统一规范"复兴号"动车组设备设施介绍、服务信息、站名信息等列车广播内容。新增广播内容需报客运处批准，必须明确播放时效、时机。列车广播应实现录播内容中英双语，原则上中文播报为女声，英文播报为男声。乘务员直播做到清新流畅，音量控制舒适标准。

1. 始发广播

"开车提示"为列车始发前 5 min 广播 1 次；"欢迎词"为开车后 3 min 内广播 1 次；"设备设施介绍""安全宣传（包括禁烟宣传、防烫伤宣传）开车后 10 min 内广播 1 次；"文明乘车"开车后 20 min 内广播 1 次。

2. 途中广播

"一站两报"指开车后预告下一到站站名和时刻，到站前（不晚于到站前 10 min）再次通报；"设备设施介绍""安全宣传（包括禁烟宣传、防烫伤宣传），原则上每站开车后广播 1 次；"供餐广播"11:15—12:30、17:30—18:30 每半小时广播 1 次。

3. 终到广播

"终到宣传"终到前 5 min 广播 1 次。

4. 选择播报广播

"儿童乘车"根据乘车儿童实际情况选择播报;"便捷换乘广播提示"便捷换乘站到站前 10 min 广播 2 次;"座椅转向宣传"转向站到站前 10 min 广播 1 次;"恶劣天气友情提示"特殊天气状况下,到站前(确报站后)对旅客进行安全提示;"超员安全宣传"列车超员情况下,选择播报。

(四)列车广告标准

"复兴号"动车组车身不得制作任何形式的广告,列车广播广告不得使用××号冠名方式,列车内粘贴式广告、展牌广告必须经总公司审核后方可实施。

(五)宣传品标准

"复兴号"动车组内的对外宣传册、宣传画、列车服务指南等宣传品中,凡使用动车组外观图片的,应使用"复兴号"动画车组外观图片,列车服务指南内应全面体现"复兴号"动车组设备设施特点。

六、动车组列车接待服务

(一)列车长接待礼仪程序和标准

1. 对不同级别、不同部门客人的接待程序

(1)客人乘车前,服务列车长首先要了解客人乘车的区间及乘坐位置,亲自指挥、安排、检查列车所有准备工作,尤其对客人乘坐区域的设备设施、卫生、安全、服务备品的定型从上到下各个部位做全面彻底检查,确保设备良好、卫生质量和客人乘车安全。

(2)客人乘车前,服务列车长要了解乘车客人的级别,第一时间向客人的随行秘书了解客人的需求,按照相应的接待程序和计划进行督促落实。

(3)遇有计划的重点客人乘车,服务列车长应及时与车队联系相关事宜并将接待工作的计划安排和程序向车队做详细汇报,听取车队干部的指导意见。

遇无计划客人乘车,按客人级别,实施相应的接待程序并及时向上级领导进行汇报。车内如有段、车队干部陪同客人时,及时对接待的准备工作,征求意见。

(4)对兄弟路局、客运系统客人(段长以上级别)乘车或检查,列车长要亲自做好接待,并致问候,汇报工作,征求意见。

(5)对客运系统以外客人乘车(如稽查处、财务处、卫生处等),列车长要有礼节性地做好接待。汇报工作要简明扼要,按乘车客人分管的内容,汇报相关的列车工作,征求意见。

(6)客人上车后,列车长指挥服务乘务员按程序做好接待工作。

① 服务列车长第一时间向客人的随行秘书了解客人或领导需求,选择是否用茶、水或其他饮用品。

② 开车后,服务乘务员为客人上热毛巾,双手递送毛巾及托。顺序为先主要客人,后随行人员,并视情况收取毛巾返回。

③ 服务列车长负责给客人上茶，将准备好的茶水加至七成满，立即上茶水，同步撤毛巾，衔接要紧凑。

④ 运行中适需添水，适时清理小桌杂物。

⑤ 如客人中途需使用卫生间时，服务乘务员要注意及时引导方向，提示相关安全注意事项，主动打开卫生间门，并在客人出卫生间后递上热毛巾（湿巾）。

⑥ 途中立岗于车门处关注领导需求，尽量减少打扰客人的次数，做好应需服务。服务列车长随时做好服务安排。

⑦ 根据客人乘车时间或区间了解客人是否需要在列车上用餐，如需在列车上用餐，列车长要及时征求客人或陪同人的意见，询问相关细节（如用餐时间、用餐地点、民族习惯等），当了解情况后及时做好准备，如客人需到餐吧用餐，列车长亲自检查、督促、落实、餐吧接待客人的程序和各项准备工作，检查餐吧前厅各部位的卫生情况及备品情况（如：桌布、靠背纱的洁净度）和摆台规格，摆台是否标准、小方巾、牙签、餐巾纸、湿纸巾、餐具、餐后水果是否准备齐全。如客人需在座位处用餐，要求餐吧提前加热饭菜，准备配菜、餐具、湿纸巾、餐后水果等。

2. 在站台上迎接客人时的程序、标准

（1）服务列车长站在规定位置，一般在客人所乘坐车厢门口处面带微笑站立等候，主要服务乘务人员站在列车长旁边与车长并排站立紧靠车门口处位置面带微笑规范立岗。

（2）客人走近时，服务列车长主动迎上前，鞠躬问好致欢迎词"您好，我是××次列车长××，欢迎您莅临指导工作，请您上车。"（要有斜臂式手势）引领客人从服务乘务员立岗车门处上车。服务乘务员鞠躬问好，并致欢迎词："您好，欢迎您乘车"。

（3）服务列车长引领客人上车，并向客人声明：如"我为您引路"，服务列车长走在客人前方约 1 步距离将客人引领到座位后，请客人入座，将主要客人安排在运行方向左侧临窗正位位置乘坐，随后安排其他随行人员。斜臂式手势用语为"请您休息，稍后为您送水"。

（4）2 号服务乘务员在风挡处立岗，协助随行人员安排行李，核实行李件数。

3. 去车站候车室迎接客人时的程序、标准

（1）列车长在接到通知，需到候车室去迎接客人时，要对自身的人容着装，仪容仪表进行迅速整理，要做到：服装干净整洁，鞋子无灰尘，保持良好的精神面貌。

（2）进入车站候车室，距客人 3~4 m 时，步伐轻快一些，面带微笑面向主要客人鞠躬问好、握手，向陪同客人做相应环视，致问候语，"您好，欢迎您！您请。"

（3）在站台上，引领客人上车时，要有直臂式手势，保持动作规范，平稳利落，走在客人左前方，距客人一步之远，注意调整速度，保持距离，在通过站台时，要走在靠车底一侧为客人引路。

（4）客人到车门口时，服务列车长亲自引领安排客人上车，并到指定座位处就座，使用用语"您请坐，请您稍候，马上为您上茶。"

4. 在列车上迎接客人时的程序、标准

（1）途中在列车上迎接客人时，列车长要面带微笑、主动迎上，点头示意。

（2）使用问候语，"您好！欢迎乘车，请您到（一等座车厢、商务车厢）就座"，在客人

前方引路,步速适中,与客人保持 1 m 距离,并辅助用语,"列车速度较快,请您注意安全,您这边请"。

(3)客人就座后,"请您稍做休息,马上为您上茶水。"

5. 当客人在机车添乘时的接待程序、标准

(1)提前与车站联系了解客人乘车目的,如需到机车添乘,及时与司机联络。

(2)将客人引领至司机室后,请示客人有什么指示和要求,用语为"请您稍做休息,马上为您上茶水,我就在司机室外等候,随时为您提供服务"。

① 安排客人车内就座时,一般安排在列车运行方向左侧靠窗位置(运行左侧不会有错车时的噪音)。

② 一般规定遇客人乘车时,请示随从客人用茶水还是白水,茶一般以绿茶做接待。

③ 遇有计划的重要客人乘车,在接到车队通知后,班组应准备干鲜果,一般不超过两种。

④ 水果放在密封盒内、放好牙签再送上,使用敬语,"请您品尝"。

6. 请示客人汇报工作时的程序、标准

(1)在客人上车就座送茶后(有计划乘车、特定时),列车长应递送乘务员名单,按照规定对主要客人要递交乘务报告,随行客人递交乘务员名单,递交乘务报告或乘务名单时,应注意字体正面朝向客人,双手递上,并使用接待用语,"这是我们的乘务报告(乘务员名单)请您过目"。

(2)请示汇报时,服务列车长应站在主要客人的右前方,面向客人,音量适中,上身微前倾,面带微笑,用语:("您好!您几时方便,向您汇报一下近期的工作情况")"客人好,现在汇报工作方便吗?"(如知道客人姓名、职务时,要称呼其职务)。

(3)经客人允许示意方可坐下。汇报工作时,列车长应面向主要客人就座,并要环视其他客人,保持规范坐姿(坐在座椅的 2/3 处),面带微笑,肢体语言不能过大,音量适中,语速不宜过快。

(4)汇报内容,要围绕阶段性中心工作,简明扼要,层次清楚,重点突出,汇报时间不超过 10 min。

7. 途中请客人用餐时的程序、标准

(1)列车长请客人用餐前,首先与陪同客人确定用餐规格、用餐时间、用餐位置,确定后通知餐服长是否需要提前准备餐台。

(2)客人在座位处用餐时,列车长要亲自查看准备工作,提前指定一名到两名乘务人员负责为客人上餐,其他人员做好辅助工作。

(3)客人到餐吧用餐时检查前厅摆台情况及各部位卫生,确定客人座次,按预定时间,请客人用餐。

(4)按规定列车长要亲自请客人用餐,如段或车队添乘干部亲自请,列车长应在餐吧端门处迎候引领,并要亲自安排客人座次(主要客人就座于运行方向左侧靠窗正位处)。如列车长亲自请客人用餐,提前指派一名餐服人员在餐吧端门处迎候引领,列车长辅助安排客人座次。

(5)安排客人入座后,由餐服人员请示为客人打开餐饭外包装,并将撕下的外包装及时

清理，餐具、湿纸巾一并上齐。客人用餐时，不要频繁问候干扰客人用餐，使客人产生反感。

（6）客人用餐完毕，由列车长问候客人，"您用好了吗？是否需要添加？"引领回车厢，主要服务乘务人员要站在端门处迎候。

① 客人用餐完毕后，餐服员或主要服务乘务人员为客人上餐后水果或茶水。

② 客人车内休息时，要减少人员干扰。列车长亲自检查客人就座车厢卫生间的整体卫生质量。（卫生间、洗面间要干净、无任何异味，地面要保持干洁度，无积水，并指派乘服人员专人盯控）。

8. 终到站送别客人时的程序、标准

（1）在距到达终点站 15 min 前，服务列车长视情况请示随行人员后应提前到客人就座车厢与客人道别，请示工作，并作提示。

（2）服务列车长向客人致道别语，"您好，终点站就要到了，非常感谢您对我们工作的指导和帮助，请您对我们的工作给予提点。稍后到站我恭送您下车。"

（3）服务列车长根据到站前开门的方向通知随行人员，2号乘务员协助随行人员整理行李，做好下车的准备。

（4）列车长陪同客人下车到站台，要向主要客人致送别语并握手，向其他客人逐一握手告别。送别语："欢迎您再来"。服务列车长面带微笑行注目礼送别客人直至走远。1号乘务员面带微笑站车门规定位置处送别客人。

（5）客人下车后，2号乘务员迅速进入车厢检查是否有遗失物品，如发现遗失物品及时与服务列车长联系并上交。

（二）乘务员接待礼仪程序和标准

1. 车门口迎接客人时的程序、标准

（1）车门口迎接客人时：1号乘务人员应做到，挺胸收腹、面带微笑、平视前方，按规定姿势站立，客人走到车门口时，使用横摆式手势，请客人上车。使用问候语，"您好，欢迎您"。

（2）2号乘务人员，面对车门，避开通道，站姿规范，迎候客人，问候："您好，欢迎您，请随我来（您这边请）"，侧身站立，请客人休息，如车长引领时，站在原位问候"您好，欢迎您"。

2. 为客人送水时的程序、标准

（1）为客人送水工作要提前准备好，如，泡茶、准备热毛巾或湿巾。

（2）客人就座后，1号乘务员为客人上热毛巾，双手递送毛巾及托。顺序为先主要客人，后随行人员，并视情况收取毛巾返回。随后将准备好的茶水加至七成满，立即上茶水，同步撤毛巾，衔接要紧凑。

（3）按照服务列车长的安排，如果需要给客人送水果时，必须先送上小毛巾让客人净手。通常情况下，客人上车前水果已提前摆好，要有用语"请您品尝。"（送水后送上小毛巾）

（4）接待乘务人员要体现出礼节礼貌，服务时音量适中，面带微笑，服务完毕及时离开，不得干扰客人休息，要充分体现高铁乘务人员良好的综合素质。

（5）在适当的时间，给客人加水，用语为"您好，我来为您添水"。

① 接待乘务人员应在客人休息时盯控卫生间及洗面间的卫生保持情况。

② 洗面间镜面擦拭明亮，台面脸盆无污迹，无水渍。消耗品准备充足，缺少时及时进行补充。

③ 客人休息中要根据当时情况做好深度服务，放下窗帘，调整广播音量，调整车内温度，为客人提供毛毯，两边端门关闭好，保持车内的安静，用语为"您好，您觉得车内温度适宜吗？您需要毛毯吗？"。

3. 终到立岗时的程序、标准

（1）列车距到达终点站 5 分钟前，1 号乘务人员提示客人做好下车准备，辅助用语，"各位客人终点站就要到了，需要我帮您整理一下吗？稍候我们在车门口恭送您"。

（2）客人下车时，1 号乘务员在规定车门处立岗出场，要提示每位客人，如："各位客人，欢迎再来"，并按规范姿势立岗。2 号乘务员协助随行人员将行李提前整理到位。

① 客人起身时，1 号乘务员及时进行下车车门方向的引领；如服务列车长引领时，1 号乘务员应提前到车门口处准备出场。

② 2 号乘务员协助拿取行李时应站在客人身后方，列车停稳后，先请客人先下车，随后将行李拿至车下。

4. 车内乘务人员接待程序和规范标准

（1）车内迎接客人：要做到面带微笑，立岗姿势端正，目光有神，站在所负责车厢风挡处迎候，用语为："各位客人好，欢迎指导工作"。

（2）遇有客人在你所负责的车厢上车时，要做好接待。如："您好，欢迎莅临指导工作，请您稍候，我马上通知车长"。

（3）遇有客人在车内检查工作时：在接到列车长通知的情况下，要站在列车风挡处迎接客人。做到站立姿势规范，需汇报工作时要面带微笑，表情自然，如："您好，欢迎您指导工作。我是×号车厢乘务员××我向您做一下汇报"。如果客人听汇报，要做一分钟小汇报，时间不宜过长（根据线路情况并结合当前重点形势及班组工作进行汇报），如果客人不听汇报，要引导客人到下一个乘务人员所负责的车厢，用语为："您慢走，我在这里迎候您"。当客人回就座车厢时，用语为："请您慢走"。

（4）客人突然出现在车厢时，不得大声问候，应轻声打招呼："您好，欢迎您"，并点头示意，自然为客人引路。

① 在车内与客人相遇时，不要直呼客人职务，以微笑代替，或问候您好。

② 在车内与客人相遇时，为客人引路不得与旅客抢路，需要旅客配合让路时，要礼貌示意。

 任务实施

分小组运用该任务相关知识进行讨论，能够掌握高速铁路动车组重点旅客服务标准，落实现场作业主要环节，各小组派代表进行总结汇报，小组互评，教师点评。做到教、学、做一体化，提高学生运用理论知识解决实际问题的能力。

任务 3　广深港高速铁路跨境旅客运输组织

能力目标

1. 能够组织广深港高速铁路跨境旅客运输。
2. 能够正确处理不符合乘车条件的旅客。

知识目标

1. 了解广深港高速铁路跨境旅客运输基本规则。
2. 了解广深港高速铁路跨境旅客乘车条件。
3. 了解广深港高速铁路跨境旅客运输车票的发售规定。
4. 掌握广深港高速铁路跨境旅客运输实名制管理要求。

相关知识

一、广深港高速铁路跨境旅客乘车条件

（一）广深港高速铁路跨境旅客运输组织规则概述

为确保广深港高速铁路跨境旅客运输正常秩序，保护铁路旅客运输合同各方当事人的合法权益，依据内地及香港有关法律规定，制定广深港高速铁路跨境旅客运输组织规则。

广深港高速铁路跨境旅客运输组织规则适用于中国铁路总公司（简称"铁路总公司"）管理的各客运站与香港西九龙站间的高速铁路跨境旅客运输，对于内地参与广深港高速铁路跨境运输的铁路运输企业、香港铁路有限公司（简称"港铁公司"）和跨境旅客均具有约束力。

铁路总公司和港铁公司应根据广深港高速铁路跨境旅客运输组织规则，各自制订旅客须知，并通过有关营业处所、车票背面、网站等渠道向旅客公告。遇有变动须在实施前公告，旅客也可通过客户服务电话（内地 86-所在城市区号-12306，香港 852-21200888）咨询。

广深港高速铁路跨境旅客运输组织规则内所用货币为人民币，另有规定者除外。如使用港币支付，汇率按上个历月 21 日（如为内地法定假日，按之前最近一个工作日）中国人民银行公布的银行间外汇市场人民币兑港元汇率中间价执行。

（二）广深港高速铁路跨境旅客运输组织规则内的定义

（1）铁路运输企业：内地参与广深港高速铁路跨境运输的铁路运输企业、港铁公司。跨境旅客：持发站或到站为香港西九龙站车票的旅客（含同行的免费乘车儿童）。

（2）跨境高速铁路列车：铁路总公司管理的各客运站与香港西九龙站之间开行的高速铁路列车。

（3）广深港线路：指广州南站至香港西九龙站间的高铁线路。

（4）客运记录：在旅客运输过程中因某些特殊情况，铁路运输企业与旅客之间需记载某种事项或列车与车站之间办理业务交接的文字记录凭证。

（5）12306网站：中国铁路总公司的售票及服务网站，网址为www.12306.cn（含"铁路12306"手机客户端）。

（6）港铁公司购票网站：www.mtr.com.hk/highspeed。

（7）旅客须知：铁路运输企业向旅客公布的注意事项。

（8）实名制：旅客在购买车票、办理取票、改签、退票、挂失补办等手续和乘车时，均须提供乘车人有效身份证件，铁路运输企业可列印部分信息在车票上，并进行查验的一项制度。

（9）席别：不同等级的席位。

（10）发站：车票上所记载的出发站。

（11）到站：车票上所记载的到达站。

（12）改签：旅客变更乘车日期、车次、席别时需办理的手续。

（13）现金支付：指购票时使用人民币现金、港币现金、易办事、八达通等方式支付票款。在港铁公司代售点购票时，无论使用何种支付方式，均视为现金支付。

（14）易办事：由香港的易办事（香港）有限公司运营的电子付款服务。

（15）八达通：由香港的八达通卡有限公司运营的智能卡收费系统。

（16）儿童票：供身高1.2～1.5 m的未成年人购买的减价（特惠）车票，超过1.5 m的旅客应购买成年人车票。

（17）学生票：供符合相关资格的在内地上学的香港学生购买的减价（特惠）车票。

（18）火车票学生优惠卡：由中华人民共和国教育部及铁路总公司监制，供符合相关资格的学生购买学生票使用的优惠卡，须贴在有效的学生证上。

（19）残疾军人票：供持有中华人民共和国有关部门颁发的《中华人民共和国残疾军人证》或《中华人民共和国伤残人民警察证》人员购买的减价（特惠）车票。

（20）联程票：同一旅客所购车票，其发站是前程车票的到站（含同一城市的不同车站）。

（21）手续费：内地和香港铁路运输企业在各自管理的车站或担当的列车为旅客办理相关业务时收取的劳务服务费用。手续费按每人、每次、每张票2元核收；同一名旅客同一张票同时办理多项业务时，只核收一次手续费。

（22）成年人：年满18周岁的人士。

（23）香港铁路附例：港铁公司根据《香港铁路条例》订立的附例。

（三）广深港高速铁路跨境旅客乘车条件

（1）旅客必须持有效车票并按票面载明的日期、车次、席别乘车；车票当日当次有效；旅客提前或延后乘车应在规定时间内办理改签，未改签乘车按无票处理；中途下车未乘区间失效。

（2）除儿童外，持减价（特惠）车票的旅客，应持减价（优惠/特惠）凭证乘车。
（3）旅客应妥善保管车票并保持票面信息完整可识别。
（4）旅客进出站、乘车时应接受站车工作人员检（验）票。
（5）旅客进站时要接受车站的安全检查。
（6）旅客应爱护铁路设备设施，听从铁路工作人员指挥，维护公共秩序和运输安全。

（四）拒绝运输

对有下列行为的旅客，站、车均可拒绝其上车或责令其下车，并有权登记其身份信息。
（1）按照有关法律法规规定不适宜乘车的。
（2）铁路运输企业认为威胁到公共健康和安全的。
（3）违反相关法律法规，扰乱站车公共秩序或骚扰他人的。
（4）违规乘车且拒绝补票的。

旅客如已购买车票，在发站退还票价核收退票费；在中途站未使用至到站的票价不予退还，运输合同即行终止。情节严重的送交执法部门处理。

二、广深港跨境旅客运输

（一）车票的发售

（1）对跨境旅客发售的车票必须为磁介质车票。
（2）跨境旅客的车票最远只发售到本次列车的终到站。
（3）售票渠道。
① 内地铁路运输企业提供的售票方式：12306 网站、电话订票（86-发站所在城市的区号-95105105）、车站售票窗口、内地代售点（含在香港设置的代售点，下同）、自动售（取）票机等。
② 港铁公司提供的售票方式：港铁公司购票网站、电话购票热线（852-2120 0888）、香港西九龙站售票窗口、自动售（取）票机及港铁公司代售点等。
（4）乘车前换取磁介质车票。

旅客利用网站、电话及港铁公司代售点订购票后，应在乘车前换取磁介质车票。
① 通过 12306 网站购票的旅客应提前到内地车站所属售票窗口、代售点、自动售（取）票机办理取票手续。
② 通过内地订票电话订票的旅客应提前到内地车站所属售票窗口、代售点办理取票手续。
③ 通过港铁公司的购票网站、电话购票热线、代售点购票的旅客，应提前到香港西九龙站售票窗口、港铁公司自动售（取）票机办理取票手续。
（5）车票预售期。

网站购票（含港铁公司代售点购票）、电话订票 30 天（含当天），其他购票方式 28 天（含当天）。调整预售期时，铁路运输企业提前公告。旅客购取票须即时核对票面信息和票款。

（二）儿童票

（1）每一名持票成年人旅客可免费携带一名身高不足 1.2 m 且不单独占用席位的未成年人乘车，超过一名时，超过人数应购买儿童票。免费乘车的未成年人单独使用席位时，应购买儿童票。

（2）免费乘车儿童及符合儿童票使用条件的儿童应随同成年人乘车。

（3）儿童票的乘车日期、车次及席别应与同行成年人所持车票相同，其到站不得远于成年人车票的到站。

（4）儿童票按照相应座席公布票价的 50% 计算。

（三）学生票

1. 发售规定

（1）在内地大专院校就读，没有工资收入的学生、研究生，凭附有加盖院校公章的减价优待证的学生证和火车票学生优惠卡（新生凭录取通知书，毕业生凭学校书面证明可购买一次学生票），可购买家庭至学校所在地（实习地点）的跨境学生票。

（2）每年仅限购买四次单程学生票，当年未使用的次数不能留作下年使用。学生票乘车时间期限为每年的暑假 6 月 1 日至 9 月 30 日、寒假 12 月 1 日至次年 3 月 31 日。

（3）学生票应以近径路或换乘次数少的列车发售。

（4）符合减价优待条件的学生无票乘车时，除按第 19 条处理外，同时应在学生证附页的"减价优待证"上登记盖章，作为登记一次乘车次数。

（5）学生票只发售二等座车票，按照二等座公布票价的 75% 计算。

下列情况不能发售学生票。

（1）学校所在地有学生父或母其中一方时。

（2）学生因休学、复学、转学、退学时。

（3）学生往返于学校与实习地点时。

（4）学生证未按时办理学校注册的。

（5）学生证优惠乘车区间更改但未加盖学校公章的。

（6）应有而没有"火车票学生优惠卡"、"火车票学生优惠卡"不能识别或者与学生证记载不一致的。

（四）残疾军人票

残疾军人票按照相应席别公布票价的 50% 计算。

（五）跨境车票改签

（1）在车票预售期内且有运输能力的前提下，旅客仅可办理一次改签手续，不办理发到站变更。

（2）办理改签应不晚于票面指定的日期、车次开车前 30 min，但发站为香港西九龙站的车票应不晚于 60 min。

（3）办理改签时，改签后的车票票价高于原车票票价时，补收差额；低于原车票票价时，退还差额。

1. 通过内地铁路运输企业提供的售票方式购票后

① 未取票的，可登录 12306 网站或在内地车站指定售票窗口办理。

② 已取票的，应在内地车站指定的售票窗口办理改签。所购车票发站为香港西九龙站的，也可在香港西九龙站售票窗口办理改签，但使用非现金支付方式且产生票价差额的仅限在内地办理。

2. 通过港铁公司提供的售票方式购票后

① 未取票的，分别按以下情形办理：通过港铁公司购票网站购买的车票，可在该网站办理改签；通过港铁公司电话购票热线购买的，可在该热线办理改签；通过港铁公司代售点购买的，可在原代售点办理改签。

② 已取票的，应在香港西九龙站售票窗口办理。所购车票发站为内地车站的也可在内地车站办理改签，但使用非现金支付方式且产生票价差额的仅限在香港西九龙站办理。

改签后的车票不得退票。

（六）跨境车票退票

1. 办理退票时间

办理退票应不晚于票面指定的日期、车次开车前 30 min，但发站为香港西九龙站的车票应不晚于 60 min。

2. 退票方式

（1）通过 12306 网站购票且未取票的，可自行登录 12306 网站或内地车站指定窗口办理退票。

（2）旅客使用现金方式购买的车票，可在内地车站售票窗口、香港西九龙站售票窗口办理退票。其中通过港铁公司代售点购票且未取票的，还可到原代售点办理退票。

（3）在内地使用非现金方式购买的车票，仅限在内地办理退票；在香港使用非现金方式购买的车票，仅限在香港办理退票。

3. 退票费核收标准

在票面开车时间前 48 h 内办理退票的，按票面票价的 50% 计算；在票面开车时间前 48 h 至第 14 天的，按票面票价的 30% 计算；在票面开车时间前 15 天及以上的，按票面票价的 5% 计算。退票费按元计算，不足一元的部分舍去免收。

4. 列车设备条件变化的处理

因列车换型等铁路责任或自然灾害导致旅客持高等级席位乘坐低等级席位时，由列车长编制客运记录交旅客下车站，退还票价差额。非现金方式购买的车票，旅客持客运记录按规定的地点办理退票。

5. 旅客因伤、病中途下车的处理

旅客开始旅行后不能退票。但旅客伤、病要求中途下车时，由列车长编制客运记录交旅客下车站，退还已收票价与已乘区间票价差额，并收取应退票款50%的退票费。同行人同样办理。非现金方式购买的车票，旅客持客运记录按规定的地点办理退票。

6. 误售、误乘的处理

（1）发生车票误售时，车站应重新发售信息正确的车票；开车后，不予处理。

（2）发生误乘或坐过站时，旅客应向站车工作人员提出。列车长应编制客运记录交前方停车站。车站应在车票背面注明"误乘"并加盖站名戳，指定最近列车免费送回。免费送回区段，旅客只可乘坐二等座车厢，不得中途下车。如中途下车，对往返乘车的免费区间，按返程列车等级席别核收票价，核收一次手续费。旅客如在香港西九龙站到站后超过 10 min 声称误乘或坐过站，均按无票处理。

7. 车票残损或票面信息不完整的处理

票面残损、信息不完整的车票不得乘车、退票和改签。旅客应当到车站售票窗口换发新票。因旅客自身原因所致的，核收手续费。

8. 车内变更

（1）旅客在车内要求变更席别时，变更后的席别票价高于原票价时，核收票价差额；低于原票价时，票价差额不予退还，均核收手续费。

（2）旅客没有在到达其有效车票上所记载的到站前提出越过原到站继续乘车的，按无票处理；到站前提出的按以下规定办理.

① 列车不办理至香港西九龙站的越站；旅客自行越站乘车至香港西九龙站，由香港西九龙站按无票处理。

② 香港西九龙站出发的旅客，其越站区间涉及广深港线路的，补收自车票票面发站至正当到站应收票价与已收票价的差额，核收手续费；越站区间未涉及广深港线路的，补收越站区间票价，核收手续费。

（七）不符合乘车条件的处理

旅客有下列行为时，铁路运输企业按以下规定办理并有权登记其身份信息。

（1）无票、持用伪造或涂改等无效车票乘车时，补收自乘车站（不能判明时自始发站）起至到站止车票票价，核收手续费，加收已乘区间应补票价50%的票款。

（2）应买儿童票的旅客如未买票，补收儿童票价，核收手续费；超过 1.5 米的未成年人持儿童票乘车时，应补收儿童票与成年人票票价差额，核收手续费。成年人持儿童票乘车根据规定按无票处理。

（3）持用低等级车票乘坐高等级席别时，除按规定补收所乘区间的票价差额外，还应核收手续费，并须加收已乘区间应补票价50%的票款。

（4）持减价（特惠）车票乘车但不符合减价（特惠）车票使用条件的，补收应收票价与减价（特惠）票价差额，核收手续费，加收已乘区间应补票价50%的票款。

（5）在香港西九龙站发现上述情形的，按《香港铁路附例》收取附加费，广深港线路各站至香港西九龙站的车票，附加费为1500港元；其他线路各站至香港西九龙站的车票，附加费为3000港元；不能判明时按其他线路各站至香港西九龙站计算。

（6）旅客违规乘车且拒绝支付可征收款项的处理

遇旅客违规乘车且拒绝支付可征收款项时，列车工作人员应编制客运记录并将旅客交前方停车站处理。如旅客在香港西九龙站拒绝支付该款项时，港铁公司有权按《香港铁路附例》进行检控。

（7）旅客在香港西九龙站无法完成出入境手续的处理

① 旅客无法完成内地出境或香港入境手续时，由车站工作人员协助旅客乘坐就近列车返回内地车站，可在返程列车办理补票并核收手续费。

② 旅客无法完成香港出境或内地入境手续时，未使用的车票按相关票务规定办理。

（八）携带品范围

（1）旅客携带品由自己负责看管。

（2）每位旅客携带品质量和体积：成年人20 kg（残疾人旅行时代步的轮椅不包括在20 kg内）；儿童（含免费乘车儿童）10 kg；外交人员35 kg。每件物品外部尺寸长、宽、高之和不超过130 cm。不办理行李、包裹托运。

（3）禁止旅客随身携带任何动物进站乘车（导盲犬除外）。旅客携带的导盲犬应系上牵引链，佩戴导盲鞍，接受安全检查。旅客应出示购票时所使用的有效身份证件、残疾人证、导盲犬工作证（载有导盲犬使用者信息，盖有内地公安部门或中国残疾人联合会公章，或带有国际导盲犬联盟标识"IGDF"，或双方铁路运输企业认可并公布的证件）、动物健康免疫证明。旅客携带导盲犬须符合内地与香港进出口检疫规定和相关铁路规定，并保证其他旅客的安全和车内的清洁卫生；导盲犬的照料、喂养和所需饲料均由携带人自理；导盲犬对铁路或第三者造成损害时，由携带人负责赔偿。

（4）禁止、限制带入车内物品。

① 未使用纸箱等硬质包装物妥善包装完整的自行车、带有自动力的轮式代步工具（电动轮椅除外）、平衡车。

② 除轮椅外，旅客携带的轮式交通工具不得在车站、列车内使用。旅客在站台和车上使用轮椅时，应采取人力助力形式，不得使用自动力。

（5）携带品超过规定范围的处理

① 车上发现旅客携带的物品超重、超大时，须指定位置摆放，由列车长编制客运记录交旅客到站处理，对超过免费重量的物品，其超重部分按每千克20元核收运费，不足1千克按1千克计算。对不可分拆的整件超重、超大物品，按该件全部重量核收运费。

② 列车发现旅客规定的禁止、限制携带的物品带入车内时，均交由前方停车站处理。如前方停车站为香港西九龙站，按港铁公司适用的规定处理；如前方停车站为内地车站，按铁路总公司适用的规定处理。

（九）旅客遗失物品的处理

车上发现的旅客遗失物品应设法归还失主。如旅客已经下车，列车长应编制客运记录，注明品名、件数等移交下车站。不能判明时,移交列车前方停车站或终到站。

香港西九龙站按港铁公司适用的规定、内地车站按铁路总公司适用的规定妥善保管、正确交付旅客遗失物品,并妥善处理无人认领的旅客遗失物品。鲜活易腐物品和生鲜食品不予保管。

旅客的遗失物品保管期为90天。旅客可向车站查询遗失品情况,办理认领手续。

（十）旅客损坏车内设备或物品的处理

旅客损坏车内设备或物品应负赔偿责任,由列车长编制客运记录连同责任人交旅客到站处理,车站工作人员按照车辆所属方提供的价格向旅客核收赔偿费用。

三、实名制管理

（1）实名制车票须凭乘车人有效身份证件购买,乘车人须持车票及购票时所使用的乘车人本人有效身份证件原件进站、乘车,并接受铁路运输企业的查验,免费乘车及持儿童票乘车的未成年人除外。

（2）一张有效身份证件仅限购买一张同一乘车日期同一车次的实名制车票,但使用同行成年人有效身份证件购买的儿童票不受此限。

（3）车票票面应当标明乘车人的有效身份证件部分号码及对应姓名;使用同行成年人有效身份证件购买的儿童票,票面打印该成年人旅客的相关身份信息。

（4）实名制有效身份证件包括:中华人民共和国居民身份证、港澳居民来往内地通行证、中华人民共和国往来港澳通行证、台湾居民来往大陆通行证、符合中华人民共和国规定可使用的有效护照、前往港澳通行证（仅限于内地购票渠道购买内地车站至香港西九龙站车票时使用）和上述证件发证机构发放的临时身份证明。

（5）旅客本人办理购票、改签或由他人代办购票、改签时,应提供乘车人的有效身份证件原件或复印件;旅客本人办理退票、挂失补办时应提供本人的有效身份证件原件。由他人代办退票时,除乘车人的有效身份证件原件或复印件外,须出示代办人本人的有效身份证件原件。

（6）通过互联网、电话等方式购票的,购票人应当提供真实准确的乘车人有效身份证件信息,取票时,应当提供购票时使用的乘车人的有效身份证件原件。

（7）旅客进站乘车时,须出示有效车票和与票面所载身份信息相符的本人有效身份证件原件,票、证、人一致方可进站乘车。票、证、人不一致按无票处理。旅客须确认出入境证件及签注有效。

（8）旅客购票后丢失车票处理。

旅客购票后丢失车票时,可办理一次挂失补办手续。以下情况不予办理：

① 不能提供购票时所使用的有效身份证件原件的。

② 没有购票记录的。

③ 所购原票已经失效、退票或有出站检票记录的。

④ 证、人、购票记录不一致的。
⑤ 乘车日期、车次不符的。
⑥ 实际乘车区间超过所购车票乘车区间的。

（9）旅客在检票进站前丢失实名制车票的补办流程。

① 丢失车票的旅客须在车票票面发站停止售票前，到车站指定窗口办理挂失补办业务。办理时，须提供购票时使用的有效身份证件原件，同时提供购票地（取票地）车站名称、乘车日期、车次、发到站信息。

② 车站指定窗口工作人员确认旅客身份、车票等信息无误后，旅客须以现金重新购买一张新车票。新票票面信息与原车票一致，并打印挂失补标识。

③ "挂失补车票"不办理改签。原车票已办理改签的，仅对改签后的车票办理挂失。

④ 出具"挂失补车票"后，原车票失效，不能作为实名制验证、改签、退票及乘车的凭证。

⑤ 未使用的"挂失补车票"，应不晚于票面发站开车前到车站办理退票，"挂失补车票"退票后，原票效力恢复。使用后的"挂失补车票"退票手续应在票面列车的发站、到站或经停站办理。

⑥ 持"挂失补车票"的旅客上车后，须主动向列车工作人员声明。列车应核验"挂失补车票"、购票时所使用的有效身份证件原件与旅客一致性。到站前，经列车查验未发现原车票被他人使用的，列车长开具客运记录交旅客，与"挂失补车票"一并作为退票的凭证。

⑦ 持"挂失补车票"的旅客到站后，须主动向出站口车站工作人员声明，并配合车站工作人员进行查验。

⑧ 旅客须在到站后 24 小时内办理退票手续。车站办理时，凭客运记录、"挂失补车票"和购票时所使用的有效身份证件原件退回"挂失补车票"票款，不收退票费，核收手续费，并收回"挂失补车票"和客运记录。

（10）旅客在列车上丢失实名制车票的补办流程。

① 丢失车票的旅客须主动向列车工作人员声明。

② 经列车工作人员查验旅客本人、购票时所使用的有效身份证件原件、购票信息一致，由列车长办理挂失补办服务，仅核收手续费，票面标注"车票丢失"字样；在列车上未查询到购票信息的，先办理补票。到站前，列车长核验席位使用正常的，开具客运记录交旅客。

③ 旅客到站后，须主动向出站口车站工作人员声明，并配合车站工作人员进行查验。在列车上查询到已购车票信息的旅客，凭票面标注"车票丢失"字样车票、客运记录和购票时所使用的有效身份证件原件办理出站检票手续，车站收回客运记录，列车核收的手续费不予退还。在列车上未查询到购票信息而补票的旅客，应在到站后 24 小时内，凭客运记录、后补车票和购票时所使用的有效身份证件原件，到退票窗口，车站工作人员核实旅客身份信息及乘车日期、车次等原票、后补车票信息，以及有购票记录、已购车票有效后，退还后补车票与原票乘车区间一致部分的票价和列车补票手续费，并核收手续费，收回客运记录。

（11）旅客在出站检票前丢失实名制车票的补办流程。

① 丢失车票的旅客须主动向车站工作人员声明，并配合车站工作人员进行查验。出站口应当场核查购票记录；或由车站工作人员协助核查购票记录。

② 经核查，旅客有购票记录，已购车票有效，乘车日期、车次相符，票、证、人一致，

实际乘车区间未超过已购车票乘车区间的，车站安排旅客出站。不符合前述条件的，按无票处理。

旅客应使用有效的身份证件，否则工作人员有权拒绝办理各类业务。铁路运输企业可推行多种优惠票，优惠票的使用及票务规则另行公布。

四、旅客人身伤害处理

旅客在车站、列车上发生人身伤害时，应立即通知车站客运人员或列车乘务人员。在列车上发生旅客人身伤害时，由列车长交车站处理；旅客不同意在指定的停车站下车处理时，须填写并签署免责同意书，如图 5-3-1 所示。

```
                    免责同意书
    本人        （身份证明文件名称：        ，证件号
码：         ）特此申明,本人/本人为_____（当事人，
身份证明文件名称：    ,证件号码    ）的监护人（勾选适用者）：
    不接受/不接受让当事人前往_____站/车安排的_____
接受救治,选择到_____接受救治
    不接受/不接受让当事人前往_____站/车安排的_____
接受救治,选择继续旅程
    不接受/不接受让当事人前往_____站/车安排的_____
接受救治,选择终止旅程
    其他_____
本人声明,本人清楚作出上述选择可能给本人/当事人带来的全部风险
本人确认本人签署此文件即表示:本人/及当事人同意免除铁路运输企业及其代理人因本人作出上述选择而可能导致的一切义务和责任,放弃向铁路运输企业要求任何损害赔偿或提起其他一切诉讼索赔的权利
   当  事  人  /  监   护  人  签
名：              日期：
```

图 5-3-1 免责同意书

旅客可于发生人身伤害次日起一年内向铁路运输企业提出赔偿请求。铁路运输企业接到赔偿请求后应尽快答复赔偿要求人。

五、运输中断的处理

因铁路责任、自然灾害影响铁路运营导致运输中断，列车全程停运、中途停运、中途折返、绕道运输时，在 30 天内按以下规定处理。

（1）旅客在发站时：
① 旅客要求退票时，退还全部票款；
② 铁路运输企业利用其他列车或安排原列车折返发站时，退还全部票款。
（2）旅客在中途站。
旅客在中途站中止旅行的，退还已收票价与已乘区间票价的差额。但因违规加收的部分和已使用至到站的车票不退。

（3）旅客在到站时：

铁路运输企业利用其他列车将旅客运送至到站时，旅客票款不予退还。但重新安排的列车等级、席别高于旅客原票列车等级、席别时，票价差额不再补收；低于旅客原票列车等级、席别时，退还变更区间票价差额。

（4）旅客在停运列车票面发站开车当日（含）前购买的联程票比照上述规定同样办理。

（5）使用非现金方式购买的车票遇有上述情形时，由乘坐的列车或旅客离开的车站为旅客开具客运记录，旅客持客运记录按规定的地点办理退票。

任务实施

分小组运用该任务相关知识进行讨论，能够掌握广深港高速铁路跨境旅客运输组织规则，落实现场作业主要环节，各小组派代表进行总结汇报，小组互评，教师点评。做到教、学、做一体化，提高学生运用理论知识解决实际问题的能力。

复习思考题

1. 高铁客运乘务人员的姿态要求有哪些？
2. 高铁客运乘务人员仪容仪表的要求有哪些？
3. 高铁客运乘务人员言谈举止的要求有哪些？
4. 高铁客运乘务人员电话、手持电台（对讲机）的礼仪要求有哪些？
5. 高速铁路动车组重点旅客的服务标准有哪些？
6. "复兴号"动车组的服务标准有哪些？
7. 广深港高速铁路跨境旅客运输规则的主要内容是什么？
8. 广深港高速铁路跨境旅客运输的乘车条件是什么？
9. 广深港高速铁路跨境旅客运输车票的发售规定有哪些？
10. 广深港高速铁路跨境旅客运输实名制管理要求有哪些？